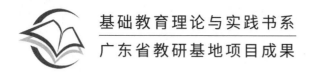

基础教育理论与实践书系

广东省教研基地项目成果

"一核四柱八维"
教研理念创新实践

何勇涛◎主编

中国出版集团有限公司

世界图书出版公司

广州·上海·西安·北京

图书在版编目（CIP）数据

"一核四柱八维"教研理念创新实践 / 何勇涛主编.
广州：世界图书出版广东有限公司，2024.10. -- ISBN
978-7-5232-1807-5

Ⅰ．G632.0
中国国家版本馆 CIP 数据核字第 20247RU253 号

书　　名	"一核四柱八维"教研理念创新实践	
	"YIHE SIZHU BAWEI" JIAOYAN LINIAN CHUANGXIN SHIJIAN	
主　　编	何勇涛	
责任编辑	华　进	
装帧设计	传欣设计	
出版发行	世界图书出版有限公司　世界图书出版广东有限公司	
地　　址	广州市海珠区新港西路大江冲25号	
邮　　编	510300	
电　　话	020-34203432	
网　　址	http://www.gdst.com.cn	
邮　　箱	wpc_gdst@163.com	
经　　销	新华书店	
印　　刷	广州市迪桦彩印有限公司	
开　　本	787 mm × 1 092 mm　1/16	
印　　张	17.5	
字　　数	316千字	
版　　次	2024年10月第1版　　2024年10月第1次印刷	
国际书号	ISBN 978-7-5232-1807-5	
定　　价	86.80元	

本书编委会

主　　任：陈伟端

副 主 任：陈华钦　陈晓东　梁霭欣

主　　编：何勇涛

编　　委：何勇涛　赵旭晖　李发开　周广榕　陈国恩

　　　　　李玉挽　刘民毅　李胜源　刘华忠　钟俭荣

　　　　　赵其庆　谭荣灿　陈君艳　曹志宏　张寿雄

　　　　　彭黎明　唐亚萍　周　君　杨树仁　区锦超

　　　　　王　梅　黎友芬　赵凤娥　叶银彩　赵文辉

　　　　　沈君芳　张燕芬

▶▶ 序 言

　　新会，古称冈州，隶属广东省江门市，地处珠江三角洲西南部的银洲湖畔，扼粤西南之咽喉，据珠三角之要冲，濒临南海，毗邻港澳，是岭南学派的发源地，有崇文重教优良传统，是广东历史上文风最兴盛的地区之一，诞生了陈献章、梁启超、陈垣等文化名人。

　　新会先后获得"全国基础教育先进县""全国幼儿教育先进县""全国普及九年义务教育先进县""广东省推进教育现代化先进区""全国义务教育发展基本均衡区"等荣誉称号，是"全省首批义务教育改革实验区""全省首批基础教育课程改革实验区""全省首批基础教育县区级教研基地"，并创立了"启超家风代代传"全国终身学习品牌项目。现有中小学校108所、幼儿园145所、职中技大专院校6所，在校学生18万多人，教职员工1万多人。

　　新会区名校根基厚实，有谭镳先生创建于1905年的新会一中、始办于1906年的新会实验小学、爱国华侨冯平山先生1917年创办的新会区平山小学、海外侨胞捐资建设的新会华侨中学、慈善家陈经纶先生创办的新会陈经纶中学等，以及新兴的尚雅学校、广雅中学、东区学校、文华小学等。这些学校在新会本土优良教育传统滋养下，不断发展壮大，成为在全市乃至全省具有良好声誉和影响力的百年名校或新兴名校，也成为新会教育高质量发展的重要支撑。

　　近年来，新会区教研紧跟课改的时代步伐，聚焦教育科研，赋能内涵发展，新会区教师发展中心何勇涛主持的省基础教育教研基地项目以"一核四柱八维"为建设路径，多元主体协同联动，系统推进新会教研基地建设，在课程体系建设、课堂教学探索、教师专业素质发展、学生核心素养提升等方面取得了明显成效。

本书对基地项目建设成果进行了提炼，重点围绕"设计思路和实施过程、实践经验与建设成果、成果成效、成果示范引领与辐射以及未来研究"等进行了详细的阐述，充分展示了教师发展中心助力县域基础教育高质量全面发展的教育科研的实际行动和丰硕成果，我对此表示热烈的祝贺。

希望基础教育教研基地项目团队继续发挥广东省基础教育教研基地的引领辐射作用，大力开展以研促教行动，在构造教育新质生产力的新征途上先立后破，继续为实现立德树人根本教育宗旨、为办好人民满意的教育而拼搏进取。

是以为序，以励同仁。

（作序者：陈伟端，新会区教育工委副书记，教育局党组书记、局长）

目录
CONTENTS

第一辑　教研理念创新实践

● 新会区"一核四柱八维"教研理念创新实践 ···················· 2

● 新会区"一核四柱八维"提质行动方案 ························ 24

● 新会区中小学教师培训工作实施方案 ························ 48

● 新会区县域普通高中发展提升行动计划 ···················· 56

● "一核四柱八维"促基础教育提质（1）
　　——新会区教研基地项目建设中期质性报告 ············· 62

● "一核四柱八维"促基础教育提质（2）
　　——新会区教研基地项目结项报告 ····················· 72

● 新会区教研基地"一核四柱八维"教研机制典例 ············ 81

第二辑　教育赋能提质行动

● 打造"教科研训"一体化的教师发展中心 ···················· 90

● 强基赋能增活力　人才培育结硕果
　　——新会区教研基地全力推进基础教育高质量发展 ········ 97

● 以乡邑名人资源化育学生心灵 ···························· 111

● 用侨乡优秀传统文化培育学生的实践能力 ················· 115

● 深化对口协同教研　促进教育平衡发展
　　——新台教研基地跨区域联盟大教研 ··················· 118

●新会区教研基地跨区域教研帮扶行动

　　——新会区教研员赴广西崇左市宁明县教研帮扶行动 ···········127

第三辑　基地学校典例展示

●奋力打造品质教研　助力教育高质量发展

　　——基地学校新会第一中学典型成果展示 ···················140

●彰显特色，全面育人，以生为本，以师为先

　　——基地学校新会华侨中学典型成果展示 ···················149

●注重学生全面发展　打造教育新方式

　　——基地学校陈经纶中学典型成果展示 ·····················162

●"一质双驱三翼"特色办学提质实践

　　——基地学校梁启超纪念中学典型成果展示 ···············169

●以"植物点亮精彩生活"的环境教育实践

　　——基地学校葵城中学典型成果展示 ·······················180

●以多元智能理论实践固源提质的行动研究

　　——基地学校新会陈瑞祺中学典型成果展示 ···············211

●践行"授人以渔"助推"融合育人"

　　——基地学校新会圭峰小学典型成果展示 ·················230

●"三位一体"提质兴教模式的探索与实践

　　——基地学校新会古井小学典型成果展示 ·················246

●蔡李佛武术特色教育体系的研究实践

　　——基地学校新会黄冲小学典型成果展示 ·················252

●后　记 ··269

第一辑
教研理念创新实践

▶▶ 新会区"一核四柱八维"教研理念创新实践

广东省江门市新会区教师发展中心　何勇涛

2024年5月28日

继成为广东省义务教育首批课改实验区、广东省基础教育课程改革实验区之后，新会区的教育再创科研佳绩，于2021年4月，成为广东省基础教育新强师工程首批县（市、区）教研基地。

在市、区教育局和省、市教研院的指导下，新会区教研基地以立德树人和五育并举为指导思想，围绕"质量提升"建设目标，创新"一核四柱八维"教研理念，构建省、市、区、镇（街）、校五级教研共同体，以"一核四柱八维"为项目建设路径，多元主体协同联动，实施"智慧课堂、补薄强基、五育并举、特色办学、固源提质、监测增效、头雁引领、强师兴教"等八大工程，在深化教研机制创新、推动教研体系建设、推进课程教学改革和育人方式变革、整体提升基础教育质量等方面发挥示范带动作用，成效显著。

一、深化教研机制创新

（一）实践"一核四柱八维"教研工作机制

新会区教研基地坚持立德树人主线，聚焦"质量提升"核心目标，以"一核四柱八维"（质量为核心，教、科、研、训四大基柱，"智慧课堂、补薄强基、五育并举、特色办学、固源提质、监测增效、头雁引领、强师兴教"八大工程等八个提质行动维度）的项目建设路径，创新基础教育提质模式，促进基础教育持续、健康、优质发展，系统推进新会教研基地建设。

在实践中，新会区教研基地以"一核四柱八维"理念建立工作台账，旨在推动全区教育教学质量跃上新台阶，促进区域在义务教育发展评价和高中教育质量管理评价中争先进位，不断提高人民群众对教育的获得感和幸福感。

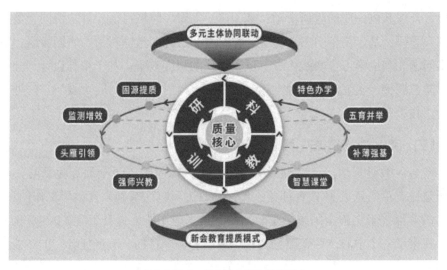

新会教研"一核四柱八维"提质模式

(二)探索"互联网+BCDAU五极教研样态"

新会区教研基地应对素养导向的全过程育人挑战,重构基于多维环境的教研场景,优化基于项目化教研的教研内容,学习基于互联网思维变革的"互联网+创新教研"新范式,打造区域教研实践新样态,创建具有体系化(B)、协同化(C)、深度化(D)、精准化(A)和泛在化(U)特色的"BCDAU五极教研新样态":

"互联网+创新教研"五极教研新形态

在"互联网+BCDAU五极教研样态"框架下,新会区教研基地围绕教研提质目标，开展五位一体的教研活动：基于广泛汇聚、跨域对话、群智协同、倍值增生的大教研；基于高校引领、跨域合作、生态融合、教师对话的协同教研；基于真实问题、理论学习、实践生成、反复迭代的深度教研；基于精准设计、分级分类、动态调整、多元评价的精准教研；基于人人能教研、时时可教研、处处可教研的泛在教研。

（三）突出"GEBUS"智能共生精准教研

新会区教研基地深入贯彻落实《中共中央国务院关于全面深化新时代教师队伍建设改革的意见》《教育部关于加强和改进新时代基础教育教研工作的意见》和《教育部关于实施全国中小学教师信息技术应用能力提升工程2.0的意见》要求，探索"一个中心、两条路径、三个原则、四个目标、五项任务"的智能共生教研实践：

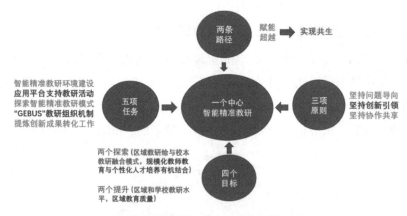

新会区智能共生精准教研实践蓝图

在"GEBUS"智能共生精准教研中，"一个中心"指智能精准教研。"两条路径"指通过赋能和超越，实现共生。"三个原则"指坚持问题导向、坚持创新引领、坚持协作共享。"四个目标"指探索智能研修平台与区域教研、校本教研融合的模式和方法，探索规模化教师教育与个性化人才培养的有机结合；提升区域和学校教研水平，提升教师信息技术应用能力。"五项任务"指智能精准教研环境建设、应用平台支持教研活动、探索智能精准教研模式、"GEBUS"教研组织机制、提炼创新成果转化工作。

（四）建设"四域五维"高效深度课堂

课堂是学生学习的主阵地。高效课堂是通过教师的引领和全体学生主动而积极的思维过程，在短时间内高效率、高质量地完成教学任务，促进学生获得高效发展。深度学习是深度理解的学习，需要全面的情感投入和认知投入，经历认知过程，主动地建构知识，理解知识的意义，发展高阶思维，实现迁移运用，提升解决复杂问题的能力和创造能力的发展。

围绕"高效深度课堂"教学目标建设，新会区教师发展提出建设"四域五维"维系要素：

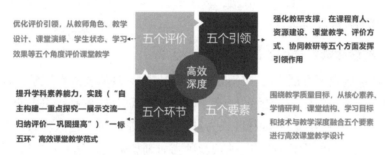

新会区"四域五维"高效深度课堂

"四域五维"指教研员在平时专业引领、课前教学设计、课中教学环节和课后教学评价四个专业领域发挥教研支持作用，为实现高效深度课堂各有五个方面的维系要素。

二、推动教研体系建设

（一）萃取人文理念精华的指导思想

指导思想具有战略性、纲领性、引领性，是工作目标、工作方向、工作思路、工作重点以及工作着力点、突破口等的高度概括和集中表达。新会区教师发展中心围绕课程实施、课堂教学、教材研究、考试评价、教师专业发展等问题积极工作，在提升教师执教能力、推动区域基础教育教学改革、促进基础教育优质均衡发展等方面发挥了积极作用。

新会区教师发展中心指导思想

新会区教师发展中心建立之初，学先进教师发展中心经验，立理想教研愿景，走实践创新之路，主张学识与人品并举，个性与规范共存，力创新会教研特色，并萃取人文理念精华的指导思想，提出"多元并蓄，自强行健，活动促进，文化搭桥，启迪智慧，超越自我"的理念，以"建设精神家园，优化教研方式，服务教育发展"为宗旨，探索教研、科研、培训、信息智能"四位一体"的新型教师研训工作模式，开展教研活动、教师培训、教学科研、信息化教育等工作，努力促进基础教育高质量发展。

（二）建设教师发展中心三大阵地

一是新会区教师发展中心主阵地。教师发展中心现有在编在职学科教研员42人，其中，正高级2人，副高级以上职称32人，研训教师副高级以上职称比例达到76.2%。兼职教师67人（其中11人为省内高校大学教授，19人为省内教育研究院或教师发展中心的学科专家），兼职教师与研训教师比例达1.52∶1。教师发展中心在配足所有学科专职教研员的基础上，还聘请了156位兼职教研员，组成一支高素质、专业化、创新型、专兼结合的教研队伍。

新会区教师发展中心顺利通过省、市验收

新会区教师发展中心服务于学校教育教学、教师专业成长、学生全面发展和教育管理决策，引领课程教学改革，提高教育教学质量；于2023年5月通过省、市验收，是省第二批通过认定的县（市、区）级教师发展中心。

二是新会区少年科学院阵地。新会区少年科学院由新会区教师发展中心主办，新会区教育局统筹管理，名誉院长为清华大学原副校长张凤昌，顾问委员有中国人民解放军航天员大队首任大队长申行运、梁红、田如森、杨利伟等航天科学家。有新会第一中学等25个学校基地、梁启超纪念馆等10个校外基地和160多名少年科学研究员。

新会区少年科学院2023年10月成立揭牌盛况

新会区少年科学院组织全区中小学生开展科技教育、科技创新活动，链接各种社会资源，建设校外科技教育师资网络，在培育具备科学家潜质、愿意献身科学研究事业的青少年群体中发挥了重要作用。

三是新会区教育学会阵地。新会区教育学会由新会区教育局主管，会长和法人代表由区教师发展中心主任担任。现有会长1人、监事1人、常务副会长1人、副会长9人、秘书长1人、副秘书长5人、常务理事27人、理事43人，学术委员会主任委员1人、学术委员会副主任委员3人、学术委员会委员9人，常务理事单位34个、理事单位31个。

新会区教育学会2024年1月第七届会员代表大会

新会区教育学会立足主责主业，遵循学术规范，担当学术责任，提高学术品位，充分发挥思想引领、理论指导、智库咨政、实践推动的作用，成为新会区的教师之家。

（三）构建"1+8+N"圈层式教研共同体

"教研共同体"的建设目的在于融合各区域、各学校之间的教研优势，搭建区域间、校际间共同发展、齐头并进的教研平台。

新会区教研基地以教师发展中心为圈核，8所基地学校、19个教育集团为圈层，构建基地学校共同体、区镇教研共同体、教育集团共同体等圈层式的教研共同体，充分发挥教师发展中心、基地学校、区镇教研共同体、教育集团共同体等辐射作用。

新会区"1+8+N"圈层式教研共同体

新会区"1+8+N"圈层式教研共同体把教研引领和支持覆盖到全区109所中小学和28所幼儿园，努力实现资源共享，优势互补，共同带动教育教学质量提升，从而达到推动教育优质均衡发展的目的。

（四）明确思维和融进阶的教研理念

教研制度是中国特色教育制度体系的重要组成部分，教研工作是保障基础教育质量的重要支撑。

新会区教师发展中心明确思维和融进阶的教研理念，抓"人、事、理"三大教研工作的关键要素，用"弹性思维、开放思维、理性思维"三大思维工具，寻找教研工作的共同愿景，以教研主体的专业发展为本，用开放的理念谋划教研活动，在对话协商中改进教研方式，在理性工作中达成教研实证，实现不同要素和教研范式的优化整合。

明确思维和融进阶的教研理念

三、推进课程教学改革

(一)建构学生发展核心素养的逻辑框架

核心素养是适应个人终生发展和社会发展所需要的"必备"品格与"关键"能力,是所有学生应具有的最关键、最必要的共同素养。

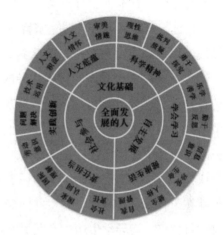

学生核心素养3个维度+6大要素+18个基本点

新会区教研基地落实核心素养培养途径

学生发展核心素养的逻辑框架,把培养"全面发展的人"为核心,分为文化基础、自主发展、社会参与3个方面,综合表现为人文底蕴、科学精神、学会学习、健康生活、责任担当、实践创新等6大素养,具体细化为国家认同等18个基本要点。各素养之间相互联系、互相补充、相互促进,在不同情境中整体发挥作用。

新会区教研基地通过课程改革、教育实践和教育评价等途径落实核心素养,把学生核心素养成作为引领并拉动课程教材改革、教学方式变革、教师专业发展、教学质量评价等的关键教育活动。

(二)在教育教学实践中落实好新课程标准

课程方案和课程标准是教育部在新的历史起点上落实立德树人根本任务的重要举措,是回答"培养什么人、怎样培养人、为谁培养人"根本性问题的具体体现，对促进教育高质量发展、建设教育强国具有重要意义。新会区教研基地在教育教学实践中落实好课程方案和课程标准：

一是强化课程教学的育人功能。将课程方案提出的培养目标细化落实到各学科课程和教学中，以社会主义核心价值观为统领，强调学科德育，让课程教学服务于培养有理想、有本领、有担当，德智体美劳全面发展的社会主义建设者和接班人这一目标，真正做到方向明、宗旨清。

二是聚焦关键能力和必备品格培养。把握课程标准在课程实施、教材编写、教学内容、考试评价等方面的过程指导内容，明确各门课程要培养的核心素养，把以传授知识、追求分数为导向的教育观念，转变为基于核心素养培养的观念，形成清晰有序和可评的课程目标，聚焦和突出学生关键能力和必备品格的培养。

三是在教学中建构实践性思维。通过实践的方式，将知识学习融入现实的某一场景或项目，引导学生运用所学知识去发现问题、分析问题、解决问题。实践的价值就在于将教学过程变成师生共同探究解决问题并建构生成新知的过程。同时根据学科特点，指导学生通过实践提升素养。

四是推进"教—学—评"一体化。教学设计理顺新课标中的"内容要求""学业要求""教学提示"三者之间的关系。教师围绕教学策略、素养发展要求，指明必要的学习活动经历、学习的基本过程和方式，将学科思想方法和学生应形成的核心素养融入学习活动。改进结果评价，强化过程评价，探索增值评价，健全综合评价。

新会区教研基地实施课程标准实践

（三）结合区域实际构建基地校本教研体系

以促进教师专业化成长为目标的校本教研体系的建立和完善，已经成为基础教育科研的主要形式及核心内容。新会区教研基地从组织机构、教育科研、教研实施等方面建构合理可行的校本教研制度，以促进教师专业化发展。

新会区教研基地校本教研体系

一是充分发挥省、市级校本教研示范校新会第一中学、圭峰小学、创新初中、红卫小学、实验幼儿园以及19个教育集团和2个"公民共建教育共同体"的示范引领作用，加强组织机构及相应的管理制度、教学研究制度、课题规划及相应的管理制度以及学校内部教研的交流制度、服务制度、评价制度等，创造崇尚研究、共同探讨、平等合作、共享经验的校本教研机制。

二是提升校本教研的内涵、基础教育优质发展的内生力和驱动力。这是新时代教研工作转型发展的着力点。新会教研基地将教育科研重心转向全体教师的发展、全体学生的成长和教育教学中普遍存在的共性问题，引导教师加强对新课标、新课程、新高考的深入研究，在校本教研中强化案例研究、教学反思，切实改进教学方法、提高课堂效益。

三是聚焦课堂教学研究效能。课堂教学是教学的基本形式，是学生获取信息、提高技能和形成思想观念的主渠道。新会教研基地把科研促教、深化课堂教学研究作为提高课堂教学有效性的重要途径，不断优化教学方式，突出以学科核心素养为目标，注重学科教学与现代技术融合，强调内容组织结构化和内容呈现情境化，实施"先思后导，先练后讲，当堂检测，课堂过关"教学流程，注重启发式、互动式、探究式教学方式，努力实现课堂教学的高效益。

（四）以课程建设为途径促进师生个性发展

一是严格三级课程管理。严格按照国家规定，开足开全国家课程、地方课程和校本课程，配齐配足学科专任教师，提高各学科特别是音体美英等学科教师的专业对口率，以教师专业成长带动学生各学科核心素养的不断提高。探索优质课程资源共享机制，加强数字化建设，通过远程教育、在线课程等方式，使农村学生也能享受到城市优质的教育资源。

二是打造"以德育心、以智慧心、以体强心、以美润心、以劳健心，促进学生身心健康"素质教育课程体系：打造认真学习、举止文明、诚实守信、尊重他人、守时惜时、懂得感恩等14项好习惯课程；开设思政、礼仪礼貌、AI智能、科创、双棋、双球、声乐、舞蹈、劳动、研学等多元活动课程，并形成新会区素质教育十大杯赛品牌，并以赛促学，完善综合素质课程评价体系。

三是以梁启超教育思想推动德智体美劳"五育并举"，落实立德树人根本任务。深化"爱国主义的教育思想、培养合格国民的教育宗旨、因材施教的教育原则、趣味学习的教育理念、民主和睦的家教家风"等梁启超教育思想内涵，将梁启超教育思想融于新会教育事业发展中，培育"家国情怀"为核心的养成教育品牌、"因材施教"为宗旨的特色教育品牌、"家校联动"为纽带的家风教育品牌、"趣味学习"为目标的劳动教育品牌。

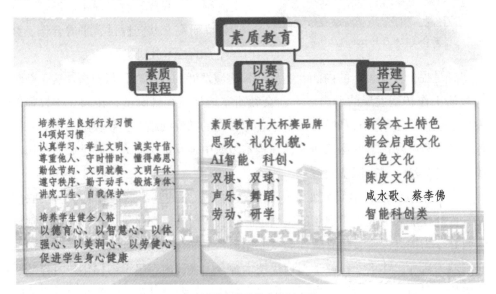

新会区教研基地特色课程建设

四、实现育人模式变革

育人方式的本质是"怎么培养人"。当前基础教育深化改革的总体要求是全面贯彻党的教育方针，全面落实立德树人的根本任务，全面发展素质教育，推进育人方式改革，培养德智体美劳全面发展的社会主义建设者和接班人。新会区教研基地把育人方式作为基础教育改革的重点。

新会区教研基地梁启超文化特色课程建设

（一）创建地方特色课程育人

《义务教育课程方案（2022年版）》指出"义务教育课程包括国家课程、地方课程和校本课程三类"，把国家课程、地方课程、校本课程定性为"三类"，而非"三级"。三类课程属于课程建设范畴。国家适度下放教育课程建设、课程编制的权限，提供给地方和学校一定的自主建设课程的空间。

新会教研基地根植本土特色，加强新会启超文化和红色文化研究，编写出《梁启超永远的少年》《少年中国说 梁启超故事》《梁启超家风》《走近梁启超》《梁启超诗词选读》《陈白沙诗词选读》《新会历史文化荟萃》《周恩来在新会的七天六夜》等地方特色读本。同时结合新会葵艺、新会陈皮、新会小冈香、新会鱼灯、茅龙笔等本地文化品牌，积极创立艺术特色课程，现已创建省级艺术特色学校8间、广东省中小学中华优秀传统文化传承学校5间、市级艺术特色学校15间。

（二）建设深度思维和高效课堂育人

思维型教学理论引领下的课堂教学，一般包括六大基本要素：创设情境、提出问题、自主探究、合作交流、总结反思、应用迁移。这些要素皆与培养学生的思维能力、提高学生的学习动机、促进素养的形成有紧密联系。

新会教研基地按照"素养导向、学教并重、进阶发展、整体优化"思路，聚焦深度思维课堂建设，以发展学生核心素养和关键能力为指向，以"思维能力提升"为破题之法，推动"情境任务"与"互动探究"双轮驱动思维课堂建设。

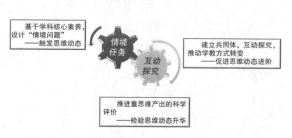

新会区教研基地双轮驱动思维课堂

　　双轮驱动思维课堂，着眼于课堂教学中学生的积极思维和核心素养的发展，着重从几个环节开展教学：一是基于学科核心素养，设计"情境问题"，触发学生思维动态；二是建立班级共同体，以"互动·启发·探究·体验"方式推动学教方式转变，促进学生思维动态进阶；三是以科学评价检验学生思维动态升华。

新会区教研基地聚焦核心素养、构建思维课堂展示活动

（三）开展丰富多彩的活动育人

　　教育家杜威认为"教育即生活，学校即社会"。在一个充满活力的学校，缺少不了各种各样的活动。这些活动也是学生社会生活的重要组成部分，不仅可以给学生提供自我展示的平台，更重要的是给学生提供互相交流的平台，相互交流伴随着互相影响，教育便产生其中。

新会区教研基地丰富多彩的育人活动

新会区教研基地朝气蓬勃的竞技育人活动

新会区教研基地建设实践活动、劳动教育、体育与艺术教育形成完整的特色课程体系,创设素质教育十大杯赛品牌,以教学活动育人,以德育活动育人。利用美术、音乐、体育、劳动等课程,以主题比赛为载体,通过师生才艺大赛、绘画、摄影、演讲、写作等形式的比赛,提升师生综合素质。

同时,新会区教研基地推进武术、围棋等进校园,发挥足球、篮球、田径、游泳等传统项目的优势,围绕"教会、勤练、常赛"要求,完善"健康知识+基本运动技能+专项运动技能"的学校体育教学模式,强化课堂教学专业指导,引导学生自主参加体育锻炼,帮助学生掌握1~2项运动技能。

五、实验提质效果显著

（一）以"一核四柱八维"理念助推教学质量提升

1. **实践"一核四柱八维"理念，提升教育管理品质。** 结合区域实际，新会区教研基地实施《新会区教育系统提升基础教育教学质量行动方案》，聚焦提升质量核心，以"一核四柱八维"为项目建设路径，努力创建"一核四柱八维"教研机制，为教师的教学、学生的学习提供高端、高效的成长平台。

全区2021—2023年高考被清北录取9人，上特控线2924人，本科以上11349人，本科上线率比全省高20个百分点。其中，2023年上特控线1068人，本科以上人数4129人，1名物理类考生进入全省前10名，3名物理类考生勇进全省前100名，6名学生被清华大学或北京大学录取，全市理文双冠均是我区考生，上985、211、双一流高校学生超330人，还有一批学生分别被中央美术学院、中国美术学院、中央民族大学等名牌艺术高校录取，为我区的教育增添了艺术的亮色。

新会区教研基地近3年教学质量提质明显

新会一中、新会华侨中学、陈经纶中学、梁启超纪念中学、葵城中学、圭峰小学等各基地实验学校提质明显，培养优秀学生的质量和人数居于全市前列。新会区教师发展中心连续3年荣获新会区教育工作先进单位、教科研训特别贡献奖和全程育人特别贡献奖。新会区教育局连续3年荣获江门市高中教学质量管理一等奖。

2. **探索"互联网＋"协同教研，以协同教研共同体促片区均衡发展。** 新会区教研基地强化"互联网＋"协同教研应用，对接江门市协同教研服务体系，创新全区教研实践新生态，采用区域教研、网络教研、综合教研、主题教研以及教学展示、现场指导、项目研究等多种方式，提升教研工作的针对性、有效性和吸引力、创造力。

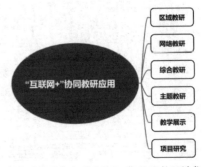

新会区教研基地"互联网＋"协同教研模式

教研员组织基地学校新会第一中学、新会华侨中学、陈经纶中学、梁启超纪念中学、葵城中学和圭峰小学名师、学科带头人、兼职教研员、骨干教师到各校听评课、共磨课、共上课、共研讨，用先进教学理念指导一线教师提高课堂教学效率。同时，积极开展片区联合教研活动，采用线上或线下教研方式，助推区、镇、校三级教研联动，有效调动区、镇、校三级教研积极性，全力推进教学质量均衡发展。

3. **引领教学实践，发挥基地学校示范作用。**新会区教研基地先后与新会一中、葵城中学、新会华侨中学等学校联合组织教学开放日活动，向各市、区兄弟学校开放课堂，展示课改成果。积极推广新会一中的"互动·启发·探究·体验"课堂教学模式，新会华侨中学的"自主学习—合作交流—展示点评—整理反思"四环节流程模式，陈经纶中学的"导思维、少而精、小步走"教学策略，梁启超纪念中学的"一质双驱三翼"教研机制，陈瑞祺中学的"基于现代脑科学的'五环一体'教学模型"，葵城中学的"五育融合的环境教育实践"，古井小学的"聚焦一核、五环融合、四路齐进"实践路径，以及圭峰小学体现"开放·活力·高效"三特色和"特色初学感知、自学展示、合作探究、共学解疑、达标测评"模块的"三五式"高品质课堂模式教学实践成果。

新会区教研基地学校新会一中开展双新示范课活动

（二）以"五级教研共同体"建设促进教育科研增效

1. **构建省、市、区、镇（街）、校"五级教研共同体"，增强教育科研能力。**在省、市教研院的指导和引领下，新会区教师发展中心对全区各类省、市、区立项课题实施省、市、区、镇（街）、校"五级管理"，全程跟踪各级课题审批立项、开题论证、结题鉴定、成果展示等环节，开展重要科研成果的宣传推广工作，助推"经验教研"向"智慧教研"的深度转型，指导教师抓好选课走班、分层教学、生涯规划等专项研究，利用科学研究方法认识和剖析各种教育现象，探索教育的本质和规律，形成比较系统的基础理论研究成果，并通过实践进一步深化和丰富基础理论，促进学校薄弱学科发展和提质。

新会区教研基地"五级教研共同体"建设

2. **加强教研基地建设，优化教研机制创新**。继成为广东省义务教育首批课改实验区、广东省基础教育课程改革实验区之后，新会教研基地申报的项目2021年被省教育厅评定为广东省基础教育（县、区）教研基地和校本教研基地项目。基地项目以科学教育发展观为指导，以全面提升我区教育教学质量为目标，实行教育行政部门宏观调控，教学研究部门引领指导，基地学校精心组织，基地学科潜心研究，其他学校积极响应的工作机制，通过专家引领、同伴互助、校际交流等研训方式，充分发挥教研基地深化教研机制创新、推动教研体系建设、推进课程教学改革和育人方式变革、整体提升我区基础教育质量等方面发挥示范带动作用。

新会区教研基地"一核四柱八维"经验在全省交流

3. **开展科研课题研究，提升教研能力引领**。教研员是教师专业发展的引领者，是教师课题研究的引领者。随着课程改革的不断推进，教研员应当以参与者、合作者和研究者的身份，与教师交流、对话与互动，并在课改过程中与教师共同成长。新会教研基地用高水平的研究力量引领基础教育发展。3年来，新会区教师立项的省级课题有18项、市级课题40项、区级课题365项，获得省级科研专项经费支持300多万元。基地项目主要成员李玉挽、陈国恩和李胜源的3项省级课题顺利结题，李玉挽的成果获2021年江门市普通教育教学成果一等奖。实验幼儿园2022年获得省中小学创新成果二等奖。2023年省教育创新成果奖，圭峰小学获得一等奖第一名，葵城中学、陈经纶中学、河南初中、名冠实验学校分别获得三等奖。教研员带领团队教师，以有价值的教育现象为研究对象，运用相应的科研方法，进行有目的、有计划地探索教育规律的创造性认识活动，既提升了教师的科研能力，又促进了自身专业的良好发展。

（三）以"高质量发展共性问题"研究达成科研促教

1. **深化重点内容研究，切实服务校本教研。** 促进基础教育高质量提升和发展有三大抓手：一是高质量的教师队伍推动实施，二是高水平的研究力量引领发展，三是高效能的体制机制保障有力。这其中，教师队伍是关键，是高水平研究成果实践转化和高效能体制机制有效赋能的主体，而研究力量的强弱、研究成果实践转化的效度则是基础教育内涵、优质发展的内生力和驱动力，这是新时代教研工作转型发展的着力点。新会区教研基地将教研重心转向全体教师的发展、全体学生的成长和教育教学中普遍存在的高质量发展共性问题，加强对新课标、新课程、新高考的深入研究，引导教师强化案例研究、教学反思，切实改进教学方法、提高课堂效益，使新会区教研基地教育教学质量不断提升。

新会教研基地注重全体教师的专业发展指导

2. 优化系统教研举措，促进整体水平提质。更好满足群众对优质基础教育的期盼，新会区教研基地紧扣立德树人根本任务和高质量发展主题，努力实施"头雁引领""五育并举""监测增效""固源提质""补薄强基""强师兴教""智慧课堂""特色办学"等八大工程，落实精细化、常态化培优提质冲顶措施，助力更多新会学子实现名校梦想。针对目前教研活动教研主题不够突出、活动研讨氛围不够浓厚、不注重成果的积累和提炼的共性问题，新会区教研基地提出坚持有利于教师自身素质提高和有利于团结协作、共同提高的原则，鼓励以老带新、培养后备力量，通过集体备课，发挥群体智慧，深析课标、教材和教学，积极进行新教研模式的探究，借助思维工具撬动课堂，将深度学习和教研活动巧妙的结合起来，促进教研的深入进行，从而提高课堂效率，使学校乃至区域的整体水平得到全面提升。

3. 聚焦课堂教学研究，突出科研促教效能。课堂教学是教学的基本形式，是学生获取信息、提高技能和形成思想观念的主渠道。新会教研基地把科研促教、深化课堂教学研究作为提高课堂教学有效性的重要途径，不断优化教学方式，突出以学科核心素养为目标，注重学科教学与现代技术融合，强调内容组织结构化和内容呈现情境化，实施"先思后导，先练后讲，当堂检测，课堂过关"教学流程，坚持教学相长，注重启发式、互动式、探究式教学方式，引导学生重建知识结构和其进阶发展，努力实现课堂教学的高效益。3年来，全区教师共发表或获奖的论文有1756篇。仅在2021年，新会宣传报道的文章有学习强国40篇、广东电视台8篇、触电新闻25篇、《江门日报》45篇、新会发布96篇、相约新会46篇、新会政府网31篇。

（四）以"进阶制培训平台"优化高能师资队伍建设

1. 搭建专业成长平台，实施梯级名师工程。名师名校长是教师队伍的领头羊，是教育教学改革的带头人，是教育质量建设的排头兵。新会教研基地积极贯彻落实省、市、区强师工程，通过"导师制""名师制""进阶制"等方式，培育新会名校长、名教师、名班主任团队，打造"三名"工程，成为"名校长和名教师的孵化器"。2021年，新会教研基地创建新会区第三批"三名"工作室21个，主持人21人，入室学员202人，聘请24位高校导师全程辅导。2021-2023年，新会与清华大学、华南师范大学、广东第二师范学院和湖南师范大学合作，开展高校研修、异校跟岗、自我实践、提升素养的高端培训，根据教育发展热点问题而开展的主题培训，根据科研成果定期考核而开展的课题实验培训等等，成效显著，基地实验校近3年有梁志、吕翠香、曾健红、区锦超、刘民毅、叶超良6人成为省百千万人才工程名师（名校长）培养对象，有张耀荣、冯家传、胡务娟、吕翠香4人成为省名师（名校长）工作室主持人，有梁新明、周君、李毅平、吕翠香、郭宝先、蒋惠欢、朱光栋、冯家传、胡务娟9人获评为正高级教师。

新会区教研基地评选首批"十大杰出教师"

新会区教研基地现有正高级职称教师14人，高级职称教师1798人，省特级教师13人，省级名教师和南粤优秀教师48人；市教育专家和市级名师52人，市高层次教育人才133人，市"百名优秀教师"称号32人；省、市、区"三名"工作室70个，名师、名校长、名班主任培养对象800人；区优秀中青年专家和拔尖人才以及区级名师407人，区级骨干教师1283人，名师队伍人数在全市居于前列。

2. **打出培训组合套拳，优化教师能力提升。**"三研""四学""六课""四训"，是新会区教研基地加强教师专业发展支撑体系建设的"密码"。教学质量的提高，关键在于教师的教学水平，而教学水平的提高根基，则在于教师的专业基本功底。新会区教研基地打出培训组合套拳，优化教师能力提升。"三研"（常规教研、主题教研、课题研究）是基础，"四学"（学课标、学教材、学理论、学网络技术）是根本，"六课"（练兵课、常态课、汇报课、示范课、竞赛课、同课异构）为要点，"四训"（走出去培训、请进来培训、校本培训、师徒结对的帮扶培训）是重要突破口。这一组"密码"，就像一套干脆有力的培训组合拳，助力新会区形成学校内、学校间、区域内的多层次教师能力提升体系，也使新会区教研基地成为新会教师专业成长的优质平台。

新会区教研基地教研员和骨干教师到广西宁明支教

3. **强化校本教研指导，突出教研专业支持。**以校为本的教研，是将教学研究的重心下移到学校，以课程实施过程中教师所面对的各种具体问题为对象，以教师为研究的主体，理论和专业人员共同参与。新会教研基地强调理论指导下的实践性研究，既注重解决实际问题，又注重经验的总结、理论的提升、规律的探索和教师的专业发展。

新会区教研基地学校开展校本教研活动

教研员在组织教师参加国家、省、市有关学科课堂教学比赛、录像课比赛、微课比赛、说课比赛、教学设计和论文评比等活动中主动介入，积极参与学校的校本教研活动，精心指导教师提升教学理念，共同打磨精品课程。3年以来组织教师比赛获省级以上奖392人次，其中国家级31人次；组织学生比赛获省级以上奖2280人次，其中国家级268人次。

新会区"一核四柱八维"提质行动方案

广东省江门市新会区教师发展中心 何勇涛

2021年6月7日

近年来，在区委、区政府高度重视和大力支持下，全区广大教师潜心教书育人，我区基础教育教学质量持续提升，但城乡、镇街和校际之间质量水平仍存在一定差距，整体水平与群众期待还有落差，全区教育教学质量亟待进一步提升。当前，全市教育生态发生深刻变化，教育质量区域竞争日益激烈，我区正面临"标兵渐远、追兵渐近""逆水行舟、不进则退"的现实挑战。为更好满足群众对优质基础教育的期盼，联通省、市、区、校四层级教研机构，聚焦"质量提升"这一核心目标，以"一核四柱八维"（质量核心，教科研训四大基柱，八个提质行动维度）为项目建设路径，推动新会教育事业高质量发展，特制定"一核四柱八维"提质行动方案如下：

一、总体要求和目标

以习近平新时代中国特色社会主义思想为指导，深入学习贯彻党的十九大和十九届二中、三中、四中、五中全会精神，贯彻落实习近平总书记关于教育的重要论述和全国、省、市、区教育大会精神，紧扣立德树人根本任务和高质量发展主题，牢牢把握教学质量这个立校之本、发展之基，将提高基础教育教学质量摆在教育工作全局重中之重位置，坚持系统观念，坚持问题导向，坚持整体抓质量，坚持"大学习、深调研、真落实"，倾全局、全系统之力，用五年时间实施"一核四柱八维""头雁引领""五育并举""监测增效""固源提质""补薄强基""强师兴教""智慧课堂""特色办学"八项工程，奋力推动新会教育教学质量跃上新台阶，力促我区在全市义务教育发展评价和高中教育质量管理评价中争先进位，不断提高新会群众对教育的获得感、幸福感，办好人民满意的教育。

二、主要任务

（一）头雁引领工程

目标任务：培养配备建设一支重教学、重教研、重质量，在教学教研上真抓实干、久久为功、出实招见实效的校长队伍。

基本措施：

1. **选优配强**。开展校长抓教学管理现状和成效"深调研"，总结校长绩效评价工作经验和不足，坚持不懈做好中小学校长、分管教学副校长的培养、配备建设工作。对教学质量长期靠后或持续下滑且未采取实质改进措施、不担当不作为的校长或分管教学副校长予以组织调整，重新选派真抓实干、出实招求实效的领导干部抓实抓好教学管理和质量提升工作。

2. **培训学习**。突出教学管理、校本教研、监测改进、信息化建设等重点内容，制定培训计划，组织开展校长、分管教学副校长集中分批轮训，激发校长抓教学质量的内在动力、职业自觉和创新思维，力促校长教学管理、质量管控和信息化水平有效跃升。

3. **示范引领**。校长、副校长必须带头教书育人，根据自身的专业专长选择相应的任教学科，至少担任一个教学班的学科教学。要主动掌握学校教师的教学水平和专业素养，深入课堂听课，并对课堂教学进行评课。积极推进教学改革与创新，参与所任教学科教研组集体备课、课堂教学交流等教研活动，并在教学改革上起到模范带头作用。适时组织校长开展抓教学质量经验交流会，每学期或每学年结束后，分别适时组织小学、初中、高中校长召开经验交流，可结合质量监测结果分析进行。

4. **实绩导向**。树立重教学、重质量的鲜明导向，抓紧修订新会区校长绩效考核、学校管理实绩考核办法，提高教学管理、教学质量、教学成果等在考核量化评分中的权重，优化调整校长绩效工资分配方案，以教学质量为绩效考核的重要依据。

5. **聚焦主业**。从依法规范管理出发，严格清理规范与中小学教育教学无关事项，切实减少对中小学校校长不必要的干扰，让校长从大量非教学事务的行政性工作中解放出来，将精力和工作重心回归到教学教研和提高教学质量上来，聚焦主业，潜心育人。

（二）五育并举工程

目标任务：健全立德树人落实机制，构建德智体美劳全面培养的教育体系，积极探索研学旅行，推进养成教育，在坚定理想信念、厚植爱国主义情怀、加强品德修养、增长知识见识、培养奋斗精神、增强综合素质上下功夫、求实效。

基本措施：

1.**突出德育实效。**突出思想政治课关键地位，将《习近平新时代中国特色社会主义思想学习读本》与思政课教学有机融合，强化理想信念教育，引导学生树立正确的国家观、历史观、民族观、文化观，切实增强"四个自信"。讲清新会历史、讲透新会现实、讲好新会故事，增强思政课的时代感和吸引力，培育学生自强自信、爱国爱乡、奋斗追梦的精神品质。学校要注重"一训三风"建设，将育人理念、育人特色凝练成寓意深远、启迪人生、脍炙人口的校训并真正贯穿到教育教学全过程。要更加重视家庭教育，加强对家庭教育工作的支持，大力宣传"一门三院士，九子皆才俊"佳话，使启超家风家教在葵乡大地蔚然成风。

2.**提升智育水平。**充分发挥教师主导作用，引导教师科学把握学生认知规律，上好每一堂课。突出学生主体地位，注重保护学生好奇心、想象力、求知欲，着力培养认知能力，促进思维发展，激发创新意识。加强科学教育和实验教学，广泛开展多种形式的读书活动。坚决防止学生学业负担过重。通过组织科技节、志愿服务等丰富多彩的课余活动，为学生锻炼创新精神和实践能力提供良好平台。

3.**强化体育锻炼。**深入落实《关于全面加强和改进新时代学校体育工作的意见》，坚持健康第一，开齐开足体育课，科学安排体育课运动负荷。开展好学校特色体育项目，大力发展校园足球，让每位学生掌握1到2项运动技能。以创建全国青少年校园篮球、足球特色学校和省校园排球、篮球推广学校等为抓手，广泛开展校园普及性体育运动，定期举办学生运动会或体育节。引导学生在体育锻炼中享受乐趣、增强体质、健全人格，培养积极向上的运动精神。通过购买服务等方式，鼓励体育社会组织为学生提供高质量体育服务。严格执行学生体质健康合格标准，健全学生视力健康综合干预体系，保障学生充足睡眠时间。

4.**增强美育熏陶。**深入落实《关于全面加强和改进新时代学校美育工作的意见》，实施学校美育提升行动，坚持以"美"育人、以"文"化人，提高学生审美能力和人文素养。严格落实音乐、美术、书法等课程，结合新会葵艺、新会陈皮、新会小冈香、新会鱼灯、茅龙笔等本地文化品牌，积极设立艺术特色课程。广泛开展校园艺术活动，帮助每位学生学会1到2项艺术技能、会唱主旋律歌曲。鼓励学校组建特色艺术团队，办好中小学生艺术展演，推进中华优秀传统文化艺术传承学校建设。通过购买服务等方式，鼓励专业艺术人才到中小学兼职任教。积极与高等艺术院校对接，在中小学建立对口联系教学实践基地。

5. **加强劳动教育**。教师要引导学生崇尚劳动、尊重劳动，懂得"劳动最光荣"的道理。加强学生生活实践、劳动技术和职业体验教育。优化综合实践活动课程结构，确保劳动教育课时不少于一半。坚持学生值日制度，组织学生参加校园劳动，积极开展校外劳动实践和社区志愿服务，指导家长给孩子安排力所能及的家务劳动。因地制宜创建一批劳动教育实验基地。

6. **开展研学旅行**。依托新会区的特色资源，因地制宜开发一批育人效果突出的研学旅行活动课程；建设一批具有新会特色和示范带动作用的研学旅行基地；培养一批高素质、专业性的研学旅行师资队伍；充分利用省、市、区的研学旅行基地，确定一批具有影响力的研学旅行精品路线；建立一套责任清晰、协同配合、管理规范、经费落实、安全保障的研学旅行工作机制。

（三）监测增效工程

目标任务：健全我区教学质量常态化监测机制，形成便于跟踪评价教学质量的大数据系统，实现教学质量分析、评价、诊断和管理数字化、智能化，为加强教学管理、开展绩效评价、改进课堂教学提供有力支持。建成精准高效、协同联动的教学质量监测、反馈、整改、督导、提升的闭环管理模式。

基本措施：

1. **扩大教学质量监测覆盖面**。成立全区教学质量监测专责工作组，开展质量监测专项"深调研"，总结以往监测工作经验和不足，明确改进措施和实施步骤。进一步扩大质量监测目标年级的范围：从对四至六年级的某一年级和对九年级监测，扩大为对四、六年级和七、九年级，直到实现对四、五、六和七、八、九年级及高一、高二、高三年全覆盖监测。通过对起始年级和终点年级测试数据的汇总，持续跟踪评价学校对同一届学生的教学质量状况。

2. **建立教学质量大数据库**。以学生学籍信息为基础和单元，收集汇总各学段教学质量自主监测数据（调测、抽测等）、中考数据、高考数据等在内的全过程质量监测数据，建立全区教学质量监测大数据库。在此基础上，逐步录入相应学校、年级、班级、学科教师、班主任等信息，分步建设好学生、教师、学校三年大核心数据库，建立数据采集、处理、使用的权限体系和监督办法，为探索基于大数据的学生、教师个性化教育服务模式和学校教学管理决策咨询机制，以及推进我区信息化教育治理模式改革奠定坚实的基础。

3. **完善质量分析和通报工作机制**。以学期为周期，分别在全区、各镇（街）、各学校、各学科等层面对监测数据进行梳理，在全区范围、镇（街）范围或探索"点对点问诊"等方式，及时开展监测结果专项反馈和个性化诊断。表扬激励抓教学质量成效显著或进步明显的镇（街）、学校、学科，总结推广好做法、好经验。剖析镇（街）、学校、学科存在主要问题和不足，提出教学管理、教学改进等方面专业指导意见。各镇（街）中心小学、各学校、各学科结合各自实际相应制定和报备整改方案，并全力推进方案落实。

4. **开展质量监测整改专项督导**。对每学期教学质量监测结果的应用情况，特别是各镇（街）中心小学、各学校、各学科落实教学管理、教学改进等方面反馈意见及执行整改方案情况，进行专项跟踪督导，确保质量监测形成闭环管理，确保改进提升落到实处、见到实效。局、镇（街）中心小学，分别确定若干比例数量的镇（街）、学校、学科，实施教学质量监测结果应用专项督导。

5. **健全教学质量监测体系**。逐步将体育、音乐、美术、心理健康、劳动教育等纳入我区教学质量自主监测范围，加快建立符合我区实际特别是各学段、各学科发展现状和需求，与国家义务教育质量监测相衔接、相适应、相融合的较为完备的自主监测体系。

（四）固源提质工程

目标任务： 突出前瞻布局，狠抓生源规划配置，建立全区统筹、学校联动、良性竞争、配置合理的生源管理机制，切实减少生源外流。突出因材施教，建立全学段、精细化、长效化的精准教学工作机制，努力在中考、高考冲顶中不断取得佳绩，以高端突破引领新会教育质量提升。

基本措施：

1. **开展生源规划**。成立全区生源规划管理专责工作组，开展生源流动分布专项"深调研"，总结以往招生工作经验和不足，围绕固源提质工程目标任务，明确新会区生源规划主要目标、工作措施和实施步骤。建立全区生源规划校际联席会议制度，科学制定小学、初中、高中新生招生政策，稳妥有序完成招生计划，并及时地向局领导报告、向教师发展中心和有关学校通报生源入学情况。

2. **规范招生管理**。总结义务教育阶段"公民同招"和中考实行"平行志愿"投档录取背景下初中、高中招生工作成效和经验，摸清我区和周边公办、民办初中高中招生政策和学校操作细则，研究制定有针对性的规范管理措施。严格审核学生中途转学申请，防止学校之间对生源的无序争抢。立足学校工作实际，着眼学校长期规划，指导各公办学校、引导民办教育及时制定符合自身实际的短期、中期、长期生源规划。

3. **完善招生工作评价标准**。探索将生源流失率、保持率等作为全区、镇（街）、学校招生工作评价指标和内容，纳入有关绩效考核方案或工作意见、工作指引。探索对体艺生招生10%限额实行全区统筹分配管理，支持和指导梁启超纪念中学等学校做大做强体艺特色。

4. **落实强基计划**。为落实教育部强基计划，建立小学、初中、高中全学段强基生源数据库，制定强基生源跟踪服务长效化措施和保障机制。支持学校开展创新性、针对性家校沟通、知名校友宣讲、办学特色宣传和学生发展个性化规划辅导等工作，增强家长和学生对强基计划和新会教育质量的信心。

5. **推动义务教育教学优质发展**。开展义务教育精准化教学专项"深调研"，探索研究制定精细化、长效化的义务教育精准化教学工作方案或出台义务教育精准化教学工作指导意见。在小学、初中阶段分别制定和实施育苗计划，探索开展集体研学或冬令营、夏令营等活动，落实精细化、常态化工作措施方案。

6. **力促高中教育教学冲顶突破**。制定和实施提质冲顶计划。探索成立教研支持组、专家辅导组、心理护航组、家庭保障组等工作小组，落实精细化、常态化提质冲顶措施方案。加强学科竞赛的指导管理，提升学科竞赛水平和开展高中特色教学的探索。支持我区国家级示范性高中有针对性地组织学生参加全国顶尖高校的自主招生。

（五）补薄强基工程

目标任务：狠抓薄弱学校、薄弱学科，倾力提升补强一批薄弱学校、薄弱学科；狠抓教学常规管理，突出课堂主阵地作用，强化校本教研，优化教学方式，提高课堂效率；狠抓后勤保障，推广普惠的校内课后服务和寄宿服务，更好保障学生在校学习时间和学习效果。

基本措施：

1. **建立补薄强基常态化机制**。成立全区教学质量补薄强基专责工作组，梳理全区、各镇（街）教学质量薄弱学校名单，针对薄弱学校开展"深调研"，总结存在短板和突出问题，厘清存在的突出问题，成立局、镇两级若干教学督导工作组，逐步实现常态化教学质量专项督导。

2. **多措并举帮扶薄弱学校。** 采取驻点帮扶、结对帮扶、巡回督导等方式，协助学校解决影响教学质量的实际问题，指导学校切实加强教师管理、改进课堂教学、强化校本教研、开展精准教学、提升信息化装备和技术应用水平。倡导各教育集团领衔校、优质校主动向成员校、薄弱校共享导学案、练习题等高质量教学资料、教研成果，帮扶成员校、薄弱校提升教学质量，以适当方式对领衔校、优质校予以肯定和激励。探索开展薄弱学校提升教学质量持续跟踪督导和专项奖惩工作，形成校长亲自抓亲自管，教师人人出力的良好局面。

3. **强化教学常规管理。** 严格实行校长（分管副校长）、教导主任、科任教师三级教学管理责任制，引导学校牢固树立课程意识、质量意识、教学常规管理意识，将教学常规管理整体优化工作作为年度重点工作纳入研训计划。建立"教学常规管理专项视导"工作机制，督促并指导学校整体优化并落实教学常规，每学期开展区域教学常规管理调研，重视调研结果的反馈、交流和后续跟进，发挥教学常规管理的指导功能。

4. **加快推进校内课后服务。** 加强学校后勤保障，抓紧推广午托、晚托等校内课后服务，为减少学生上下学在途时间、保障在校学习时间提供普惠后勤服务。

5. **推进学校寄宿制建设。** 制定全区学校寄宿制建设计划方案，全力推进学校寄宿服务硬件建设，为更好保障学生早读、晚修等在校学习时间提供必要的硬件支撑。

6. **优化调整中小学校布局。** 针对因客观条件限制确实难以提高教学质量的薄弱、边远学校（教学点），选择几所具有代表性的中小学校（教学点）作为试点，制定新一轮布局调整计划方案。为解决学校布局调整后学生上下学问题，同步统筹研究制定以政府购买服务方式提供普惠性公交专线服务方案。

（六）强师兴教工程

目标任务： 发挥教师发展中心教科研训一体化功能作用，支持和促进教师专业发展，形成真抓实干、敢讲敢创的教研氛围；狠抓校本教研，打造"互联网+教研"平台，推进信息技术与教研深度融合；大力改进教师绩效评价，开展抓学科质量建设述职评议，压实教学质量建设责任，发挥优秀教师示范带动作用，探索不胜任教学工作教师退出教学岗位机制；加强教师队伍特别是农村教师队伍建设；切实减轻教师负担。

基本措施：

1. **加强师德师风建设。**落实《新时代教师职业行为十项准则》，把师德师风作为评价教师的第一标准，突出全方位、全过程师德养成。引导教师珍惜荣誉，严于律己，爱岗敬业，更好地担当起学生健康成长指导者和引路人的责任。

2. **支持教师专业发展。**对全区教师坚持以"三研"（常规教研、主题教研、课题研究）为基础，以"四学"（学课标、学教材、学理论、学网络技术）为根本，以"六课"（练兵课、常态课、汇报课、示范课、竞赛课、同课异构）为要点、以"四训"（走出去培训、请进来培训、校本培训、师徒结对的帮扶培训）为突破，在学校内、学校间、区域内，形成教师能力流程、全体系、全链条提升体系。制定和实施教师全员培训计划，系统化组织分层分类分岗培训，开展新任教师岗前培训或集中轮训、薄弱教师脱产培训、骨干教师提高培训等，抓紧组织实施课程改革、教育信息化等各种专项培训；全面开展教师基本功竞赛，推动教师履行日常教学职责基本能力达标；强化名师引领，充分发挥区内外名师、骨干教师作用，聚焦本地突出问题和薄弱环节，组织开展针对性教学专题培训、专题宣讲、专题研讨、同课异构等，破解教学教研问题，实现扬长避短；推广"互联网+"协同教研应用，对接"江门市协同教研服务体系"，探索"智慧教研"新模式。

3. **推进课堂教学改革。**发挥教学质量监测指挥棒导向作用，持续推进基于"深度学习·思维课堂"课堂改革，评选出一批具有代表性、总结出一些具有可推广的教学方式和教学案例，在全区范围内进行集中推广。

4. **改进教师绩效评价。**制定实施新会区教学提质星级教师、备课组、班级教学团队评定和奖励办法，持续激励重教学、抓教研、有实绩的优秀教师、骨干教师。

5. **狠抓学科质量建设。**常态化开展各学段、各学科听课视导，评课更加注重实效，直面问题、直言不讳，强化评课意见约束性并跟踪落实。分层分批组织教研员、科组长开展抓学科质量建设专题研讨，推进落实教学质量建设责任。定期召开学科质量建设征询意见会和加强学科质量建设专题工作会议，凝聚多方合力，有针对性地破解一批制约学科质量提升的实际问题。对学科质量建设取得突出成效的镇（街）、学校，予以适当的奖励。

6. **倾力破解突出问题。**千方百计破解职业倦怠和队伍平均年龄偏大、断层以及教师招聘、职称评审、岗位设置等学校面临的突出问题。对不适应日常教学要求的教师，探索实行脱产培训、跟岗听课等，经培训考核达标后返回教学岗位，考核不达标的教师退出教学岗位。加大紧缺学科教师特别是农村教师补充力度，重点补充紧缺学科教师。推进教师招聘制度改革，积极引进名校长、名教师，探索将试讲环节纳入教师招聘面试环节，探索赋予学校招聘教师更多自主权。

7. **强化教师梯队建设。**建立完善教师分层培养激励制度，强化学校教师队伍的梯队建设，注重发挥60、70后教师牵头引领，通过强化人文关怀，赋予更多使命，重新唤醒这批中坚力量的使命感，让他们成为年轻教师追逐榜样。重点关注80后教师能力提升，通过开展专业性、针对性培训，形成良性互动，全面提升80后教师综合素质。积极给予90后教师扶助指引，建立学校内部名优教师带队伍机制，完善校际之间人才协同培养机制，实现新进教师"一对一""点对点"帮扶，实现个人能力快速提升。

8. **切实减轻教师负担。**清理精简督查检查评比考核事项，统筹规范社会事务进校园，规范精简各类报表填写，提升数据采集信息化水平，切实减少对中小学校教师不必要的干扰。

（七）智慧课堂工程

目标任务：加大教育信息化装备投入，围绕高效课堂和深度学习，推动信息化教学课堂化、规模化、常态化发展。实现教师信息化教学能力显著提升，全面促进信息技术与实际课堂教学融合发展。以实用、适用为主要考量，建立务实、好用、有效的数字教学资源库并在全区因地制宜推广运用。

基本措施：

1. **成立全区智慧课堂建设专责工作组。**开展中小学智慧课堂专项"深调研"，摸清现状、需求和突出问题，围绕智慧课堂建设目标任务，制定智慧课堂工程工作措施和实施步骤。

2. **推动教学装备升级。**分步推动我区学校硬件设施更新，引进智慧黑板等智慧课堂所需信息化装备，切实改善设施设备陈旧落后问题。力争分3年时间逐步更换公办学校现有电教平台：第1年为高中阶段学校配备智慧黑板；第2年为城区中小学配备智慧黑板；第3年为农村中小学配备智慧黑板。

3. **建设和利用好教学资源平台。**加强数字教学资源建设与共享，统筹多方力量，面向教师教学和学生学习，建立数字教学资源库，建设覆盖各学段、各学科和主要教材的体系化教育资源。

4. **提升信息技术应用能力。**实施中小学教师信息技术应用能力提升工程2.0，积极推进远程互动同步课堂教学，充分利用名校、名师优质教育资源，提升薄弱学校教学质量。

（八）特色办学工程

目标任务：从学校管理制度、培养方式等方面做出改革式的创新探索，通过学校自我探索和完善，逐步形成适合学校特色发展的路子，构建多层次、有特色、可选择的课程体系，促进学校文化价值的提升和办学内涵的升华，扩大学校发展空间，实现学校的多样化发展。

基本措施：

1. **培育学生个性发展。**学生的特长得到培养，学生的个性得到进一步发展。通过特色化的课程设置和多元化育人理念，让每一个学生树立"人人成才"的观念和信心，指导学生根据自己的优势开展个性化、科学高效的学习活动，让学生在学习活动中不断提升兴趣，开发潜能，体验成功，促进综合素质的全面提升，形成较为鲜明的个性，实现人人发展和个性发展。

2. **改善教师专业发展。**教师的专长得到发挥，素养进一步提高。通过转变教育观念，树立"人人皆为可造之材"的教育观，学会发现学生的优势特长领域并善于对其进行个性化的辅导和教育，让教师在教育教学活动中真正落实"以人为本，因材施教"的理念，关注每一个学生的发展，不断调整和改善自身的教育教学行为，提升自身的教育水平，在工作中推动自身的专业发展。

3. **促进学校内涵发展。**促进学校的品位得到提升，内涵进一步深厚。构建适合学校自身发展的多元人才培养课程体系和管理模式，从学校管理的层面为学生的全面发展、个性发展和终身发展打下良好的基础，并为教师的专业发展搭建良好的发展平台，营造多元人才培养的课程体系，以及建设满足学校多元培养的师资队伍，整体提升学校的教育质量和办学品位，形成较为鲜明的办学特色。

4. **共建家校社区和谐。**家校社区关系得到融合，社区更有文化气息。作为社区的重要组成部分，学校在开发特色中形成了独特的学校文化，可以丰富社区的整个文化生活，构成社区生活的新的理念和品质。学校还可以作为一个充满文化创造活力的组织，直接参与社区的文化建设。学校还在开发特色中，以其轻松活泼、富有民族特色韵味的成果装点社区的景观，美化环境，共建和谐社区生活。

三、实施保障

(一) 组织领导

成立新会区教育局提升基础教育教学质量工作领导小组，名单如下：

组　长：陈伟端

副组长：陈华钦、苏玉华、梁霭欣、何其顺、张健华、李锦和

成　员：邓景龙、黎千莲、谭群乐、李美玉、吴筱灵、张浩勋、安学玲、邓夏英、陈宏、赵志华、何勇涛、赵旭晖、容美明

领导小组统筹推进区教育系统提升基础教育教学质量工作，确保八项工程行动方案落实到位，推动教学质量持续跃升。

在领导小组下，分别成立八项工程专责工作组，成员主要由相应业务股室组成，负责统筹制定并实施专项工作方案，每月定期向区教育局提升基础教育教学质量工作领导小组报告进展情况和工作成效。

各镇（街）中心小学、各直属学校参照局机关领导小组和八项工程任务措施，结合各自实际相应成立领导机构并制定细化落实方案。

(二) 督导落实

新会区教育局提升基础教育教学质量工作领导小组定期听取各专责工作组工作汇报，协调解决八项工程实施中遇到的困难和问题，督促和推动各项工作如期保质完成，确保质量提升措施落到实处、取得实效。配备一批懂教学、业务精、专兼结合的督学队伍，将教学质量作为重要内容纳入责任督学挂牌督导事项，狠抓教学质量督导检查，推动行动方案落实到位。

(三) 跟踪问效

一是绩效激励。对实施八项工程、提高教学质量取得实绩的业务股室或学校在绩效分配上予以倾斜激励。二是约谈通报。探索建立分级分类的教育质量约谈制度、通报制度。3年是追责问责。对实施八项工程中不作为、慢作为，教学质量长期落后或持续下滑的，予以追责问责。

(四) 资金保障

积极争取政府支持，加大财政投入力度，落实教育经费优先保障，把提升教育质量八项工程作为财政支出重点领域予以优先立项、优先安排，保障八项工程及时推进和有效实施。积极争取社会资源参与学校教育，鼓励社会组织之间联合成立区域教育协同促进机构，从而给予学校教育教学更多智力支持、资金帮助。

附件 **1**

各专责工作组成员名单

项目	组别	组长	副组长	主要成员
头雁引领工程	头雁引领专责工作组	陈华钦	黎千莲	黎千莲（人事股）、何勇涛（教师发展中心）、邓夏英（师资股）、李美玉（督导室）、安学玲（基础教育与信息化股）等
五育并举工程	五育并举专责工作组	陈华钦	陈宏	陈宏、蓝玉萍、李华斌、谢柏舟（政体和安全保卫股），职终股（赵志华），刘民毅（教师发展中心），安学玲（基础教育与信息化股）等
监测增效工程	监测增效专责工作组	何其顺	何勇涛	何勇涛、赵旭晖、李发开（教师发展中心），张浩勋（招生考试股），李美玉（督导室）等
固源提质工程	生源规划管理专责工作组	梁霭欣	张浩勋	张浩勋（招生考试股）、安学玲（基础教育与信息化股）、何勇涛（教师发展中心）等
	育苗培养专责工作组	何其顺	何勇涛	何勇涛、李发开、周广榕、陈国恩（教师发展中心）等
补薄强基工程	补薄强基专责工作组	苏玉华	李美玉	李美玉（督导室）、何勇涛（教师发展中心）、安学玲（基础教育与信息化股）、吴筱灵（基建财务股）等
强师兴教工程	强师兴教专责工作组	何其顺	何勇涛	何勇涛、李发开、周广榕、陈国恩（教师发展中心），邓夏英（师资股），黎千莲（人事股），安学玲（基础教育与信息化股），陈宏（政安股），李美玉（督导室）等
智慧课堂工程	智慧课堂专责工作组	何其顺	赵旭晖	何勇涛、赵旭晖、赵文辉（教师发展中心），安学玲（基础教育与信息化股）、吴筱灵（基建财务股）等
特色办学工程	特色办学专责工作组	梁霭欣	谭群乐	谭群乐（机关党委）、黎千莲（人事股、机关纪委）、吴筱灵（基建财务股）、李美玉（督导室、机关纪委）等

附件 ❷

新会区提升基础教育教学质量行动方案主要任务台账

序号	八大工程	牵头股室	内容	节点计划	责任股室	责任人	完成时限
一	头雁引领工程	人事股	1 开展校长抓教学管理现状和成效"深调研",总结校长绩效评价工作的经验和不足,适时对教学质量长期靠后或持续下滑且未采取实质改进措施、不担当不作为的校长或分管教学副校长予以组织调整。	2021年9月启动"深调研",2021年12月制定工作计划,2025年全面完成。	人事股	黎千莲	2021年12月底
			2 制定校长、分管教学副校长分批集中轮训计划。	2021年10月底完成制定培训计划,12月启动第一批培训,2025年完成5年培训计划。	师资股教师发展中心	邓夏英 何勇涛	2025年底
			3 坚持教书育人导向,引导校长、副校长至少担任一个教学班的学科教学,积极推进教学改革与创新,参与所任教学科教研组集体备课、课堂教学交流等教研活动。每学期或每学年结束后,分别适时组织小学、初中、高中校长召开教学质量经验交流会。	2021年9月启动调研摸底,完成首次经验交流,以后每学年动态调整,2022年建成校长抓教学质量经验交流常态化,2025年全面完成。	人事股基础教育与信息化股教师发展中心	黎千莲 安学玲 何勇涛	2025年底
			4 抓紧修订新会区校长绩效考核、学校管理实绩考核办法,提高教学管理、教学质量、教学成果等在考核量化评分中的权重,优化调整校长绩效工资分配方案。	2021年9月完成办法修订,以后按学年动态调整,2022年建成科学合理、教学质量导向鲜明的绩效考核评价机制。	人事股教师发展中心	黎千莲 何勇涛	2025年底

续表

序号	八大工程	牵头股室	内容	节点计划	责任股室	责任人	完成时限
			5 严格清理规范与中小学教育教学无关事项,让校长从大量非教学事务的行政性工作中解放出来,将精力和工作重心回归到教学教研和提高教学质量上来。	2021年10月启动调研摸底,以后每学年动态调整,2025年全面完成调整。	人事股督导室基础教育与信息化股	黎千莲李美玉安学玲	2025年底
二	五育并举工程	基础教育与信息化股	1 突出思想政治课关键地位,将《习近平新时代中国特色社会主义思想学习读本》与思政课教学有机融合,引导学生树立正确的国家观、历史观、民族观、文化观。注重"一训三风"建设,重视家庭教育,大力宣传启超家风。	2021年9月启动相关工作,分步推进各学校德育工作,2025年全面完成。	政安股教师发展中心基础教育与信息化股	陈宏何勇涛安学玲	2025年底
			2 充分发挥教师主导作用,突出学生主体地位,加强科学教育和实验教学,广泛开展多种形式的读书活动,坚决防止学生学业负担过重,全面激发并保护学生好奇心、想象力、求知欲。	2021年10月制定工作方案,按照方案分布推进,2025年全面完成智育水平提升工作。	教师发展中心基础教育与信息化股	何勇涛安学玲	2025年底
			3 深入落实《关于全面加强和改进新时代学校体育工作的意见》,开展好学校特色体育项目,让每位学生掌握1至2项运动技能。通过购买服务等方式,鼓励体育社会组织为学生提供高质量体育服务。严格执行学生体质健康合格标准,健全学生视力健康综合干预体系,保障学生充足睡眠时间。	2021年9月启动调研摸底,2022年实现特色体育项目全覆盖,2023年社会组织参与学校体育服务形成常态,2025年全面完成。	政安股教师发展中心基础教育与信息化股	陈宏何勇涛安学玲	2025年底

续表

序号	八大工程	牵头股室	内容	节点计划	责任股室	责任人	完成时限
4			深入落实《关于全面加强和改进新时代学校美育工作的意见》，实施学校美育提升行动，积极设立艺术特色课程，广泛开展校园艺术活动，帮助每位学生学会1到2项艺术技能、会唱主旋律歌曲。通过购买服务等方式，鼓励专业艺术人才到中小学兼职任教。积极与高等艺术院校对接，在中小学建立对口联系教学实践基地。	2021年9月启动调研摸底，2022年实现艺术特色课程全覆盖，与高等艺术院校对口联系教学实践基地初具成效，2025年实现每位学生掌握1到2项艺术技能、会唱主旋律歌曲。	基础教育与信息化股教师发展中心	安学玲何勇涛	2025年底
5			加强学生生活实践、劳动技术和职业体验教育。优化综合实践活动课程结构，确保劳动教育课时不少于一半。因地制宜创建一批劳动教育实验基地。	2021年9月启动调研摸底，分布推进综合实践活动课程结构优化工作，2025年完成所有目标任务。	基础教育与信息化股教师发展中心职终股	安学玲何勇涛赵志华	2025年底
6			依托新会区的特色资源，因地制宜开发一批育人效果突出的研学旅行活动课程；建设一批具有新会特色和示范带动作用的研学旅行基地；培养一批高素质、专业性的研学旅行师资队伍；充分利用省、市、区的研学旅行基地，确定一批具有影响力的研学旅行精品路线；建立一套责任清晰、协同配合、管理规范、经费落实、安全保障的研学旅行工作机制。	2021年9月启动调研摸底，分步推进研学工作，2025年全面完成。	政安股教师发展中心基础教育与信息化股	陈宏何勇涛安学玲	2025年底

续表

序号	八大工程	牵头股室		内容	节点计划	责任股室	责任人	完成时限
三	监测增效工程	教师发展中心	1	成立全区教学质量监测专责工作组，制定新会区教学质量监测工程实施方案，进一步扩大质量监测目标年级的范围。	2021年9月成立专责工作组，制定专项实施方案。2020年全面启动四年级、七年级起点监测，2022年完成首轮闭环监测，力争2023年实现对四、五、六和七、八、九年级及高一、高二、高三年各主要学科教学质量监测全覆盖。	教师发展中心	何勇涛	2025年底
			2	建立全区教学质量监测大数据库，逐步录入相应学校、年级、班级、学科教师、班主任等信息，分步建设好学生、教师、学校3年大核心数据库。	2021年10月成立教学质量大数据库专项工作组，制定工作方案，明确数据库建设技术路线和具体时间安排；力争2021年12月前完成在校学生已有监测数据收集整合，初步建立全区教学质量监测大数据库，2022年扩展建成教师教学质量数据库，2025年扩展建成学校教学质量数据库。	教师发展中心招生考试股基础教育与信息化股人事股	何勇涛赵旭晖张浩勋安学玲黎千莲	2025年底
			3	建立教学质量监测数据分析和通报工作机制，及时开展监测结果专项反馈和个性化诊断。指导各学校结合各自实际相应制定和报备整改方案，并全力推进方案落实。	2021年10月完成首次专项反馈，分别制定整改落实方案，以后每次监测后开展并持续深化。	教师发展中心招生考试股基础教育与信息化股人事股	何勇涛张浩勋安学玲黎千莲	2021年10月底

续表

序号	八大工程	牵头股室		内容	节点计划	责任股室	责任人	完成时限
			4	对每学期教学质量监测结果的应用情况，进行专项督导，确保质量监测形成闭环管理，确定若干比例数量的镇（街）、学校、学科，实施教学质量监测结果应用专项督导。	2021年春季学期完成首次专项督导，以后持续深化开展并完善专项督导工作制度，2022年建立起运作顺畅、有效管用、较为完善的教学质量监测结果应用督导机制。	教师发展中心各镇（街）中心小学各学校	何勇涛	2025年底
			5	逐步将体育、音乐、美术、心理健康、劳动教育等逐步纳入我区教学质量自主监测范围，建立与国家义务教育质量监测相衔接、相适应、相融合的较为完备的自主监测体系。	2021年10月成立教学质量自主监测专项工作组，制定工作方案，2025年扩展建成学校教学质量数据库。	督导室基础教育与信息化股教师发展中心各镇（街）中心小学	李美玉安学玲何勇涛	2025年底
四	固源提质工程	招生考试股	1	成立全区生源规划管理专责工作组，围绕固源提质工程目标任务，明确新会区生源规划主要目标、工作措施和实施步骤。建立健全全区生源规划校际联席会议制度，科学制定小学、初中、高中新生招生政策。	2021年9月成立专责工作组，制定专项实施方案。	招生考试股基础教育与信息化股	张浩勋安学玲	2021年9月底
			2	研究制定有针对性的公办、民办初中高中招生规范管理措施。严格审核学生中途转学申请，指导各公办学校、引导民办教育及时制定符合自身实际的短期、中期、长期生源规划。	2021年7月，此后每学年及时定期优化调整。	招生考试股基础教育与信息化股教师发展中心	张浩勋安学玲何勇涛	2022年10月底

续表

序号	八大工程	牵头股室	内容	节点计划	责任股室	责任人	完成时限
3			将生源流失率、保持率纳入有关绩效考核方案或工作意见、工作指引，严格审核学生中途转学申请，探索对体艺生招生10%限额实行全区统筹分配管理，支持和指导学校做大做强体艺特色。	2021年10月，完成工作评价指标和内容，对10%限额内体艺生招生实行全区统筹分配管理。	招生考试股基础教育与信息化股人事股	张浩勋安学玲黎千莲	2021年10月底
4			建立小学、初中、高中全学段强基生源数据库，制定强基生源跟踪服务长效化措施和保障机制。支持学校开展创新性、针对性家校沟通、知名校友宣讲、办学特色宣传和学生发展个性化规划辅导等工作。	2021年10月建立生源数据库，12月前完成首轮家校沟通、集中宣讲，在调研总结的基础上于2022年1月制定和探索实施生源长效化跟踪服务措施和保障机制，2025年形成比较完善的生源长效化跟踪服务措施和保障机制。	招生考试股基础教育与信息化股教师发展中心	张浩勋安学玲何勇涛	2025年底
5			开展义务教育精准化教学专项"深调研"，探索研究制定精细化、长效化的义务教育精准化教学工作方案或出台义务教育精准化教学工作指导意见，探索开展集体研学或冬令营、夏令营等活动，落实精细化、常态化工作措施方案。	2021年10月启动调研摸底，2021年底出台指导意见，分布开展	招生考试股基础教育与信息化股教师发展中心	张浩勋安学玲何勇涛	2025年底

续表

序号	八大工程	牵头股室		内容	节点计划	责任股室	责任人	完成时限
			6	制定和实施提质冲顶计划。探索成立教研支持组、专家辅导组、心理护航组、家庭保障组等工作小组，落实精细化、常态化提质冲顶措施方案。加强学科竞赛的指导管理、提升学科竞赛水平和开展高中特色教学的探索。支持我区国家级示范性高中有针对性地组织学生参加全国顶尖高校的自主招生。	2021年10月出台冲顶计划，成立工作小组，20205年全面完成。	教师发展中心招生考试股基础教育与信息化股	何勇涛张浩勋安学玲	2025年底
五	补薄强基工程	督导室	1	成立全区教学质量补薄强基专责工作组，梳理全区、各镇（街）教学质量薄弱学校名单，成立局、镇两级若干教学督导工作组，逐步实现常态化教学质量专项督导。	2021年9月完成工作组成立、方案制定工作。	督导室教师发展中心基础教育与信息化股	李美玉何勇涛安学玲	2021年7月底
			2	采取驻点帮扶、结对帮扶、巡回督导等方式，指导学校切实加强教师管理、改进课堂教学、强化校本教研、开展精准教学、提升信息化装备和技术应用水平。帮扶成员校、薄弱校提升教学质量，以适当方式对领衔校、优质校予以肯定和激励。探索开展薄弱学校提升教学质量持续跟踪督导和专项奖惩工作，形成校长亲自抓亲自管、教师人人出力的良好局面。	2021年12月前完成首轮驻点帮扶、巡回督导，2025年建立较为完善的教学质量薄弱学校专项督导、专项奖惩工作机制。	督导室教师发展中心基础教育与信息化	李美玉何勇涛安学玲	2025年底

续表

序号	八大工程	牵头股室		内容	节点计划	责任股室	责任人	完成时限
			3	严格实行校长（分管副校长）、教导主任、科任教师三级教学管理责任制，将教学常规管理整体优化工作作为年度重点工作纳入研训计划。建立"教学常规管理专项视导"工作机制，督促并指导学校整体优化并落实教学常规，每学期开展区域教学常规管理调研。	2021年10月制定方案，2022年取得明显成效，以后形成常规机制。	人事股教师发展中心	黎千莲何勇涛	2025年底
			4	做好学校后勤保障，抓紧推广午托、晚托等校内课后服务。	2021年10月启动校内课后服务试点，2022年基本完成全区校内课后服务推广。	基础教育与信息化股基建财务股	安学玲吴筱灵	2022年底
			5	制定全区学校寄宿制建设计划方案，全力推进学校寄宿服务硬件建设。	2021年9月开展调研，12月完成方案并分步实施，2025年完成全区学校寄宿制建设。	基础教育与信息化股基建财务股	安学玲吴筱灵	2025年底
			6	择几所具有代表性的中小学校（教学点）作为试点，制定新一轮布局调整计划方案，同步统筹研究制定以政府购买服务方式提供普惠性公交专线服务方案。	2021年底完成试点工作，2025年完善普惠性公交专线服务。	督导室基建财务股基础教育与信息化股	李美玉吴筱灵安学玲	2025年底
六	强师兴教工程	教师发展中心	1	落实《新时代教师职业行为十项准则》，把师德师风作为评价教师的第一标准，引导教师珍惜荣誉，严于律己，爱岗敬业。	2021年全面启动，2025年取得明显成效。	师资股人事股	邓夏英黎千莲	2025年底

续表

序号	八大工程	牵头股室	内容	节点计划	责任股室	责任人	完成时限
2			制定和实施教师全员培训计划,大力开展"三研""四学""六课""四训"计划,全面开展教师基本功竞赛,强化名师引领,推广"互联网+"协同教研应用,对接"江门市协同教研服务体系",探索"智慧教研"新模式,形成全体系、全链条提升体系。	2021年全面启动,2025年取得明显成效。	师资股教师发展中心	邓夏英何勇涛赵旭晖	2025年底
3			推进基于"深度学习·思维课堂"课堂改革,将优秀的教学方式和教学案例在全区范围内进行推广。	2021年12月开展交流,2025年取得明显成效。	教师发展中心	何勇涛	2025年底
4			制定实施新会区教学提质星级教师、备课组、班级教学团队评定和奖励办法。	2021年7月完成方案,10月完成第一轮评选,2025年建立起较为完善的新会区星级教师评定和奖励机制。	人事股教师发展中心	黎千莲何勇涛李发开	2025年底
5			常态化开展各学段、各学科听课视导,分层分批组织教研员、科组长开展抓学科质量建设专题研讨,定期召开学科质量建设专题工作会议,对学科质量建设取得突出成效的镇(街)、学校,予以适当奖励激励。	2021年12月完成首轮工作,2025年学科建设取得明显成效。	教师发展中心	何勇涛李发开周广榕陈国恩	2025年底

续表

序号	八大工程	牵头股室	内容	节点计划	责任股室	责任人	完成时限
6			千方百计破解职业倦怠和队伍平均年龄偏大、断层以及教师招聘、职称评审、岗位设置等学校面临的突出问题。探索实行脱产培训、跟岗听课等，加大紧缺学科教师特别是农村教师补充力度，重点补充紧缺学科教师。推进教师招聘制度改革，积极引进名校长、名教师，探索将试讲环节纳入教师招聘面试环节，探索赋予学校招聘教师更多自主权。	2021年9月完成制定方案，力争2022年12月前实施首批脱产培训、跟岗听课，2025年基本消除紧缺学科问题。	人事股师资股教师发展中心	黎千莲邓夏英何勇涛	2025年底
7			建立完善教师分层培养激励制度，强化学校教师队伍的梯队建设，形成60、70、80、90后教师培养机制。	每学年动态调整，2025年完成。	人事股师资股教师发展中心	黎千莲邓夏英何勇涛	2025年底
8			清理精简督查检查评比考核事项。	2021年全面落实减负行动，2025年取得明显成效。	办公室督导室政安股人事股	邓景龙李美玉陈宏黎千莲	2025年底
1	七 智慧课堂工程	教师发展中心	成立全区智慧课堂建设专责工作组，制定新会区智慧课堂工程实施方案或工作意见。	2021年10月完成工作组成立，制定相应工作方案。	教师发展中心基础教育与信息化股	赵旭晖安学玲	2021年10月底
2			分步推动我区学校硬件设施更新，引进智慧黑板等智慧课堂所需信息化装备。	2021年为高中阶段学校配备智慧黑板；2022年为城区中小学配备智慧黑板，2023年为农村中小学配备智慧黑板，2025年教学装备达到全市平均水平。	基建财务股教师发展中心	吴筱灵赵旭晖	2025年底

续表

序号	八大工程	牵头股室		内容	节点计划	责任股室	责任人	完成时限
			3	加强数字教学资源建设与共享,建立数字教学资源库,建设覆盖各学段、各学科和主要教材的体系化教育资源。	2021年12月全面启动并取得初步成效,2025年建成较为完备好用的体系化教育资源库。	教师发展中心基础教育与信息化股	赵旭晖 安学玲	2025年底
			4	实施中小学教师信息技术应用能力提升工程2.0,积极推进远程互动同步课堂教学。	2021年12月全面启动并取得初步成效,2025年取得明显成效。	教师发展中心基础教育与信息化股	赵旭晖 安学玲	2025年底
八	特色办学工程	政安股	1	根据学校的实际,统筹规划本校的教育存量,挖掘各种潜在的教育资源,促进教育资源的有效配置和科学利用,在此基础上确立学校特色建设的内容。	2021年10月全面启动并取得初步成效,2025年取得明显成效。	机关党委政安股人事股办公室督导室	谭群乐 陈宏 黎千莲 邓景龙 李美玉	2025年底
			2	从学校管理制度、培养方式等方面做出改革式的创新探索,通过学校自我探索和完善,逐步形成适合学校特色发展的路子,构建多层次、有特色、可选择的课程体系,能促进学校文化价值的提升和办学内涵的升华,扩大学校发展空间,实现学校的多样化发展。	2021年10月全面启动并取得初步成效,2025年取得明显成效。	机关党委政安股人事股办公室督导室	谭群乐 陈宏 黎千莲 邓景龙 李美玉	2025年底
			3	从学校原有教育优势、常规管理、独特的办学思想、教师队伍的整体风格和特点、学生的特长个性、教育科研成果的推广应用等方面入手创建特色教育。	2021年10月全面启动并取得初步成效,2025年取得明显成效。	政安股人事股办公室督导室	陈宏 黎千莲 邓景龙 李美玉	2025年底

续表

序号	八大工程	牵头股室	内容	节点计划	责任股室	责任人	完成时限
			4 承接深厚的历史文化资源和独特的区域人才优势，按照"一镇一品牌、一校一特色、一生一特长"的工作思路，全力推进创建特色学校的工作。	2021年10月全面启动并取得初步成效，2025年取得明显成效。	政安股人事股办公室督导室	陈宏黎千莲邓景龙李美玉	

新会区中小学教师培训工作实施方案

广东省江门市新会区教师发展中心　何勇涛

2022年12月7日

为进一步加强我区中小学校长、教师和教研员队伍建设，根据《广东省人民政府关于印发广东省教育发展"十四五"规划的通知》（粤府〔2021〕63号）、《广东省人民政府关于印发广东省推动基础教育高质量发展行动方案的通知》（粤府〔2021〕55号）、《江门市"十四五"中小学教师培训工作实施意见》（江教办〔2022〕30号）等文件精神，在总结我区"十三五"期间教师培训工作的基础上，全面提高新会区中小学教师培训质量，结合我区实际情况，提出以下实施方案。

一、指导思想

以习近平新时代中国特色社会主义思想为指导，全面贯彻党的教育方针，牢记为党育人、为国育才使命，落实立德树人根本任务。聚焦新会教育高质量发展要求，坚持教师培训扎根基础教育、服务基础教育的根本定位，遵循教育规律和教师成长规律，加强教师培训工作顶层设计和一体化建设，从科学规划、聚焦重点、夯实责任、强化保障等方面着手，以提升教师培训质量为核心，健全教师分层分类培训体系，创新教师培训模式，为实现我区教育领域"人才倍增"工程目标和基础教育高质量发展奠定坚实的基础。

二、整体目标

以推进我区基础教育高质量发展为中心，以校长、教师和教研员专业标准为依据，以提高师德素养和业务能力为核心，建设一支高素质专业化创新型教育管理干部队伍，打造一支品德高尚业务精湛的教师队伍，建强一支"能教善研"的教研员队伍。全面提升中小学校长及教育管理干部的教育管理能力、教师的教育教学能力、教研员的教育科研能力，促进全区基础教育质量稳步提升。

三、具体目标

（一）建立健全市、区、镇（街）、校四级校长、教师、教研员队伍协同推进的培训培养新体系

1. 搭建市级教师发展中心—区级教师发展中心—镇（街）级中心小学—教师发展学校四级联动、整体推进、协同创新的中小学教师培训支撑体系。充分发挥区级教师发展中心的统筹指导和联通作用，发挥镇级中心小学在本地教师培训中的主阵地作用，发挥以新会特色教师发展学校集群为基础的教师发展学校的示范带动作用，围绕教育教学改革，创新培训模式，突出"实践"导向，推动培训理论与实践相结合。

2. 建立健全分级负责的教师培训管理体系。建立市、区、镇（街）、校分级负责，分工明确的教师培训体系。市培项目主要开展骨干教师校长能力提高、名师名家培养等培训，统筹组织和指导各镇（街）、校开展教师培训，市级每年按全市中小学专任教师数量10%左右开展骨干教师培养培训。区级主要开展全员培训，统筹指导中小学校开展校本研修；学校主要开展个性化校本研修。

3. 建立围绕新锐教师—骨干教师—名教师三类关键人群的市—区—镇（街）—校四级贯通培养体系。市、区、镇（街）、校分设以上三类项目，原则上市一级培养对象需为区级认定对象，区级培养对象需为镇（街）、校级认定对象。四级协同培养，壮大基础教育高质量人才培养基数。

（二）实施分层分类、分科分段精准培训，搭建校长、教师、教研员梯队成长新生态

分干训类、师训类、教研员类三类培训。

1. 干训类培训

干训类"5+1"梯队成长体系

目标 ＼ 类别	后备干部培养工程	新任校长培养工程	骨干校长培养工程	名校长培养工程	教育家型校长培养工程	专题类培训
中小学教育管理干部	熟悉岗位	胜任岗位	建立标准	成名成家	发展引领	专项能力

（1）市、区两级组织开展后备干部、新任校长任职资格培训、骨干校长培训、名校长培养、教育家型校长培养五阶段分层培训，围绕区域教改、学校管理、师生发展等维度开展校长培训研修，分别达到熟悉岗位、胜任岗位、建立标准、成名成家、发展引领的培养目标。

（2）根据区域教育发展需要，分内容开展教育管理干部的专题类培训，有针对性地提升能力。

2. 师训类培训

师训类"5+2"梯队成长体系

目标＼类别	新教师规范化培训	新锐教师培养工程	骨干教师培养工程	教育教学名师培养工程	教育家型教师培养工程	专题类培训	校本研修
中小学专任教师	熟悉岗位	胜任岗位	学科引领	成名成家	引领改革	专项能力	个性发展

（1）组织开展新教师规范化培训、新锐教师培养工程、骨干教师培养工程、教育教学名师培养工程、教育家型教师培养工程五阶段分层培训，分别达到熟悉岗位、胜任岗位、学科引领、成名成家、引领改革的培养目标，市、区、镇（街）、校四级协同建立与完善新教师、青年骨干教师、骨干教师、名教师（名班主任）、教育家型教师梯队成长体系，构建教师成长新生态。

（2）根据区域教育发展需要，分学段分学科开展教师专题培训，重点举办乡村教师提质专题、义务教育阶段新课标专题、师德师风专题、信息技术专题、心理健康教育专题、教育科研专题等培训，同时加强思政课教师、紧缺薄弱学科专题培训。

（3）开展校本研修。通过教师个性化线上选学及校本实践研修，提升教师教育教学内功。

3. 教研员类培训

教研员类"2+1"梯队成长体系

目标＼类别	新任专兼职教研员	骨干教研员	专题类培训
教研员	胜任岗位	带动引领	专项能力

建立健全新会区特色"教研训一体化"教研员能力提升研修体系，健全教研员全员培训和3年一周期教研能力提升研修制度，每位教研员每年接受培训累计不少于90学时。支持教研员参加国内外教研交流与合作。

开展新任专（兼）职教研员、骨干教研员两项分级培训，分别达到胜任岗位、带动引领的培养目标，同时开展教研员专题类培训，提升专项能力。

（三）打造具备新会特色的教师发展学校新集群，引领我区教育教学改革，为我区基础教育高质量发展做好示范引领

（四）建设与完善新会区教师专业发展平台新矩阵

充分发挥"互联网＋教育"的优势，探索信息化助力教师专业发展新模式，实现教师专业发展的时空融合、形式融合、内容融合、技术融合和活动融合。

四、主要任务

（一）干训类培训

1. **后备干部培养工程。** 根据区域教育发展需要，物色一批年轻力强的教育管理后备干部，开展教育管理后备干部培养，结合区域教育发展规划，分别培养学校中层后备管理干部和校级后备管理干部。

2. **校（园）长任职资格培训。** 落实校（园）长持证上岗要求，市一级负责新任（含拟任）初中校长任职资格培训，区级负责本区域小学校长任职资格及幼儿园园长任职资格培训。培训要坚持以学员为主体、以问题解决为导向、以能力提升为目标，培训内容分为理论学习（150学时）、跟岗实践（90学时）、远程研修（30学时）及案例研究（30学时）四个模块。

3. **骨干校长培养工程。** 遴选一批优秀中青年校长，针对规划学校发展、营造育人文化、领导课程教学、引领教师成长、优化内部管理、调试外部环境等六个方面开设培训课程，帮助校长总结办学经验、形成办学特色、提升办学治校能力。在培养过程中，表现优秀的人员可推荐进入名校长培养工程。

4. **名校长培养工程。** 遴选一批富有潜力的骨干校长进行培养，帮助校长反思办学治校效果，凝练办学思想，重点提升战略思维能力、教育创新能力和引领学校可持续发展能力。培养一批具有卓越领导力，能办出优质名校的名校长，培养过程中表现优秀的人员可推荐进入教育家型校长培养工程。

5. **教育家型校长培养工程。** 对特别优秀的中小学校（园）长，进行个性化培养，造就一批具有广泛社会影响力和知名度、能够引领基础教育改革发展的教育家型校长；通过培训，成长为具有鲜明教育思想和教育风格的"大先生"。

6. **专题研修。** 根据区域教育发展需要，按业务内容开展校（园）长、书记或教师培训管理者、培训者等群体的培训。

（二）师训类培训

1.**新教师规范化培训**。建立市、区、镇（街）、校四级分级培训机制，培训内容包括职业感悟与师德修养、课堂经历与教学实践、班级工作与育德体验、教学研究与专业发展四大方面。以《江门市中小学新入职教师规范化培训手册》为蓝本，制定新会区新教师培训考核依据。通过新教师规范化培训，夯实各级新教师培训实效，新教师规范化培训表现优异的人员可进入新锐教师培养工程。

2.**新锐教师培养工程**。市、区、镇（街）、校四级分别设置新锐教师培养项目，将入职3到5年的优秀青年教师纳入新锐教师培养行列，加强学科专业知识和教育教学专业技能培训。市教师发展中心制定市级新锐教师培养结业标准，区教师发展中心根据市级标准设定区培养结业标准，原则上市级培养对象是经区培养且表现优秀的学员，区级培养对象是经镇（街）、学校培养后的校级新锐教师。经培养合格的新锐教师可进入到各级骨干教师培养工程。

3.**骨干教师培养工程**。市、区、镇（街）、校四级根据区域内各学段各学科专任教师的规模分别设置骨干教师培养项目，课程主要是提高学员的学科专业素养、了解教育教学改革动向和新教材新课标的要求等，为中小学校、幼儿园培养一批教育教学能手、教育教学改革的先锋。市级主要组织实施高中阶段学科骨干教师及部分初中学科骨干的培训，区级组织开展初中、小学和幼儿园阶段骨干教师的培训工作，镇（街）、校级组织开展各学科骨干的培训。在培养过程中，表现优秀的人员可进入到教育教学名师培养工程。

4.**教育教学名师培养工程**。市、区、镇（街）、校四级分别设置名教师、名班主任培养项目，在优秀的骨干教师中遴选教学业绩优异的教师和教育成效良好的班主任，通过培养课程帮助其总结工作经验、提炼个人教育教学风格、拓宽教育视野、更新教育教学理念，助推成为在全区全市乃至全省有较高知名度和影响力的专家型教师。原则上区级培养对象须获得镇（街）、校级教学名师或名班主任荣誉。

5.**教育家型教师培养工程**。在省市区级名教师、名班主任中筛选一批教育教学业绩优秀、专业素质超群的种子，通过个性化指导，培育一批具有教育教学研究、改革、实验能力，能够总结教学经验、教学思想，形成教学风格，并使之系统化，具有一定国际视野的、能引领区域教育改革与发展的卓越教师、教育家型教育人才。

6.专题类培训。根据每年教育教学发展需要，分群体开展各类专题培训。重点加强师德专题、乡村教师提质专题、义务教育阶段新课标专题、信息技术专题、心理健康教育专题、教育科研主题培训，同时加强思政课教师、紧缺薄弱学科教师等群体的培训。

7.校本研修。建立与学校整体发展、教师专业发展相统一的校本培训制度，结合学校发展规划设计"一校一案"、依据学科教学目标设计"一科一策"、根据教师个人成长方向确立"一师一题"，广泛利用资源开展形式多样的校本研修活动。

（三）教研员专项类培训

1. 建立市学科教研员，区、镇（街）、校学科教研员，学校学科组长分级指导机制，围绕新课标实施、新教材使用和教育教学改革深化等，开展主题式学科联研活动及跨学科教学展示活动。

2. 开展教研员团队分级培训及专项培训。聚焦教育教学关键问题，以提升教研员的综合能力、培养学科专家型教研员为目标，在角色定位、关键能力、教研组建设、校本教研、职业困惑与突破等方面更新教研理念，提升教研员的专业素养和教育教学能力。

（四）打造具备新会区特色的教师发展基地学校新集群

1. 推进一批省级学科教研基地、校（园）本教研基地、普通高中新课程新教材实施示范校、校本研修示范学校、信息化中心学校建设，发挥省市区级集群学校示范引领作用。

2. 创建一批区级学科教研基地、校（园）本教研基地，普通高中新课程新教材实施市级示范校、义务教育阶段新课程推进市级示范学校等，引领全区中小学校新课程改革与实施。

3. 打造一批区级学科教研基地，培养优秀学科教研团队，促进全区中小学校教育教学质量提升。

（五）建设与完善新会区教师专业发展平台新矩阵

1. 加强专递课堂、名师课堂、名校网络课堂等三个课堂建设及"粤教同一堂课"应用建设，推动优质教育教学资源共建共享。

2. 基于广东省江门市新会区中小学教师管理平台、新会区教学资源平台、新会区教育教学直播平台等平台矩阵，开展新会名师讲坛、基础教育精品课堂教育教学资源征集等系列活动。

3. 充分利用省、市、区中小学青年教师教学能力大赛，中小学班主任专业能力大赛等赛事，"南方教研大讲堂""五邑名师大讲堂""省百学员巡回讲学"等平台，为青年教师展示教育教学风采提供学习交流平台。同时，建立本地教师教学能力竞赛的品牌项目，对获奖教师在评优评先、职称评聘、绩效奖励等方面给予适当倾斜。

五、保障措施

（一）加强领导，明确责任。区、镇（街）教育行政部门要将中小学教师、校（园）长、研训人员培训纳入当地教育发展整体规划，统筹安排，优先保障。区教师发展中心、镇（街）、学校要做好工作人员配备，指定专人负责教师培训工作。中小学校要加强校本研修力度，提升校本研修专业度，开展教师个性化研修。教师参加培训作为教师年度考核、职称评审、定期注册的重要条件，促进教师培训工作的落实。

（二）加强统筹，分级负责。强化市级统筹，建立教师培训市级统筹管理机制，保质保量完成教师培训目标。实行培训项目统筹，市级统筹培训项目设计、课程设置、培训师资，区级具体执行；加强项目实施机构管理，实行市级统一招标，区级具体管理制度；统一培训平台，所有项目在市、区中小学教师管理平台发布，学员须登陆平台报名参加培训。

（三）加大投入，强化保障。区、镇（街）教育行政部门要主动与财政部门沟通落实教师继续教育经费相关政策要求，每年按照"不低于本地教师工资总额2%"的数额安排教师继续教育经费，中小学（含幼儿园）要"按照不低于年度公用经费预算总额的10%安排教师培训经费"，同时，新增生均经费的50%用于教师培训，确保资金来源，使更多老师得到高质量的专业培训。

（四）加强监控，确保实效。加强培训管理，完善培训需求调研、项目立项、实施监管、绩效评估机制。加强经费使用监管，制定培训经费使用制度，确保专款专用。建立教师培训工作定期通报制度，确保每位教师每年接受培训累计不少于90学时。

附表：

新会区"十四五"中小学教师培训工作清单

主要任务	工作内容		年度任务				达成目标
			2022	2023	2024	2025	总目标
实施分层分类、分科分段精准培训，建立与完善校长、教师、教研员梯队成长体系	干训类	后备干部培养工程	80		100		到2025年，全区教育人才要实现超4000人目标，"十四五"期间梯次培养各类教学名师1600人以上。
		新任校（园）长培训工程	50		50		
		骨干校（园）长培养工程	50	50	50	50	
		名校（园）长培养工程	30		30		
		教育家型校（园）长培养工程	3				
		专题类培训	按当年实际需要开展				
	师训类	新教师规范化培训	按当年招聘人数开展				
		新锐教师培养工程	100	100	100	100	
		骨干教师培养工程	800	800	800	800	
		教育教学名师培养工程	130		130		
		教育家型教师培养工程	6				
		专题类培训	乡村教师提质专题、义务教育阶段新课标专题、师德师风专题、信息技术专题、心理健康教育专题、教育科研专题、思政课专题、紧缺薄弱学科专题培训等。				
		校本研修	由县（市、区）教育局指导学校开展				
	教研员类	新任专（兼）职教研员培训	10	10	10	10	
		骨干教研员培训	10	10	10	10	
		专题类培训	教研员课程领导力专项培训、命题能力培训、高考备考能力培训				

新会区县域普通高中发展提升行动计划

广东省江门市新会区教师发展中心 何勇涛

2023年5月

我区普通高中在推进广东基础教育高质量发展和乡村振兴战略中承担着重要使命,寄托着广大农村学生接受更好教育的美好期盼。为整体提升我区高中办学水平,更好地适应新高考改革和普通高中育人方式改革,推进以县城为重要载体的城镇化建设,根据国家教育部等九部门印发《"十四五"县域普通高中发展提升行动计划》及广东省有关文件精神,结合我区实际,制定本行动计划。

本行动计划旨在全面提升我区普通高中的教育质量和发展水平,并致力于实现优质教育资源的均衡配置以及学校特色和办学理念的独特发展。通过加强师资队伍建设、优化课程设置和教学改革、加强校园文化建设、加强与社会的合作以及完善管理体制和机制等方面的工作,推动普通高中教育向更高层次迈进。

本行动计划不仅侧重于提高教师专业素养和教学能力,也注重学生综合素质的培养和评价,积极打造积极向上、健康文明的校园文化氛围,鼓励学生参与社会公益活动,培养学生的社会责任感和志愿服务意识。

在实施过程中,制定详细的行动计划,并加强监测与评估,确保计划顺利执行。同时,加大财政投入,提供专业的培训和指导,并加强与相关部门的合作,以形成合力推动县域普通高中发展。

通过全体教育工作者的共同努力,努力实现本行动计划的目标,为新会区普通高中教育迈向更加繁荣、多元和创新的未来作出积极贡献。

一、指导思想

以习近平新时代中国特色社会主义思想为指导,全面贯彻党的教育方针,积极服务国家乡村振兴和人才发展战略,围绕建设高质量普通高中发展体系,遵循坚持源头治理、强化政府责任、促进协调发展、深化教学改革的基本原则,健全各校发展提升保障机制,全面提高各校教育质量,促进各校与城区普通高中协调发展,推进各校优质特色多样化发展,培养能够担当民族复兴大任的时代新人。

二、工作目标

努力推动新会区县域普通高中的发展提升,为每位学生提供更优质、多元化的教育环境和发展机会,使他们在未来的人生道路上取得更好的成就。计划到2025年,全区普通高中整体办学水平进一步提高,全区普通高中协调发展机制健全,全区高中阶段教育毛入学率保持在96%以上,普通高中标准化建设全部达标,全面消除各校大班额问题。普通高中招生全面规范,全区生源和教师流失现象得到根本扭转;教师补充激励机制基本健全,全区校长和教师队伍建设明显加强;教育经费投入机制进一步完善,全区办学经费得到切实保障;薄弱各校办学条件基本改善,学校建设基本实现标准化;教育教学改革进一步深化,全区教育质量显著提高。

三、任务举措

(一)规范高中招生管理。制定透明公正的招生政策,公开招生信息,改革高中联考制度,提高招生公平性,完善招生录取程序,强化监督和执法,加强家长和社会的宣传教育。强化招生入学属地管理责任,全面落实国家和广东省有关公民办普通高中同步招生和属地招生政策要求,完善优质普通高中指标到校招生办法,规范特殊类型招生。各普通高中学校应在所在区或若干城区内招生,不得违规招录。完善普通高中考试招生政策,全面清理挖抢区内优质生源的政策,采取有效措施稳定区中优质生源。加强全区高中阶段学校统一招生录取服务平台建设,进一步规范普通高中招生录取工作,强化招生录取各环节全流程监管,深入开展违规跨区域招生、掐尖招生等行为专项整治,加大对违规招生行为的查处力度。省根据国家与广东省统一部署实施重点高校招生专项计划。

(二)加强教师队伍建设。严格落实中央关于中小学教职编制标准和统筹管理相关规定,优化教师配备,依照条件标准及时补充各校教师,拓展教师补充渠道,选优配强校长教师,大力引进优秀高中校长和骨干教师到各校从教。深入实施公费定向培养政策,为符合条件的学校精准培养学科教师,积极解决各校教师总量不足和结构性缺员问题。公开招聘高层次、急需紧缺教师,可采取面试或直接业务考察等方式组织考试。各镇校要完成党政机关等其他非教学单位与混编混岗及长期借调借用各校教职工、公办学校在编教师长期到民办学校任教等问题的清理和整改。严格按照国家有关规定和程序办理教师流动手续，严禁城区、民办学校到农村、公办学校抢挖优秀校长和教师，对未经组织人事部门和教育行政部门同意，恶意从一般学校抢挖人才的，停止学校各类评优评先资格。通过提供专业化培训、构建导师制度、激励教师专业发展、营造良好教育环境、强化师德师风建设等措施，努力提升新会区县域普通高中教师队伍的整体素质和专业水平，激发教师的教学热情和创新精神，为学生提供更优质的教育教学服务，推动新会区"十四五"县域普通高中发展提升行动计划取得成功。

（三）**完善教师激励机制**。完善教师待遇保障制度，合理核定全区绩效工资总量，绩效工资内部分配向教育教学实绩突出的一线教师、班主任等岗位倾斜。深化教师职称和考核评价制度改革，中高级教师岗位比例适当向农村倾斜。在评优评先、绩效工资等方面向农村优秀教师倾斜。鼓励有条件地方建设教师安居房，保障全区教师安心从教。全面提高全区教师能力素养，完善省、市、区分级培训制度，在省级培训名额分配中向农村教师倾斜，深入实施中小学"百千万人才培养工程"，大力培养一批全区名教师、名校长、名班主任。通过设立绩效奖励制度、提供专业发展支持、搭建教师交流平台、加强职称晋升制度、加强师德建设、实施监督和评估机制等措施，促进教师队伍的高质量发展。

（四）**完善经费投入机制**。建立以财政拨款为主、其他多种渠道筹措为辅的体制，逐步加大各校的经费投入。新会区政府要统筹用好上级转移支付资金和本级财力，支持全区普高的发展。争取地级以上市财政对新会区普高的发展支持和保障力度。科学核定公办普通高中培养成本，完善生均公用经费标准和学费标准动态调整机制，适时提高公办普通高中生均公用经费水平，确保全区生均公用经费足额拨付到校。鼓励和支持通过各级各类教育基金会、慈善组织、社会团体、企业和个人等多渠道筹措办学经费。采取有效措施化解各校历史债务。继续实施好国家助学金和免学杂费政策，确保家庭经济困难学生顺利完成学业。完善经费投入机制对于新会区"十四五"县域普通高中发展提升行动计划至关重要。它不仅能够促进教育公平和提升教育质量，还可以推动教育创新、支持教师专业发展和增强学生发展机会，为县域内普通高中的可持续发展奠定坚实的基础。

（五）**改善全区普高办学条件**。改善普通高中办学条件，提供良好的教育环境和资源支持，有助于提高教育质量、促进学生全面发展、增强教师专业水平、推动教育公平、培养人才储备，为新会区的经济社会发展和未来人才培养作出积极贡献。对未达到国家普通高中基本办学条件标准要求的普高，按"一校一案"原则制订标准化建设实施方案，明确时间表和路线图，确保到2023年年底前全面完成普高标准化建设任务，满足高考综合改革和普通高中育人方式改革需要。大力改善普高食宿、卫生等生活条件，加强特色实验教学空间建设，包括学科功能教室、综合实验室、创新实验室、教育创客空间、信息技术实验室、劳动技术实践教室等，努力提升高中教育信息化水平，积极推进智慧校园建设，推进教育宽带网络提速扩容和教学多媒体设备升级换代，系统化建设课程学习资源，实现优质教育资源共建共享。

（六）合理控制校额班额。合理控制校额班额，确保师生比例适宜，为学生提供更舒适的学习环境，更有效地配置教育资源，保证学生得到更充分的参与和互动机会，从而提高教学效果和学生综合素质的培养。各校要采取有效措施，积极稳妥化解现有大规模学校，2023年6月前要制定出台大规模学校压减实施方案，报江门市教育局备案。合理控制新建普通高中学校办学规模，学校办学规模不得超过3000人。严禁超标准建设豪华学校。继续实施消除大班额专项计划，严格控制招生规模和招生计划，严格控制起始年级班额，在"零增量"的基础上逐步消除现有大班额。在2025年年底前，普通高中56人以上大班额要全面"清零"。已消除大班额的地方要持续巩固现有成果，防止产生新的大班额。要建立完善学生选课走班制度，防止因学生选课走班而实际出现大班额现象。

（七）推动全区普高特色发展。推动全区普通高中的特色发展，可以提升学校的品牌影响力和竞争力，满足学生多样化的教育需求，培养具备专业特长和创新能力的人才，促进教育质量提升和社会经济发展，为构建优质教育体系作出积极贡献。各高中要综合考虑区域内经济、社会及人才培养需求，以课程建设为核心和载体，研究制定推进新会区普通高中特色发展的实施方案，创建一批人文、数理、科技、艺术、体育、综合高中等多种类型特色高中。鼓励和支持各地和高校建立"高中—高校"贯通式人才培养机制，采取委托管理、合作办学等形式建立办学共同体，在课程教材、教学改革、师资建设等方面开展深度合作，在招生、培养等环节紧密衔接。充分利用农业农村资源，形成有新会地域特色的普高劳动教育和综合实践活动课程教学模式。

（八）提升教育教学质量。提升普通高中教育教学质量是为了确保学生获得优质教育资源、发展全面素养和适应未来社会需求。这不仅有利于培养具有创新思维、批判性思维和解决问题能力的人才，还能促进社会公平和经济发展。提升教育教学质量也是提升学校声誉和竞争力的重要手段，吸引更多优秀师资和学生资源，为学校和地区的可持续发展奠定基础。面向全区建设普通高中新课程新教材实施省级示范校，立足学校办学定位和人才培养目标，积极构建五育并举的学校课程体系，为不同发展方向的学生开发提供多样化有选择的课程。鼓励与中等职业学校课程互选、学分互认、资源互通，积极进行普职融通的探索。创新课程组织管理方式，根据国家课程方案建立健全选课走班制度、学分认定和管理制度以及学生发展指导制度，形成规范有序、科学高效的选课走班运行机制。统筹推进全区高中教育教学改革，积极开展基于普通高中课程标准的教学实践研究，打造高效课堂。全面推广应用国家智慧教育公共服务平台，推动教师和学生常态化使用平台资源，推进"名师课堂""名校网络课堂"的常态化应用，实现优质教育资源共建共享。

（九）**加强教科研引领**。高中加强教科研引领能够促进教学改革和提升教育质量，助于培养学生的创新思维和实践能力，提高学生的综合素质和适应未来发展的能力。区教师发展中心按标准配齐普通高中各学科专职教研员，建立教研员定点联系各高中的制度，组织教研员深入各高中持续开展教学指导，推动教研员和高中教师形成教研共同体，充分发挥教研对高中教育发展的专业支撑作用。科学规划省级基础教育教研基地项目建设，布点建设一批普通高中省级校本教研基地项目，辐射带动全区高中教育教学质量整体提升。支持各校积极申报并参与省基础教育教研基地项目。新会区教师发展中心要大力推动优秀教学成果推广应用，通过组织培训活动、搭建推广平台等方式，探索形成有效的成果推广应用工作机制，根据新会区特点积极创设推广方案，扩大示范效应和受益范围，促进优秀成果在全区的本土化落地应用及创新发展，发挥示范引领作用。

（十）**实施全区托管帮扶**。实施全区托管帮扶可以促进教育资源的优化配置和共享，提升学校的整体发展水平。通过托管帮扶机制，优质学校可以为薄弱学校提供专业支持和指导，分享优秀教育经验和管理模式。这能够改善弱势学校的师资力量和教学质量，提高教育公平性，使更多学生受益。同时，托管帮扶还能够促进学校间的合作与交流，激发创新思维和教学方法的共同探索。最重要的是，通过全区托管帮扶，建立起一种互相支持、共同发展的教育合作网络，推动全区教育的整体提升和可持续发展。区要依托省全口径、全方位、融入式结对帮扶机制，主动加强与高校对接，充分调动高校特别是师范院校力量，以提升高中管理水平、加强教研指导和教师培训、提高高中育人质量为重点任务，通过派驻校长教师团队、定期到校指导、组织跟岗挂职锻炼、线上优质资源共享等形式实施托管帮扶，提升高中办学水平。各校要以需求为导向，充分发挥托管高校在校长选配、教师招聘、师资培训和教学管理等方面的重要作用，并给予相应经费支持和实施条件保障。各校自行建立结对帮扶关系，每所优质普通高中至少托管帮扶1所基础薄弱的高中。充分发挥优质基础教育集团的辐射带动作用，每个以优质普通高中为核心校的优质基础教育集团至少帮扶1所基础薄弱的高中。

四、组织保障

（一）**坚持党的全面领导**。各高中要高度重视各校发展提升工作，全面加强党的领导，将高中发展纳入基础教育高质量发展工作统筹谋划，认真研究制定各高中发展提升实施方案。要强化属地管理责任，完善普通高中办学管理体制，建立工作机制，出台具体配套政策，制定时间表和路线图。逐步建立以区为主的普通高中统筹管理体制，建立完善普通高中教育资源配置向农村倾斜机制，逐步缩城乡普通高中教育差距。全面加强各高中的党建工作，选优配强党组织书记和校长，充分调动和发挥教师的积极性创造性，为加快各校发展提升提供坚强的政治保证和人才保障。

（二）**明确部门职责分工**。各镇教育部门要加强沟通协调，会同新会区教育部门推动落实好各项任务举措，加强对各校教育教学改革的指导。发展改革、教育部门要把各校的发展纳入区级经济社会发展相关规划，支持开展教育基础薄弱高中建设。财政部门要健全普通高中教育经费投入机制，支持改善办学条件。人力资源社会保障部门要支持各高中及时补充教师，完善各校教师待遇保障和激励机制。自然资源部门要坚持节约集约原则，合理保障各校建设用地需求。

（三）**强化督导考核评价**。教育督导部门要将各校发展提升情况作为新会区人民政府履行教育职责的重要考核内容，并开展常态化跟踪督导，重点检查普通高中招生管理、各校教师配备、生均公用经费保障、学校标准化建设、化解大班额和大规模学校、办学质量提高等方面情况。对督导评估监测检查发现的问题要限期整改，对工作推进不力或进展缓慢的要进行问责。

（四）**大力营造良好环境**。坚持正确舆论导向，制定宣传工作方案，利用主流媒体和新媒体平台，深入解读各校发展提升的重要意义、目标任务和工作措施，推动树立素质教育观念，严禁炒作高考升学率和高考状元，争取得到社会公众的理解和支持，努力营造各校持续健康协调发展的良好氛围。

"一核四柱八维"促基础教育提质（1）

——新会区教研基地项目建设中期质性报告

广东省江门市新会区教师发展中心　何勇涛

2022年12月10日

新会教研基地坚持立德树人主线，聚焦"质量提升"这一核心目标，以"一核四柱八维"（质量核心，教科研训四大基柱，八个提质行动维度）的项目建设路径，创新基础教育提质模式，促进基础教育持续、健康、优质发展，系统推进新会教研基地建设，精心打造"教科研训"一体化教师发展中心，促进基础教育改革发展和质量提升，努力将新会区的教育打造成为"广东省基础教育课改先进区"和"广东省基础教育的示范窗口"。

一、基地项目凝练教育教学教研思想、理念及特色等情况

（一）实践"一核四柱八维"理念，助推教学质量提升

1. **实践"一核四柱八维"理念，提升教育管理品质。** 结合区域实际，新会区教研基地积极谋划打造基础教育优质发展创新区，实施《新会区教育系统提升基础教育教学质量行动方案》，聚焦提升质量核心，以"一核四柱八维"（质量核心，教科研训四大基柱，八个提质行动维度）为项目建设路径，实施"头雁引领""五育并举""监测增效""固源提质""补薄强基""强师兴教""智慧课堂""特色办学"等八大工程，努力创建"一核四柱八维"高质量教学管理服务新模式。基地按照"质量导向、学教并重、凸显素养、整体优化"原则，以发展学生核心素养为指向，以日常课堂教学改进为抓手，以省教研基地项目为载体，实践"一标五环"（"确定目标—自主构建—展示交流—重点探究—归纳评价"）高效课堂教学模式，围绕学科核心素养，聚焦学情研判、课堂结构改革、技术与教学深度融合、"深度学习·思维课堂"的课堂评价标准等，提升课堂教学改革的专业品质，为教师的教学、学生的学习提供高端、高效的教学平台。

2. **探索"互联网+"协同教研，以协同教研共同体促片区均衡发展**。新会区教研基地强化"互联网+"协同教研应用，对接江门市协同教研服务体系，创新全区教研实践新生态，采用区域教研、网络教研、综合教研、主题教研以及教学展示、现场指导、项目研究等多种方式，提升教研工作的针对性、有效性和吸引力、创造力。区教研员组织基地学校新会第一中学、新会华侨中学、陈经纶中学、梁启超纪念中学、葵城中学和圭峰小学名师、学科带头人、兼职教研员、骨干教师到各校听评课、共磨课、共上课、共研讨，用先进教学理念指导一线教师提高课堂教学效率。同时，积极开展片区联合教研活动，采用线上或线下教研方式，助推区、镇、校三级教研联动，有效调动区、镇、校三级教研积极性，全力推进教学质量均衡发展。

3. **引领教学实践，发挥基地学校示范作用**。新会区教研基地先后与新会一中、葵城中学、新会华侨中学、陈经纶中学、梁启超纪念中学、陈瑞祺中学和圭峰小学等联合组织教学开放日活动，向各市、区兄弟学校开放课堂，展示课改成果。积极推广新会一中基于情景、问题导向的"互动·启发·探究·体验"课堂教学模式，新会华侨中学注重有效学习小组构建的"自主学习—合作交流—展示点评—整理反思"四环节流程模式，陈经纶中学"导思维、少而精、小步走"教学策略，梁启超纪念中学"定目标、结对子、勤问诊"辅导三模式，陈瑞祺中学"温故知新、任务驱动、问题导学、合作交流、练习反馈"五位一体高效课堂教学模式以及圭峰小学体现"开放·活力·高效"三特色和"特色初学感知、自学展示、合作探究、共学解疑、达标测评"模块的"三五式"高品质课堂模式教学实践成果。

（二）加强科研"三级管理"，提升教育科研实效

1. **构建"三级管理"体系，增强教育科研能力**。新会区教师发展中心对全区各类省、市、区立项课题实施区、镇、校"三级管理"，全程跟踪各级课题审批立项、开题论证、结题鉴定、成果展示等环节，开展重要科研成果的宣传推广工作，助推"经验教研"向"智慧教研"的深度转型，指导教师抓好选课走班、分层教学、生涯规划等专项研究，利用科学研究方法认识和剖析各种教育现象，探索教育的本质和规律，形成比较系统的基础理论研究成果，并通过实践进一步深化和丰富基础理论，促进学校薄弱学科发展和提质。

2. **加强教研基地建设，优化教研机制创新**。继成为广东省义务教育首批课改实验区、广东省基础教育课程改革实验区之后，新会区教研基地申报的项目

2021年被省教育厅评定为广东省基础教育（县、区）教研基地和校本教研基地项目。基地项目以科学教育发展观为指导，以全面提升我区教育教学质量为目标，实行教育行政部门宏观调控，教学研究部门引领指导，基地学校精心组织，基地学科潜心研究，其他学校积极响应的工作机制，通过专家引领、同伴互助、校际交流等研训方式，充分发挥教研基地深化教研机制创新、推动教研体系建设、推进课程教学改革和育人方式变革、整体提升我区基础教育质量等方面发挥模范带头作用。

3. **开展科研课题研究，提升教研能力引领。**教研员是教师专业发展的引领者，是教师课题研究的引领者。随着课程改革的不断推进，教研员应当以参与者、合作者和研究者的身份，与教师交流、对话与互动，并在课改过程中与教师共同成长。新会区教研基地用高水平的研究力量引领基础教育发展。近年来，新会区教研员立项的省级课题有10项，市级课题8项，获得省级科研专项经费支持300多万。教研员带领团队教师，以有价值的教育现象为研究对象，运用相应的科研方法，进行有目的、有计划地探索教育规律的创造性认识活动，既提升了科研能力，又促进了自身专业的良好发展。

（三）深入研究共性问题，实施科研促教行动

1. **深化重点内容研究，切实服务校本教研。**促进基础教育高质量提升和发展有三大抓手：一是高质量的教师队伍推动实施，二是高水平的研究力量引领发展，三是高效能的体制机制保障有力。这其中，教师队伍是关键，是高水平研究成果实践转化和高效能体制机制有效赋能的主体，而研究力量的强弱、研究成果实践转化的效度则是基础教育内涵、优质发展的内生力和驱动力，这是新时代教研工作转型发展的着力点。新会区教研基地将教研重心转向全体教师的发展、全体学生的成长和教育教学中普遍存在的共性问题，加强对新课标、新课程、新高考的深入研究，引导教师强化案例研究、教学反思，切实改进教学方法、提高课堂效益，使新会区教研基地教育教学质量不断提升。

2. **优化系统教研举措，促进整体水平提质。**更好满足群众对优质基础教育的期盼，新会教研基地紧扣立德树人根本任务和高质量发展主题，努力实施"头雁引领""五育并举""监测增效""固源提质""补薄强基""强师兴教""智慧课堂""特色办学"等八大工程，落实精细化、常态化培优提质冲顶措施，帮助更多新会学子实现名校梦想。针对目前教研活动教研主题不够突出、活动研讨氛围不够浓厚、不注重成果的积累和提炼的共性问题，新会区教研基地提出坚持有利于

教师自身素质提高和有利于团结协作、共同提高的原则，鼓励以老带新、培养后备力量，通过集体备课，发挥群体智慧，深析课标、教材和教学，积极进行新教研模式的探究，借助思维工具撬动课堂，将深度学习和教研活动结合起来，促进教研的深入进行，从而提高课堂效率，使学校乃至区域的整体水平得到全面提升。

3. **聚焦课堂教学研究，突出科研促教效能**。课堂教学是教学的基本形式，是学生获取信息、提高技能和形成思想观念的主渠道。新会区教研基地把科研促教、深化课堂教学研究作为提高课堂教学有效性的重要途径，不断优化教学方式，突出以学科核心素养为目标，注重学科教学与现代技术融合，强调内容组织结构化和内容呈现情境化，实施"先思后导，先练后讲，当堂检测，课堂过关"教学流程，坚持教学相长，注重启发式、互动式、探究式教学方式，引导学生重建知识结构和其进阶发展，努力实现课堂教学的高效益。

（四）强化"进阶制"培训，优化师资队伍建设

1. **搭建专业成长平台，实施梯级名师工程**。名师名校长是教师队伍的领头雁，是教育教学改革的带头人，是教育质量建设的排头兵。新会区教研基地积极贯彻落实省、市、区强师工程，通过"导师制""名师制""进阶制"等方式，培育新会名校长、名教师、名班主任团队，打造"三名"工程，成为"名校长和名教师的孵化器"。2021年，新会区教研基地创建新会区第三批"三名"工作室21个，主持人21人，入室学员202人，聘请24位高校导师全程辅导。2022年，新会区教研基地与清华大学、华南师范大学、广东第二师范学院和湖南师范大学合作，开展如高校研修、异校跟岗、自我实践、提升素养的高端培训，根据教育发展热点问题而开展的主题培训，根据科研成果定期考核而开展的课题实验培训等等，成效显著。目前，新会区拥有正高级教师8人，特级教师12人，省级以上名师培养对象9人，市级以上名师培养对象26人，区级以上名师培养对象55人，区级以上骨干教师1283人，名师队伍人数在全市居于前列。

2. **打出培训组合套拳，优化教师能力提升**。"三研""四学""六课""四训"，是新会区教研基地加强教师专业发展支撑体系建设的"密码"。教学质量的提高，关键在于教师的教学水平，而教学水平的提高根基，则在于教师的专业基本功底。新会区教研基地打出培训组合拳，优化教师能力提升。"三研"（常规教研、主题教研、课题研究）是基础，"四学"（学课标、学教材、学理论、学网络技术）是根本，"六课"（练兵课、常态课、汇报课、示范课、竞赛课、同课异构）为要点，"四训"（走出去培训、请进来培训、校本培训、师徒结对的帮扶培训）是重要突

破口。这一组"密码",就像一套干脆有力的培训组合拳,助力新会形成学校内、学校间、区域内的多层次教师能力提升体系,也使新会区教研基地成为新会教师专业成长的优质平台。

3. **强化校本教研指导,突出教研专业支持。**以校为本的教研,是将教学研究的重心下移到学校,以课程实施过程中教师所面对的各种具体问题为对象,以教师为研究的主体,理论和专业人员共同参与。新会区教研基地强调理论指导下的实践性研究,既注重解决实际问题,又注重经验的总结、理论的提升、规律的探索和教师的专业发展。教研员在组织教师参加国家、省、市有关学科课堂教学比赛、录像课比赛、微课比赛、说课比赛、教学设计和论文评比等活动中主动介入,积极参与学校的校本教研活动,精心指导教师提升教学理念,共同打磨精品课程。

二、基地项目建设目标和任务完成情况

(一) 基地项目建设目标

新会区经济处在江门全市的前列,但教育教学和科研质量整体还不太高,离先进地区和群众的期望还有一定距离,校际间发展不平衡不充分问题比较突出,教学改革的驱动力还不够强。在推进教育现代化过程中,要通过教研基地建设化解教育高位发展的难题,开展以提升质量为核心,联通省、市、区、校四层级教研机构,聚焦"质量提升"这一核心目标,以"一核四柱八维"(质量核心,教科研训四大基柱,八个提质行动维度)的项目建设路径,研究实践新课程理念下,教研基地建设的推进策略、实施方法、学习内容、培训模式、组织管理和评价机制等,更加突出服务学校、教师、学生、教育管理决策的主题主线,创新基础教育提质模式,促进基础教育持续、健康、优质发展,引领基础教育高质量发展,使新会教育成为"广东省基础教育课改先进区"和"广东省基础教育的示范窗口"。

(二) 基地任务完成情况

1. 研究新课程理念下,新会区教研基地建设对基础教育课程改革进程的推动作用,从理论上揭示新课程理念下教研基地建设对基础教育新课程改革产生影响的一般规律和特点,"一核四柱八维"(质量核心,教科研训四大基柱,八个提质行动维度)理念初具模型和成效,新会区教研基地无论是高考、中考成绩,还是名师教师队伍建设均在江门市处于领先位置。

2. 研究实践新课程理念下，新会教研基地建设的推进策略、实施方法、学习内容、培训模式、组织管理和评价机制等，更加突出服务学校、教师、学生、教育管理决策的主题主线，引领基础教育高质量发展，取得了一系列获奖或发表的研究成果。

3. 研究出教研机制转型后提升基础教育质量的有效方法。研究力量的强弱、研究成果实践转化的效度是基础教育内涵、优质发展的内生力、驱动力，这是新时代教研工作转型发展的着力点。新会区教研基地将研究的重心转向全体教师的发展、全体学生的成长和教育教学中普遍存在的共性问题，兼顾先进典型示范引领和普遍问题解决，努力实现优秀教学成果与实践问题的解决相统一，新会一中、新会华侨中学、陈经纶中学、梁启超纪念中学、葵城中学、圭峰小学等各基地实验学校提质明显，培养优秀学生的质量和人数居于全市前列。

4. 通过教研基地项目建设，建立健全教研体系，形成了跨学校、跨学科、跨学段统筹推进的教研工作机制，教研员充分发挥引领作用，在培养教师、指导教师竞赛和教科研方面取得高质量的教研成果，促进教育教学质量的整体提升。

三、基地项目建设措施与成效情况

（一）基地项目建设措施

1. **健全教研机构及其职能职责。**新会区教师发展中心加强教研队伍建设、落实教研主要任务、创新教研工作机制、创新教研实践样态、构建教研开放合作格局，提高教研队伍专业化水平，大力开展精准教研研究。

2. **深化教研机制创新实践。**新会区教师发展中心实行教研重心下移的工作要求，认真落实"以校为本、区域协作、研训一体"的教研新机制，深入开展教育教学内容、策略、方法、机制研究，因地制宜采用区域教研、网络教研、综合教研、主题教研以及教学展示、现场指导、项目研究等方式，提升教研工作的针对性、有效性和吸引力、创造力，构建多元立体的教研新模式。

3. **落实八项职责。**明确"落实国家课程方案、开发地方和校本课程、开展教学改革实验、组织教学研究、实施教学诊断与改进、建设课程教学资源、培育推广优秀教育教学成果、为教育管理决策提供服务"八项职责，认真履行国家教育政策实施、区域教育改革发展、教师整体发展的推动者、指导者、服务者角色。

4. **打造高品质教育教学管理模式。**结合区域实际，新会区教师发展中心创建"一核四柱八维"（质量核心，教科研训四大基柱，八个提质行动维度）理念，开展"头雁引领""五育并举""监测增效""固源提质""补薄强基""强师兴教""智慧课堂""特色办学"等八大提质工程。

（二）基地项目建设成效和示范引领情况

1. **教研活动有平台**。新会区教师发展中心以教研基地项目为抓手，搭建教师专业成长的平台，举办广东省丁玉华和陈晓琼名教师工作室揭牌仪式暨基础教育学科教研基地（江门市小学数学、英语）项目启动仪式、新会区"双减"教研工作推进会、新会区教研基地工作推进会、新会区教研基地学校实验工作小结会、新会区义务教育质量监测解读会、新会区中小学教学质量分析会、新会区高三冲顶调研、市区联动听课调研、基地学校公开课等活动，通过名师专题讲座、课堂观摩、录像及分析、协同磨课、名师工作室、教学竞赛、送教到校等多种形式开展工作，促进教师间的教学交流与经验分享，形成教师专业成长的活动品牌，引领教师专业发展。同时，借助项目专项研究和实验学校实践研究，以及省、市、区多个名师工作室和教育集团等多个研修平台，充分发挥基地的辐射带动作用。

2. **专业发展有引领**。项目主要成员在组织区域教学研究、培训研修、跨区域交流、送教下乡方面搭建基地平台，充分发挥示范引领作用。如何勇涛主任在华南师范大学主讲《校长管理与特色创建的智慧实践》，向来自全省的校长和培训者分享新会的校长管理经验；在新会华侨中学主讲《教学科研的智慧提炼和表达》，指导全区教师如何开展教学研究；在台山一中主讲《部编本高中语文教材内容把握和教学实施》和兄弟市区的高中教师交流新教材的研究使用心得。李发开副主任在会城中心小学做《"双减"政策下的课堂教学与作业设计》主题讲座，指导青年教师在教学实践中改革课堂教学，改进作业设计。陈国恩教研员在新会一中主讲《从语文核心素养四维度提升综合能力》，从语言、思维、鉴赏与文化四个维度思考，快速谋划把握文本的思路与内容，精准提升阅读理解能力。刘华忠教研员在江门市教研工作会上作《备战广东省中小学青年教师教学能力大赛策略》主题讲座，指导参赛教师提升比赛经验。李玉挽教研员在新会一中主讲《中学英语教学中的一些问题与思考》主题讲座，指导中学英语教师改进日常教学，提高课堂教学效率，培养学生学科核心素养。项目组主要成员何勇涛、李发开、陈国恩、刘华忠、李玉挽、李胜源、王梅、黎友芬、刘民毅等人带骨干教师积极到校上课示范，突出"一标五环"理念运用，引领一线教师教学实践，充分发挥示范引领和辐射带动作用。

3. **科研立项有成果**。教研员带领教师们在课堂教学、培养模式、教育教学评价、质量提升、质量监测、教师培训、教研模式、教研组建设等方面加强研究，解决教学工作实际问题，近年来获得省教育厅2项基础教育实验项目的立项和300多万元的专项研究资金，有力支持了我区基础教育提质工作。项目启动以来，全区获得"省教育科学规划2021年度中小学教师教育科研能力提升计划项目"6项，资助经费共7.2万元；江门市教育科学"十四五"规划2021年度课题18项；新会区教育科研"十四五"规划2021年度课题81项。2022年度省中小学教师教育科研能力提升项目8项，市教育科学规划课题10项，区教育教学规划课题180多项。基地学校新会一中、圭峰小学各获得市中小学校本教研示范学校支持经费12万元。基地项目主要成员李玉挽、陈国恩和李胜源三项省级课题顺利结题，李玉挽的成果荣获2021年江门市普通教育教学成果一等奖。

4. **质量提升有成效**。新会区2021—2022两年高考被北大录取3人，上特控线1902人，本科以上7484人，本科相对上一年增加人数分别为412人和345人，上线率比全省高20个百分点。全区的尖子生和本科率均居全市前列。2021年中考屏蔽生68人，2022年中考750分以上优生177人，崖门、会城、司前三镇以及崖门中学、沙堆独联学校、双水桥美学校、崖南初中、三江中学、陈瑞祺中学、司前华侨学校、大鳌中学等乡镇学校2022年中考质量都有不同程度的提高。小学质量调测成绩居全市前列，提质显著。2021和2022学年组织教师参加各级比赛获奖3545人次，其中省级54人次；组织学生参加各级比赛获奖8707人次，其中国家级37人次，省级575人次，市级5577人次。新会区教师发展中心连续2年荣获新会区教育工作先进单位、教科研训特别贡献奖和全程育人特别贡献奖。新会区教育局连续2年荣获江门市高中教学质量管理一等奖。

5. **宣传阵地有力量**。项目主要成员的教研员成了统筹线上教育的参谋智囊、指导学校实践的教研专家、强化质量保障的管理行政、创新教研方式的技术能手、引领学科教学的先行导师。仅在2021年，新会宣传报道的文章有学习强国40篇、广东电视台8篇、触电新闻25篇、《江门日报》45篇、新会发布96篇、相约新会46篇、新会政府网31篇。新会教研基地项目建设经验成果《打造"教科研训"一体化的教师发展中心》和《双减五提高促新会教育行稳致远》发表在《广东教学报》(CN44-0702/F)，《多措并举促普通高中优质发展》《"深度学习 思维课堂"教学模式提炼与实践》《强化配套治理 促进双减提质》分别发表在《少男少女·教育管理》(ISSN1004-7875,CN44-1080/C) 和《读写算·教学研究与管理》(ISSN1002-7661,CN42-10780/G4)。继出版《梁启超 永远的少年》读本后，由我们编辑的新会传统文化《冈州揽胜 文脉流芬》读本五册和《少年中国说》小、初、高三学段读本将于2023年2月出版。

四、基地项目负责人和主要成员专业发展情况

基地项目负责人何勇涛凭借扎实的学术功底和出色的教学业绩成长为新会区名教师、新会区优秀中青年专家和拔尖人才、新会区十大杰出教师，江门市名师名医名家、江门教育专家、广东省百千万人才工程名教师、特级教师和高中语文正高级教师，并被聘为广东教育学会理事、广东省中语会理事、教育评价专委会副理事长，还被选举为新会区人大代表和新会区人大常委会教科文卫侨专家小组核心成员，充分发挥了学术专业引领作用。项目主要成员新会陈经纶中学梁新明于2020年12月获评为正高级教师，新会一中廖中富、新会葵城中学曾健红、新会陈经纶中学杨唐靖2021年9月被评为特级教师，新会区教师发展中心李玉挽获评江门市中小学名教师工作室主持人，新会一中梁志获评为省百千万名校长培养对象，圭峰小学冯家传获评广东省和江门市名校长工作室主持人。项目另一负责人李发开同志充分发挥教师发展中心副主任和数学教研员作用，主讲《"双减"政策下的课堂教学与作业设计》《小学数学作业设计原则、策略及例谈》等专题讲座，组织新会区"城乡联动 走进乡镇"送教下乡活动，指导区锦超老师荣获广东省第11届小学数学教师说课（录像）比赛一等奖、指导郑艳芬老师荣获广东省江门市2022年小学数学青年教师教学能力大赛一等奖，为项目的顺利开展提供了有力的专业支持。

五、基地项目建设保障情况等

（一）上级教研部门重视和支持

本项目得到江门市教育局和新会区教育局科研部门的重视，依托江门市教育研究院的科研指导，由新会区教师发展中心全体教研员和基地学校骨干教师担任项目团队研究成员。其中，教研员拥有正高职称1人，副高职称18人，全体教研员有着较高的教研能力、科研水平，指导引领经验丰富，为项目的研究和推进提供了学术支持和教研保障。

（二）学校基础与实力雄厚

新会区是广东省推进教育现代化示范区和广东省基础教育课改实验区，崇文

重教，具有优良的尊师重教文化和教育基础，全区12所高中、41所初中、80所小学，师资力量雄厚，教育科研能力强。

（三）经费投入与保障有力

新会区每年按照不低于本地教师工资总额2%于的数额安排教师继续教育经费，中小学（含幼儿园）按照不低于年度公用经费预算总额的10%安排教师培训经费，同时新增生均经费的50%用于教师培训，确保资金来源，使更多教师得到高质量的专业培训。每年区教育局有专项培训经费400多万，另外，区教师发展中心专设教研员专项培训经费9.2万元。教师发展中心有新的办公室、研训室、创客室、录播室、实验室、多媒体会议室、图书室、心理咨询室、饭堂、宿舍、篮球场以及为每位教研员配备手提电脑、台式电脑各一台，现代办公设备一应俱全。为保证项目顺利开展，新会区教育局在研究经费上给予支持，通过经费统筹，专款专用，从而为项目的实验研究顺利开展提供强有力的研究保障。

"一核四柱八维"促基础教育提质（2）

——新会区教研基地项目结项报告

广东省江门市新会区教师发展中心　何勇涛

2024年3月18日

　　新会区先后获得"全国基础教育先进县""全国幼儿教育先进县""全国普及九年义务教育先进县""广东省推进教育现代化先进区""全国义务教育发展基本均衡区"等荣誉称号，是"全省首批义务教育改革实验区""全省首批基础教育课程改革实验区""全省首批基础教育县（市、区）教研基地"。新会区教师发展中心充分利用省教研基地资源，扎实开展实践研究，完成了项目任务，达到了预期效果。

一、目标和计划清晰

　　新会区经济处在江门全市的前列，但教育教学和科研质量整体还不太高，离先进地区和群众的期望还有一定距离，校际间发展不平衡不充分问题比较突出，教学改革的驱动力还不够强。在推进教育现代化的过程中，要通过教研基地建设化解教育高位发展的难题，开展以提升质量为核心，联通省、市、区、校四层级教研机构，聚焦"质量提升"这一核心目标，以"一核四柱八维"（质量核心，教科研训四大基柱，八个提质行动维度）的项目建设路径，研究实践新课程理念下，教研基地建设的推进策略、实施方法、学习内容、培训模式、组织管理和评价机制等，更加突出服务学校、教师、学生、教育管理决策的主题主线，创新基础教育提质模式，促进基础教育持续、健康、优质发展，引领基础教育高质量发展、使新会教育成为"广东省基础教育课改先进区"和"广东省基础教育的示范窗口"。

二、任务完成情况良好

　　新会教研基地实行教师发展中心宏观调控，教学研究部门引领指导，基地学校精心组织，基地学科潜心研究，其他学校积极响应的工作机制，通过专家引领、同伴互助、校际交流等方式，充分发挥教研机制创新、教研体系建设、课程教学改革和育人方式变革、整体提升教育质量等方面发挥示范带动作用。

（一）研究新课程理念下，新会区教研基地建设对基础教育课程改革进程的推动作用，从理论上揭示新课程理念下教研基地建设对基础教育新课程改革产生影响的一般规律和特点，"一核四柱八维"（质量核心，教科研训四大基柱，八个提质行动维度）理念初具模型和成效，新会教研基地无论是高考、中考成绩，还是名师教师队伍建设均在全市处于领先位置。

（二）研究实践新课程理念下，新会区教研基地建设的推进策略、实施方法、学习内容、培训模式、组织管理和评价机制等，更加突出服务学校、教师、学生、教育管理决策的主题主线，引领基础教育高质量发展，取得了一系列获奖或发表的研究成果。

（三）研究出教研机制转型后提升基础教育质量的有效方法。研究力量的强弱、研究成果实践转化的效度是基础教育内涵、优质发展的内生力、驱动力，这是新时代教研工作转型发展的着力点。新会区教研基地将研究的重心转向全体教师的发展、全体学生的成长和教育教学中普遍存在的共性问题，兼顾先进典型示范引领和普遍问题解决，努力实现优秀教学成果与实践问题的解决相统一，新会一中、新会华侨中学、陈经纶中学、梁启超纪念中学、葵城中学、圭峰小学等各基地实验学校提质明显，培养优秀学生的质量和人数位于全市前列。

（四）通过教研基地项目建设，建立健全教研体系，形成了跨学校、跨学科、跨学段统筹推进的教研工作机制，教研员充分发挥引领作用，在培养教师、指导教师竞赛和教科研方面取得高质量的教研成果，促进教育教学质量的整体提升。

三、成效效果显著

（一）实践"一核四柱八维"理念，助推教学质量提升

1. 实践"一核四柱八维"理念，提升教育管理品质。结合区域实际，新会区教研基地积极谋划打造基础教育优质发展创新区，实施《新会区教育系统提升基础教育教学质量行动方案》，聚焦提升质量核心，以"一核四柱八维"（质量核心，教科研训四大基柱，八个提质行动维度）为项目建设路径，实施"头雁引领""五育并举""监测增效""固源提质""补薄强基""强师兴教""智慧课堂""特色办学"等八大工程，努力创建"一核四柱八维"高质量教学管理服务新模式。

基地按照"质量导向、学教并重、凸显素养、整体优化"原则，以发展学生核心素养为指向，以日常课堂教学改进为抓手，以省教研基地项目为载体，实践"一标五环"（"确定目标—自主构建—展示交流—重点探究—归纳评价"）高效课堂教学模式，围绕学科核心素养，聚焦学情研判、课堂结构改革、技术与教学深度融合、"深度学习·思维课堂"的课堂评价标准等，提升课堂教学改革的专业品质，为教师的教学、学生的学习提供高端、高效的教学平台。

2. **探索"互联网+"协同教研，以协同教研共同体促片区均衡发展。**新会区教研基地强化"互联网+"协同教研应用，对接江门市协同教研服务体系，创新全区教研实践新生态，采用区域教研、网络教研、综合教研、主题教研以及教学展示、现场指导、项目研究等多种方式，提升教研工作的针对性、有效性和吸引力、创造力。区教研员组织基地学校新会第一中学、新会华侨中学、陈经纶中学、梁启超纪念中学、葵城中学和圭峰小学名师、学科带头人、兼职教研员、骨干教师到各校听评课、共磨课、共上课、共研讨，用先进的教学理念指导一线教师提高课堂教学效率。同时，积极开展片区联合教研活动，采用线上或线下教研方式，助推区、镇、校三级教研联动，有效调动区、镇、校三级教研积极性，全力推进教学质量均衡发展。

3. **引领教学实践，发挥基地学校示范作用。**新会区教研基地先后与新会一中、葵城中学、新会华侨中学、陈经纶中学、梁启超纪念中学、陈瑞祺中学和圭峰小学等联合组织教学开放日活动，向各市、区兄弟学校开放课堂，展示课改成果。积极推广新会一中基于情景、问题导向的"互动·启发·探究·体验"课堂教学模式，新会华侨中学注重有效学习小组构建的"自主学习—合作交流—展示点评—整理反思"四环节流程模式，陈经纶中学"导思维、少而精、小步走"教学策略，梁启超纪念中学"定目标、结对子、勤问诊"辅导三模式，陈瑞祺中学"温故知新、任务驱动、问题导学、合作交流、练习反馈"五位一体高效课堂教学模式以及圭峰小学体现"开放·活力·高效"三特色和"特色初学感知、自学展示、合作探究、共学解疑、达标测评"模块的"三五式"高品质课堂模式教学实践成果。

（二）加强科研"三级管理"，提升教育科研实效

1. **构建"三级管理"体系，增强教育科研能力。**新会区教师发展中心对全区各类省、市、区立项课题实施区、镇、校"三级管理"，全程跟踪各级课题审批立项、开题论证、结题鉴定、成果展示等环节，开展重要科研成果的宣传推广

工作，助推"经验教研"向"智慧教研"的深度转型，指导教师抓好选课走班、分层教学、生涯规划等专项研究，利用科学研究方法认识和剖析各种教育现象，探索教育的本质和规律，形成比较系统的基础理论研究成果，并通过实践进一步深化和丰富基础理论，促进学校薄弱学科发展和提质。

2. **加强教研基地建设，优化教研机制创新。**继成为广东省义务教育首批课改实验区、广东省基础教育课程改革实验区之后，新会区教研基地申报的项目2021年被省教育厅评定为广东省基础教育（县、区）教研基地和校本教研基地项目。基地项目以科学教育发展观为指导，以全面提升我区教育教学质量为目标，实行教育行政部门宏观调控，教学研究部门引领指导，基地学校精心组织，基地学科潜心研究，其他学校积极响应的工作机制，通过专家引领、同伴互助、校际交流等研训方式，充分发挥教研基地深化教研机制创新、推动教研体系建设、推进课程教学改革和育人方式变革、整体提升我区基础教育质量等方面发挥示范带动作用。

3. **开展科研课题研究，提升教研能力引领。**教研员是教师专业发展的引领者，是教师课题研究的引领者。随着课程改革的不断推进，教研员应当以参与者、合作者和研究者的身份，与教师交流、对话与互动，并在课改过程中与教师共同成长。新会区教研基地用高水平的研究力量引领基础教育发展。3年来，新会区教师立项的省级课题有18项，市级课题40项，区级课题365项，获得省级科研专项经费支持300多万。教研员带领团队教师，以有价值的教育现象为研究对象，运用相应的科研方法，进行有目的、有计划地探索教育规律的创造性认识活动，既提升了科研能力，又促进了自身专业的良好发展。

（三）深入研究共性问题，实施科研促教行动

1. **深化重点内容研究，切实服务校本教研。**促进基础教育高质量提升和发展有三大抓手：一是高质量的教师队伍推动实施，二是高水平的研究力量引领发展，三是高效能的体制机制保障有力。这其中，教师队伍是关键，是高水平研究成果实践转化和高效能体制机制有效赋能的主体，而研究力量的强弱、研究成果实践转化的效度则是基础教育内涵、优质发展的内生力和驱动力，这是新时代教研工作转型发展的着力点。新会区教研基地将教研重心转向全体教师的发展、全体学生的成长和教育教学中普遍存在的共性问题，加强对新课标、新课程、新高考的深入研究，引导教师强化案例研究、教学反思，切实改进教学方法、提高课堂效益，使新会区教研基地教育教学质量不断提升。

2. **优化系统教研举措，促进整体水平提质**。更好满足群众对优质基础教育的期盼，新会区教研基地紧扣立德树人根本任务和高质量发展主题，努力实施"头雁引领""五育并举""监测增效""固源提质""补薄强基""强师兴教""智慧课堂""特色办学"等八大工程，落实精细化、常态化培优提质冲顶措施，助力更多新会学子实现名校梦想。针对目前教研活动教研主题不够突出、活动研讨氛围不够浓厚、不注重成果的积累和提炼的共性问题，新会区教研基地提出坚持有利于教师自身素质提高和有利于团结协作、共同提高的原则，鼓励以老带新、培养后备力量，通过集体备课，发挥群体智慧，深析课标、教材和教学，积极进行新教研模式的探究，借助思维工具撬动课堂，将深度学习和教研活动结合起来，促进教研的深入进行，从而提高课堂效率，使学校乃至区域的整体水平得到全面提升。

3. **聚焦课堂教学研究，突出科研促教效能**。课堂教学是教学的基本形式，是学生获取信息、提高技能和形成思想观念的主渠道。新会区教研基地把科研促教、深化课堂教学研究作为提高课堂教学有效性的重要途径，不断优化教学方式，突出以学科核心素养为目标，注重学科教学与现代技术融合，强调内容组织结构化和内容呈现情境化，实施"先思后导，先练后讲，当堂检测，课堂过关"教学流程，坚持教学相长，注重启发式、互动式、探究式教学方式，引导学生重建知识结构和其进阶发展，努力实现课堂教学的高效益。

（四）强化"进阶制"培训，优化师资队伍建设

1. **搭建专业成长平台，实施梯级名师工程**。名师名校长是教师队伍的领头雁，是教育教学改革的带头人，是教育质量建设的排头兵。新会区教研基地积极贯彻落实省、市、区强师工程，通过"导师制""名师制""进阶制"等方式，培育新会名校长、名教师、名班主任团队，打造"三名"工程，成为"名校长和名教师的孵化器"。2021年，新会区教研基地创建新会区第三批"三名"工作室21个，主持人21人，入室学员202人，聘请24位高校导师全程辅导。2021–2023年，新会与清华大学、华南师范大学、广东第二师范学院和湖南师范大学合作，开展如高校研修、异校跟岗、自我实践、提升素养的高端培训，根据教育发展热点问题而开展的主题培训，根据科研成果定期考核而开展的课题实验培训等等，成效显著。目前，现有正高级职称教师14人，高级职称教师1798人，省特级教师13人，省级名教师和南粤优秀教师48人；市教育专家和市级名师52人，市高层次教育人才133人，市"百名优秀教师"称号32人；省、市、区"三名"工作室30个，名师、名校长、名班主任培养对象300人；区优秀中青年专家和拔尖人才以

及区级名师407人，区级骨干教师1283人，名师队伍人数在全市居于前列。

2. **打出培训组合套拳，优化教师能力提升**。"三研""四学""六课""四训"，是新会区教研基地加强教师专业发展支撑体系建设的"密码"。教学质量的提高，关键在于教师的教学水平，而教学水平的提高根基，则在于教师的专业基本功底。新会区教研基地打出培训组合拳，优化教师能力提升。"三研"（常规教研、主题教研、课题研究）是基础，"四学"（学课标、学教材、学理论、学网络技术）是根本，"六课"（练兵课、常态课、汇报课、示范课、竞赛课、同课异构）为要点，"四训"（走出去培训、请进来培训、校本培训、师徒结对的帮扶培训）是重要突破口。这一组"密码"，就像一套干脆有力的培训组合拳，助力新会形成学校内、学校间、区域内的多层次教师能力提升体系，也使新会教研基地成为新会教师专业成长的优质平台。

3. **强化校本教研指导，突出教研专业支持**。以校为本的教研，是将教学研究的重心下移到学校，以课程实施过程中教师所面对的各种具体问题为对象，以教师为研究的主体，理论和专业人员共同参与。新会教研基地强调理论指导下的实践性研究，既注重解决实际问题，又注重经验的总结、理论的提升、规律的探索和教师的专业发展。教研员在组织教师参加国家、省、市有关学科课堂教学比赛、录像课比赛、微课比赛、说课比赛、教学设计和论文评比等活动中主动介入，积极参与学校的校本教研活动，精心指导教师提升教学理念，共同打磨精品课程。

四、示范辐射良好

（一）**教研活动有平台**。新会区教师发展中心以教研基地项目为抓手，搭建教师专业成长的平台，举办张耀荣、丁玉华、陈晓琼、冯家传、胡务娟等省名教师、名校长工作室教研活动，建设新会-台山跨区域教研联盟，与广西宁明结为帮扶对象，形成教师专业成长的活动品牌。通过名师专题讲座、课堂观摩、录像及分析、协同磨课、名师工作室、教学竞赛、送教到校等多种形式开展工作，促进教师间的教学交流和经验分享，形成教师专业成长的活动品牌，引领教师专业发展。同时，借助项目专项研究和实验学校实践研究，以及省、市、区多个名师工作室和教育集团等多个研修平台，充分发挥基地的辐射带动作用。

（二）**专业发展有引领**。项目主要成员在组织区域教学研究、培训研修、跨区域交流、送教下乡方面搭建基地平台，带骨干教师到台山、广西宁明等地上课示范，充分发挥专业引领作用。如何勇涛主任在华南师范大学主讲《校长管理与特色创建的智慧实践》，向来自全省的校长和培训者分享新会的校长管理经验；在新会华侨中学主讲《教学科研的智慧提炼和表达》指导全区教师如何开展教学研究，在台山一中主讲《部编本高中语文教材内容把握和教学实施》，和兄弟市区的高中教师交流新教材的研究使用心得。李发开副主任在会城中心小学作《"双减"政策下的课堂教学与作业设计》主题讲座，指导青年教师在教学实践中改革课堂教学，改进作业设计。陈国恩教研员在新会一中主讲《从语文核心素养四维度提升综合能力》，从语言、思维、鉴赏与文化四个维度思考，快速谋划把握文本的思路与内容，精准提升阅读理解能力。刘华忠教研员在江门市教研工作会上做《备战广东省中小学青年教师教学能力大赛策略》主题讲座，指导参赛教师提升比赛经验。李玉挽教研员在新会一中主讲《中学英语教学中的一些问题与思考》主题讲座，指导中学英语教师改进日常教学，提高课堂教学效率，培养学生学科核心素养。项目组主要成员何勇涛、李发开、陈国恩、刘华忠、李玉挽、李胜源、王梅、黎友芬、刘民毅等人带骨干教师积极到校上课示范，突出"一标五环"理念运用，引领一线教师教学实践，充分发挥示范引领和辐射带动作用。

（三）科研立项有成果。教研员带领教师们在课堂教学、培养模式、教育教学评价、质量提升、质量监测、教师培训、教研模式、教研组建设等方面加强研究，解决教学工作实际问题，近年来获得省教育厅2项基础教育实验项目的立项和300多万元的专项研究资金，有力支持了我区基础教育提质工作。项目启动以来，全区获"省教育科学规划2021年度中小学教师教育科研能力提升计划项目"6项，资助经费共7.2万元；江门市教育科学"十四五"规划2021年度课题18项；新会区教育科研"十四五"规划2021年度课题81项。2022年度省中小学教师教育科研能力提升项目8项，市教育科学规划课题10项，区教育教学规划课题180项。2023年度省中小学教师教育科研能力提升项目4项，市教育科学规划课题10项，区教育教学规划课题104项。基地学校新会一中、圭峰小学各获得市中小学校本教研示范学校支持经费12万元。基地项目主要成员李玉挽、陈国恩和李胜源三项省级课题顺利结题，李玉挽的成果荣获2021年江门市普通教育教学成果一等奖。李毅平的成果2023年荣获省中小学创新成果二等奖。

（四）质量提升有成效。2021-2023年高考被清北录取9人，上特控线2924人，本科以上11349人，本科上线率比全省高20个百分点。三年以来组织教师比赛获省级以上奖392人次，其中国家级31人次；组织学生比赛获省级以上奖2280

人次，其中，国家级268人次。新会区教师发展中心连续3年荣获新会区教育工作先进单位、教科研训特别贡献奖和全程育人特别贡献奖。新会区教育局连续3年荣获江门市高中教学质量管理一等奖。

（五）宣传阵地有力量。项目主要成员的教研员成了统筹线上教育的参谋智囊、指导学校实践的教研专家、强化质量保障的管理行政、创新教研方式的技术能手、引领学科教学的先行导师。仅在2021年，新会宣传报道的文章有学习强国40篇、广东电视台8篇、触电新闻25篇、《江门日报》45篇、新会发布96篇、相约新会46篇、新会政府网31篇。新会区教研基地项目建设经验成果《打造"教科研训"一体化的教师发展中心》和《双减五提高促新会教育行稳致远》发表在《广东教学报》（CN44-0702/F），《多措并举促普通高中优质发展》《"深度学习 思维课堂"教学模式提炼与实践》《强化配套治理 促进双减提质》分别发表在《少男少女·教育管理》和《读写算·教学研究与管理》。继出版《梁启超 永远的少年》读本后，由我们编辑的新会传统文化《冈州揽胜 文脉流芬》读本五册和《少年中国说》小、初、高三学段读本相继出版。

（六）名师培养有示范。基地项目负责人何勇涛凭借扎实的学术功底和出色的教学业绩成长为新会区名教师、新会区优秀中青年专家和拔尖人才、新会区十大杰出教师，江门市名师名医名家、江门教育专家、广东省百千万人才工程名教师、特级教师和高中语文正高级教师，并被聘为广东教育学会理事、广东省中语会理事、教育评价专委会副理事长，还被选举为新会区人大代表和新会区人大常委会教科文卫侨专家小组核心成员，充分发挥了学术专业引领作用。项目主要成员新会陈经纶中学梁新明于2020年12月获评为正高级教师，新会一中廖中富、新会葵城中学曾健红、新会陈经纶中学杨唐靖2021年9月被评为特级教师，新会区教师发展中心李玉挽获评江门市中小学名教师工作室主持人，新会一中梁志获评为省百千万名校长培养对象，圭峰小学冯家传获评广东省和江门市名校长工作室主持人。项目另一负责人李发开同志充分发挥教师发展中心副主任和数学教研员作用，主讲《"双减"政策下的课堂教学与作业设计》《小学数学作业设计原则、策略及例谈》等专题讲座，组织新会区"城乡联动 走进乡镇"送教下乡活动，指导区锦超老师荣获广东省第十一届小学数学教师说课（录像）比赛一等奖、指导郑艳芬老师荣获江门市2022年小学数学青年教师教学能力大赛一等奖，为项目的顺利开展提供了有力的专业支持。2023年有张耀荣、冯家传、胡务娟、吕翠香等基地校成员获评为省名师工作室主持人。

五、基地经费绩效规范

3年专项经费共下拨到位90万，按规定支出了87.697758万，资金使用率为97.44%。省教研基地专项经费由区教育局统筹管理，使用程序严格遵守教育局的财务制度，制定方案后经局党组会研究同意，然后按照财务流程申请报批，确保绩效评价工作有章可循，有序开展。

新会区教研基地"一核四柱八维"教研机制典例

广东省江门市新会区教师发展中心　何勇涛

2023年5月10日

江门市新会区省级教研基地于2021年4月获得省教育厅批准立项。基地以立德树人和五育并举为指导思想，围绕"质量提升"建设目标，制定了"一核四柱八维"系列措施，构建了区、镇（街）、校三级教研共同体，以基地学校为实验主阵地，带动区域教研关键环节改革、重难点问题解决、教师专业发展，有效推动了教育教学教研质量提升。

一、建设措施有效

（一）构建教研共同体，提升教育管理实效

1. 构建区镇教研共同体，加强区镇教研联动

新会区教师发展中心与会城、大泽、司前、罗坑、双水等镇（街）中心教研组既是业务上下级关系，更是教研共同体关系。区教师发展中心一方面重点指导教师遵循学生的认知规律科学处理教材，提高教师有效驾驭课堂教学的能力；另一方面以镇（街）为轴心积极开展教学研讨，组织骨干教师送教到镇，积极开展校本教研，努力实现教学资源共享。

2. 构建基地学校共同体，发挥品牌学校效应

新会区教研基地先后与新会一中、葵城中学、新会华侨中学、陈经纶中学、梁启超纪念中学、陈瑞祺中学和圭峰小学等联合组织教学开放日活动，积极推广新会一中基于情景、问题导向的"互动·启发·探究·体验"课堂教学模式，新会华侨中学注重有效学习小组构建的"自主学习—合作交流—展示点评—整理反思"四环节流程模式，陈经纶中学"导思维、少而精、小步走"教学策略，梁启超纪念中学"定目标、结对子、勤问诊"辅导三模式以及圭峰小学体现"开放·活力·高效"三特色和"特色初学感知、自学展示、合作探究、共学解疑、

达标测评"模块的"三五式"高品质课堂模式教学实践成果。

3. 构建集团学校共同体，提高整体管理效益

为实现优质教育资源增量，项目组于2021年12月将2019年成立的新会区13个教育集团调整为14个教育集团，并对教育集团考核评价的督导评估指标体系重新修订。领衔学校和成员学校共计63所，新会一中、华侨中学、陈经纶中学、梁启超纪念中学、圭峰小学等领衔学校，在教育管理和教学科研等方面充分发挥了引领作用。

（二）创新教研机制，实现教研机制全方位变革

1. 推动教师发展中心职能转型，实现教研机制全方位变革

面对教育教学的目标、结构、内容、方式和评价的新要求，新会区教研基地努力推动教师发展中心功能、制度、文化进行相应的转型，实现教研机制全方位的变革，充分发挥其在促进教师群体成长、推进校本研修、落实教学常规、践行"轻负高质"、提升教研文化等方面的积极作用，推动区域教育教学向纵深发展。

2. 构建研究型团队策略创新，反映新时代教师培养特点

新会区教研基地以实验学校为基地，以新课程改革理念为依托，通过理论和实践相结合的途径，研究新教材、新课标、新课改的新内容，探索课程改革实验以及提高课堂教学质量实践策略，将教师专业发展与教育教学实践紧密结合起来，教研基地实验研究能够反映新时代教师培养的特点。

3. 推进育人方式变革，形成具有引领作用教研机制

新会区教研基地采用行动研究和实证研究方法，形成跨学校、跨学科、跨学段统筹推进的教研工作机制，构建基础教育"基特结合"培养模式和"差异互补"教学方式，促进基础教育优质特色发展和学生的全面和个性发展，推进区域育人方式变革，形成具有引领作用的教研机制。

（三）优化建设过程，加强基地建设过程管理

1. 健全教研机构及其职能，按照规划依图建设

新会区教师发展中心加强教研队伍建设、落实教研主要任务、创新教研工作机制、创新教研实践样态、构建教研开放合作格局，提高教研队伍专业化水平，大力开展精准教研研究。

2. 工作重心转向成型，研究解决实际问题

新会教研基地将研究重心转向全体教师的发展、全体学生的成长和教育教学中普遍存在的共性问题，兼顾先进典型示范引领和普遍问题解决，努力实现优秀

教学成果与实践问题的解决相统一。新会一中、新会华侨中学、陈经纶中学、圭峰小学等各基地实验学校提质明显。

3. 化解教育发展难题，突出服务主题主线

在推进教育现代化过程中，新会区教研基地联通省、市、区、校四层级教研机构，聚焦"质量提升"核心目标，以"一核四柱八维"建设路径，研究教研基地建设的推进策略、实施方法、学习内容、培训模式、组织管理和评价机制等，更加突出服务学校、教师、学生、教育管理决策的主题主线。

二、实践成效突出

（一）教研活动成效显著，各类教师获益成长

1. 搭建梯级名师平台，促进教师素养增益

新会区教研基地通过"导师制""名师制""进阶制"等方式，培育新会名校长、名教师、名班主任团队，打造"三名"工程，成为"名校长和名教师的孵化器"。2021年，新会区教研基地创建新会区第三批"三名"工作室21个，入室学员202人，聘请24位高校导师全程辅导。2022年，与清华大学、华南师范大学和湖南师范大学合作，开展如高校研修、异校跟岗等高端培训，促进教师素养增益。

2. 强化教研平台支持，助力教师能力提升

新会区教研基地强调理论指导下的实践性研究，既注重解决实际问题，又注重理论的提升、规律的探索和教师的专业发展。教研员在组织教师参加国家、省、市有关学科课堂教学比赛、录像课比赛、微课比赛、说课比赛、教学设计和论文评比等活动中主动介入，助力教师能力提升。

3. 打出培训组合套拳，加快教师专业发展

积极推行老师培训"三研""四学""六课""四训"活动。"三研"（常规教研、主题教研、课题研究）是基础，"四学"（学课标、学教材、学理论、学网络技术）是根本，"六课"（练兵课、常态课、汇报课、示范课、竞赛课、同课异构）为要点，"四训"（走出去培训、请进来培训、校本培训、师徒结对的帮扶培训）是重要突破口。以培训组合拳形式加快新会形成学校内、学校间、区域内多层次教师能力提升体系。

（二）五育并举齐发力，基地育人有成效

1. 五育并举齐发力，区域教育更灵动

新会教研基地项目从学校体育工作、美育工作、劳动教育、心理健康教育等

方面齐发力，全方位把学生的潜力最大限度地调动起来，唤醒学生内在灵性，养成高尚的品格。基地落实《国家学生体质健康标准》，开展学校特色体育项目，14所学校（幼儿园）被评为"全国足球特色学校"，5所幼儿园被评为"市足球特色幼儿园"，4所学校被评为"全国青少年校园篮球特色学校"，3所学校被评为"广东省校园篮球推广学校"，1所学校被评为"广东省校园排球推广学校"；各校开足美育课程，同时结合新会葵艺、新会陈皮、新会小冈香、新会鱼灯、茅龙笔等本地文化品牌，积极设立艺术特色课程，现今创建省级艺术特色学校8间、广东省中小学中华优秀传统文化传承学校5间、市级艺术特色学校15间；全区学校开展"人人爱劳动 一起向未来"劳动教育周活动，以主题班会、集体劳动、劳动教育成果展示、评选劳动能手等形式深入推进"六个一"活动，选树了2个省级劳动教育示范基地，4个市级劳动教育示范校，评选了一批富有新会特色的劳动教育课程；积极推动心理健康教育软硬件建设，实现全区学校配备最少1名专职(或兼职)心理教师，落实每年2次对学生重点人员的心理排查，建立"一人一档"，帮助学生疏导情绪，解决心理问题。

2. 基地学校齐参与，各有特色育新人

如陈瑞祺中学围绕"固源提质"方面依托多元智能理论体系做了大胆的尝试。课堂教学方面，结合现代先进的教育理论和脑科学知识，建构了"复习巩固、任务驱动、问题导学、交流展示、评价反馈"五位一体的教学模型；课外活动方面，主要通过劳动教育、大课间、课后服务、社团活动等四大方面展开学校课外活动，让学生的运动、自然、内省、人际、空间、音乐等六大智能得到充分锻炼。古井小学以"聚焦一核、五环融合、四路齐进"为工作路径，实施跨学科学习增效提质，体育推行"2+N"技能行动，美育掌握"2+N"才艺特长，让学生成为向善、向上、善美的新时代少年。

3. 突出育人职能，质量提升有成效

新会2021-2022两年上特控线1902人，本科以上7484人，本科相对上一年增加人数分别为416人和415人，上线率比全省高20个百分点。2021和2022学年组织教师参加各级比赛获奖3545人次，其中省级54人次；组织学生参加各级比赛获奖8707人次，其中国家级37人次，省级575人次，市级5577人次。新会一中钟宏烨、张鸿彬分别在第18、第19届国际中学生地理奥林匹克竞赛中国大陆地区选拔赛中获金奖并入选国家集训队。

（三）教育教学理念更新，教师教学与育人能力提升

1. 加强教学理念研究，深化育人思想

李发开主持省教研院课题《小学生计算能力评价体系研究》，全面提升实验教师的教学能力；陈国恩主持省规划课题《新课标背景下课堂教学行为的有效评价实践研究》，提高教研工作的有效性；李玉挽主持教育部委托课题《人工智能技术和智慧学习空间在中小学英语教学中的应用研究》；李胜源主持省教育科学项目《基于学科核心素养下高中化学实验育人功能的研究》等等，既加强教学理念研究，又深化了育人思想。

2. 提炼教育教学经验，分享教育教学实践

项目在组织区域教学研究、培训研修、跨区域交流、送教下乡方面搭建平台，充分发挥示范引领作用。如何勇涛在华南师范大学主讲《校长管理与特色创建的智慧实践》向来自全省的校长和培训者分享新会的校长管理经验，在新会华侨中学主讲《教学科研的智慧提炼和表达》指导全区教师开展教学研究，在台山一中主讲《部编本高中语文教材内容把握和教学实施》和兄弟市区的高中教师交流新教材的研究使用心得。项目组主要成员陈国恩、李玉挽、刘民毅、李胜源等人带领骨干教师积极到校上课示范，充分发挥示范引领作用。

3. 教研与育人能力提升，项目成员专业发展

项目开展以来，全区获省教育科学规划项目18项，市教育科学课题28项；新会区教育科研课题261项。新会一中、圭峰小学成为市中小学校本教研示范学校。李玉挽、陈国恩和李胜源三项省级课题和李胜源、谭荣灿两项市级课题顺利结题。李玉挽成果获2021年江门市普通教育教学成果一等奖。何勇涛成长为广东省百千万人才工程名教师、特级教师和高中语文正高级教师。陈经纶中学梁新明于2020年12月获评为正高级教师，新会一中廖中富、新会葵城中学曾健红、新会陈经纶中学杨唐靖2021年9月被评为特级教师，李玉挽获评江门市名教师工作室主持人，新会一中梁志获评为省百千万名校长培养对象，圭峰小学冯家传获评为广东省和江门市名校长工作室主持人。目前，全区拥有正高级教师9人，特级教师12人，省级以上名师培养对象9人，市级以上名师培养对象26人，区级以上名师培养对象55人，区级以上骨干教师1283人。

三、创新特色明显

（一）基地（学校）教育教学教研成果创新

1. 聚焦提升质量核心，教研机制创新设计思路

聚焦提升质量核心，新会教研基地以"一核四柱八维"为项目建设路径，多元主体协同联动，实施"头雁引领""五育并举""监测增效""固源提质""补薄强基""强师兴教""智慧课堂""特色办学"等八大工程，系统推进基地建设。

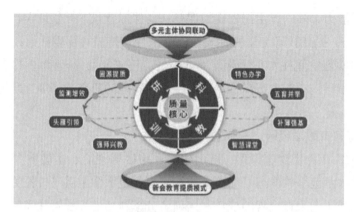

新会教研基地"一核四柱八维"图式

2. 突出教学主要抓手，实践 "一标五环" 课堂

一是围绕质量目标，从核心素养、学情研判、课堂结构、学习目标和技术与教学深度融合五个方面设计高效课堂；二是根据学科素养目标，实践（"确定目标—自主构建—展示交流—重点探究—归纳评价"）"一标五环"高效课堂教学模式。（如下图）

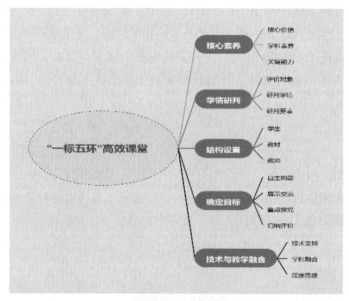

新会教研基地"一标五环"图式

3. 强化技术支撑，优化 "互联网+" 协同教研

新会教研基地优化"互联网+"协同教研应用，对接省、市协同教研服务体系，创新全区教研实践新生态，采用区域教研、网络教研、综合教研、主题教研

以及教学展示、现场指导、项目研究等多种方式，以协同教研共同体促片区均衡发展。（如下图）

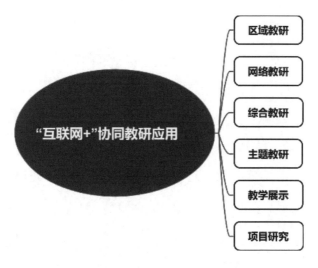

新会教研基地"互联网＋"协同教研应用图式

（二）基地建设成果丰富，示范引领明显

新会教研基地项目建设经验成果丰富，仅在2021年，新会宣传报道的文章有学习强国40篇、广东电视台8篇、触电新闻25篇、《江门日报》45篇、新会发布96篇、相约新会46篇、新会政府网31篇。相关成果《"一核四柱八维"促基础教育提质》《打造"教科研训"一体化的教师发展中心》《新会区教研基地"六维一体"促质量提升》《多措并举促普通高中优质发展》《"深度学习 思维课堂"教学模式提炼与实践》《用学术专业引领在线教育开展》《破解教师实现专业化发展密码》《聚焦"质量提升"核心目标，打造教师专业成长优质平台》分别发表在《广东教学报》《教育管理》《教学研究与管理》《基础教育研究》《江门日报》《江门教育》《新会侨报》等报刊和"南方＋""光明教育家""江门日报微信"等省、市媒体网络平台。

（本文发表于《广东教学报》2023年5月26日4188期）

第二辑
教育赋能提质行动

打造"教科研训"一体化的教师发展中心

广东省江门市新会区教师发展中心　何勇涛

2022年5月10日

在省、市、区教育行政主管部门和区教育局领导的指导下，江门市新会区教师发展中心积极发挥研究、指导、服务职能，更加突出服务学校、教师、学生、教育管理决策的主题主线，努力打造"教科研训"一体化教师发展中心，促进基础教育改革发展和质量提升，力争将新会教育打造成为"广东省基础教育课改先进区"和"广东省基础教育的示范窗口"。

一、重教学，助推教学质量提升

（一）坚守课堂阵地，筑牢教学质量根基。

课堂是学校实现立德树人工作的核心阵地。高效课堂是在有效课堂的基础上、完成教学任务和达成教学目标的效率较高、效果较好并且取得教育教学的较高影响力和社会效益的课堂。新会区教师发展中心紧跟新课程改革步伐，突出课程改革重点，坚持"打造教学相长的教学平台"的思想，充分发挥"广东省基础教育（县、区）教研基地"的作用，按照"质量导向、学教并重、凸显素养、整体优化"原则，以发展学生核心素养为指向，以日常课堂教学改进为抓手，以重点项目为载体，实践"确定目标—自主构建—展示交流—重点探究—归纳评价"高效课堂教学模式，围绕学科核心素养，聚焦学情研判、课堂结构改革、技术与教学深度融合、"深度学习·思维课堂"的课堂评价标准等，提升课堂教学改革的专业品质，为教师的教学、学生的学习提供高端、高效的教学平台。2021年荣获第三届省青年教师教学能力大赛市赛特等奖4人，一等奖20人，4人入选市"三名"工作室，16人入选区"三名"工作室。2021年高考，新会区上特控线975人，比去年增加298人，本科上线3587人，比去年增加412人，并有2人被北京大学录取，高考成绩赢得了公众的认可。中考屏蔽学生68人，比去年多7人；

700分以上尖子学生179人，650分以上优秀学生1113人，前3000名（572分）优良生3014人，中考成绩显著。新会区教师发展中心荣获新会区教育工作先进单位、高中教学质量管理教科研训特别贡献奖和高中教学质量管理全程育人特别贡献奖。新会区教育局荣获江门市高考成绩和中考成绩两个一等奖。

（二）探索智慧教研，促进片区均衡发展。

新会区教师发展中心推广"互联网+"协同教研应用，对接江门市协同教研服务体系，构建我区"智慧教研"新模式，创新全区教研实践新生态，采用区域教研、网络教研、综合教研、主题教研以及教学展示、现场指导、项目研究等多种方式，提升教研工作的针对性、有效性和吸引力、创造力。市、区教研员组织名师、学科带头人、兼职教研员、骨干教师到各高中和镇街学校听课指导，扎实开展全区性教学研讨活动，用先进的教学理论指导一线教师提高课堂教学效率；同时，积极开展片区联合教研活动，助推区、镇、校三级教研联动，有效调动区、镇、校三级教研的积极性，全力推进教学质量的均衡发展。

（三）引领教学实践，发挥名校名师作用。

为发挥名校的示范引领作用，新会区教师发展中心先后与新会一中、葵城中学、新会华侨中学、梁启超纪念中学、创新中学、大鳌中学等、尚雅学校、圭峰小学等联合组织教学开放日活动，向各市、区兄弟学校开放课堂，展示课改成果。积极推广新会一中的基于情景、问题导向的"互动·启发·探究·体验"课堂教学模式，新会华侨中学的注重有效学习小组构建的"自主学习—合作交流—展示点评—整理反思"四环节流程模式，东方红中学的"小组+学对"和"练、评、讲"学习模式，梁启超纪念中学的"导学稿"模式，广雅学校的"先思后导，先练后讲，当堂检测，当堂点评"模式，创新初中的"小组合作学习"模式，尚雅学校的生本教育、智慧课堂和翻转课堂教学实践成果。教研员李发开、陈国恩、刘华忠、李玉挽、李胜源、谭荣灿、赵其庆、王梅、黎友芬、刘民毅等人积极到校上课示范，引领一线教师教学实践。

二、强科研，提升教育科研实效

（一）构建课题管理体系，增强教育科研能力。

课题研究是教育教研活动的重要组成部分。课题研究成果的多少，也是衡量教学质量和教研水平高低的重要指标。新会区教师发展中心支持教师共申报省教育科学规划2021年度中小学教师教育科研能力提升项目76项，教育科学规划课题5项，教育教学成果奖评审6项，推荐135篇论文参加市论文评选。指导教师利用科学研究方法认识和剖析各种教育现象，探索教育的本质和规律，形成比较系统的基础理论研究成果，并通过实践进一步深化和丰富基础理论，促进学校薄弱学科发展，突出抓好选课走班、分层教学、生涯规划等专项研究，推动高考综合改革落地见效。对全区各类市级及市级以上立项课题实施网络化管理，全程跟踪各课题审批立项、开题论证、结题鉴定、成果展示等环节，开展重要科研成果的宣传推广工作，助推"经验教研"向"智慧教研"的深度转型。

（二）加强教研基地建设，优化教研机制创新。

继成为广东省义务教育首批课改实验区、广东省基础教育课程改革实验区之后，新会区教师发展中心申报的项目2021年被省教育厅评定为广东省基础教育（县、区）教研基地和校本教研基地项目，获得150万元的专项经费支持（全市共立项6个，我区2个）。基地项目将以科学教育发展观为指导，以全面提升我区教育教学质量为目标，实行教育行政部门宏观调控，教学研究部门引领指导，基地学校精心组织，基地学科潜心研究，其他学校积极响应的工作机制，通过专家引领、同伴互助、校际交流等研训方式，充分发挥教研基地深化教研机制创新、推动教研体系建设、推进课程教学改革和育人方式变革、整体提升我区基础教育质量等方面发挥示范带动作用，形成健康、优良的教研文化，促进基地学校内涵发展，进而全面提升全区教育教学研究和课堂教学质量。

（三）开展科研课题研究，提升专业发展核能。

教育科研是指借助教育理论，以有价值的教育现象为研究对象，运用相应的科研方法，进行有目的、有计划地探索教育规律的创造性认识活动。新会区教师发展中心用高水平的研究力量引领基础教育发展。教研员立项的省级课题有10项，市级课题8项，获得省级科研专项经费支持300多万。开展比较好的课题，如何勇涛主任主持省规划课题《教师专业发展评价的行动研究》《语文校本教研写作专题研究》，发表《语文教师有效提升专业技能的三条路径》《文学作品阅读中的悟性培养》等成果；李发开副主任主持省教研院课题《小学生计算能力评价体系研究》的实践研究，主编《小学生计算能力评价体系研究》论文集，全面提升实验教师的备课水平和教学能力；周广榕教研员主持省规划课题《提高初中学困生数学学习兴趣的策略和行动研究》，发表教学论文《中学数学学困生学困原因分析及转化对策》；陈国恩教研员主持省规划课题《新课标背景下课堂教学行为的有效评价》实践研究，提高听课调研、集中研讨等视导调研活动的有效性；李玉挽教研员主持教育部委托课题《人工智能技术和智慧学习空间在中小学英语教学中的应用研究》《智慧教育云支持的智能听说训练系统对促进中小学外语教学的实证性研究》和广东省教育科学规划课题《基于核心素养的中学英语教学输入模式重构研究》；李胜源教研员主持省教育科学"十三五"规划项目《基于学科核心素养下高中化学实验育人功能的研究》等等，既提升了科研能力，又促进了自身专业的良好发展。

三、深研究，实施科研促教行动

（一）深化重点内容研究，切实服务校本教研。

促进基础教育高质量提升和发展有三大抓手：一是高质量的教师队伍推动实施，二是高水平的研究力量引领发展，三是高效能的体制机制保障有力。这其中，教师队伍是关键，是高水平研究成果实践转化和高效能体制机制有效赋能的主体，而研究力量的强弱、研究成果实践转化的效度则是基础教育内涵、优质发展的内生力和驱动力，这是新时代教研工作转型发展的着力点。新会区教师发展中心将教研重心转向全体教师的发展、全体学生的成长和教育教学中普遍存在的共性问题，积极贯彻落实教育部《关于加强和改进新时代基础教育教研工作的意见》(教基 (2019)14号)、广东省教育厅《关于建立健全新时代基础教育教研体系的实施意见》(粤教教研〔2020〕1号)、广东教育厅《关于印发广东省普通高中课程实施方案（2020年修订）的通知》(粤教基函〔2020〕23号)精神，认真学习新高考综合改革方案下普通高中学生发展指导、教学组织与管理、课程与教学实施指导等相关文件精神，加强对新课标、新课程、新高考的深入研究，引导教师强化案例研究、教学反思，切实改进教学方法、提高课堂效益，使我区教育教学质量不断提升。

（二）优化深度教研举措，促进整体水平提质。

为更好满足群众对优质基础教育的期盼，新会区教师发展中心紧扣立德树人根本任务和高质量发展主题，努力实施头雁引领、五育并举、监测增效、固源提质、补薄强基、强师兴教、智慧课堂等工程，强化提质冲顶行动，成立教研支持组、专家辅导组、心理护航组、家庭保障组等工作小组，落实精细化、常态化提质冲顶措施，助力更多新会学子实现名校梦想。针对目前教研活动教研主题不够突出、活动研讨氛围不够浓厚、不注重成果的积累和提炼的共性问题，新会区教师发展中心提出坚持有利于教师自身素质提高和有利于团结协作、共同提高的原则,加强理论学习,提高科研能力,鼓励以老带新、培养后备力量,通过集体备课,发挥群体智慧,研究有效教学,在保持常规教研的基础上,积极进行新教研模式的探究,深析课标、教材和教学,借助思维工具撬动课堂,以课堂教学为抓手,将深度学习和教研活动结合起来,促进教研的深入进行,从而提高课堂效率,使学校乃至区域的整体水平得到全面提升。

(三)聚焦课堂教学研究,突出科研促教效能。

课堂教学是教学的基本形式,是学生获取信息、提高技能和形成思想观念的主渠道。教研员把科研促教、深化课堂教学研究作为提高课堂教学有效性的重要途径。如刘华忠教研员引领一线教师积极开展《高中生物有效教学的研究》,优化生物课堂教学;赵其庆教研员参与全国教育科学"十五"规划重点课题《创新教学与创造力培养研究与实验》实践研究,已取得阶段性成果;王梅教研员主持《小学生活化作文的实践研究》《借力群文阅读整合,提升小学生语文素养的行动研究》《挖掘教材读写结合点,扎实语用训练的行动研究》,使语文课堂更为生动鲜活;刘民毅教研员主持省级课题《以艺术工作坊为载体促进美术教学的研究》,推进艺术工作坊在各中小学的建设;赵凤娥教研员主持市级课题《小学科学探究式教学有效性的研究》已经在《师道》《教育创新》等杂志发表论文成果。在"双减"背景下,优化作业设计成为教学工作应对变革进一步推进的重要抓手,李发开副主任紧跟教育热点形势,主持广东省教育研究院研究课题《基于核心素养的小学数学作业设计与优化研究》的实验工作,立足课堂,教研一体,有主题有深度地持续开展提升课堂教学效率的研究。

四、精培训,优化师资队伍建设

(一)搭建专业成长平台,实施梯级名师工程。

名师名校长是教师队伍的领头羊,是教育教学改革的带头人,是教育质量建设的排头兵。新会区教师发展中心积极贯彻落实省、市、区强师工程,通过"导师制""名师制""进阶制"等方式,培育新会名校长、名教师、名班主任团队,打造"三名"工程,努力搭建教师专业成长平台。开展如高校研修、异校跟岗、自我实践、提升素养的高端培训,根据教育发展热点问题而开展的主题培训,提炼科研成果定期考核的课题实验培训等等。组织全区620名教师参加教育考试命题2021年度省级骨干教师培训、普通高中三科统编教材国家级示范培训、教师信息技术应用能力提升工程2.0培训。在实实在在的培训中，区教师发展中心成为"名校长和名教师的孵化器"，培养了一大批省、市、区名师。全区现有正高级教师7人，省特级教师10人，省级名教师和南粤优秀教师48人，市教育专家和市级名师52人，区优秀中青年专家和拔尖人才以及区级名师407人。

（二）打出培训组合拳，优化教师能力提升。

教学质量的提高，关键在于教师的教学水平，而教学水平的提高根基，则在于教师的专业基本功底。"三研""四学""六课""四训"，是新会区教师发展中心加强教师专业发展支撑体系建设的"密码"。"三研"（常规教研、主题教研、课题研究）是基础，"四学"（学课标、学教材、学理论、学网络技术）是根本，"六课"（练兵课、常态课、汇报课、示范课、竞赛课、同课异构）为要点，"四训"（走出去培训、请进来培训、校本培训、师徒结对的帮扶培训）则是重要突破口。这一组"密码"，就像一套干脆有力的培训组合拳，助力新会区形成学校内、学校间、区域内的多层次教师能力提升体系，也使新会区教师发展中心成为新会教师专业成长的优质平台。

（三）强化校本教研指导，突出教研专业支持。

以校为本的教研，是将教学研究的重心下移到学校，以课程实施过程中教师所面对的各种具体问题为对象，以教师为研究的主体，理论和专业人员共同参与。新会区教师发展中心强调理论指导下的实践性研究，既注重解决实际问题，又注重经验的总结、理论的提升、规律的探索和教师的专业发展。如李发开副主任在会城中心小学作《"双减"政策下的课堂教学与作业设计》主题讲座，指导青年教师在教学实践中改革课堂教学，改进作业设计，促进教师的专业成长。陈国恩教研员在新会一中主讲《从语文核心素养四维度提升综合能力》，从语言、思维、鉴赏与文化四个维度思考，快速谋划答题的思路与内容，精准提升应试审题与解题能力。刘华忠教研员在江门市组织的第三届广东省中小学青年教师教学能力大赛决赛动员会中为全市与会教师做《凝心聚力未来可期——备战广东省中小学青年教师教学能力大赛情况汇报》的主题讲座，为参赛教师交流分享比赛经验。李玉挽教研员在一中主讲《中学英语教学中的一些问题与思考》主题讲座，指导中学英语教师改进日常教学，提高课堂教学效率，培养学生学科核心素养。钟俭荣教研员在侨中主讲《如何讲好〈习近平新时代中国特色社会主义理论〉学生读本》从政策背景解读、读本解读、资料准备、如何备课、正确处理教材与读本关系五个方面展开培训，准确把握读本教学。吴亦俭教研员在经中主讲《在守正中创新，重初高中衔接，聚焦核心素养—2021年广东省初中历史中考试题评析及备考建议》，提升中考备考针对性和质量。王梅教研员在城郊小学教育集团作《境由心生，道从悟来——核心素养视域下的教师专业发展》的主题讲座，引导教师在教学实践中学法悟道，提升专业素养。刘民毅教研员应邀到江门市委党校为全省乡村书法教师做《核心素养视域下书法教学的若干思考及策略》的主题讲座，以身示范，共寻教学良策。赵凤娥教研员在广雅学校主讲《让科学教师创造出精彩课堂》的主题讲座，指导科学教师进一步转变观念，将科学教育与生活有机结合，更有效的培养学生核心素养中的科学精神。黎友芬教研员在圭峰小学做《小学英语教学质量提升与期待》主题讲座，对如何教、如何指导学生学、如何设计作业及命题以符合英语学科核心素养的要求，作出明确的指引。谭荣灿教研员在全区科技教师线上培训中做了《STEM教育理念下的课程整合促进新会区科技教育发展》主题讲座，指导科技教师转变概念，力推在STEM教育理念下的课程整合，更有效地培养学生核心素养。

（本文发表于《广东教学报》2022年5月24日3925期）

强基赋能增活力　人才培育结硕果

——新会区教研基地全力推进基础教育高质量发展

广东省江门市新会区教师发展中心　何勇涛

2023年7月20日

千年古郡新会，历来文风鼎盛，文化底蕴深厚，自古以来人才辈出，既有"首善之区"的美誉，也有"首善之区"的担当。2023年我区高考成绩再上新台阶，特控线人数1068人，本科以上人数4129人，1名物理类考生进入全省前十名，3名物理类考生勇进全省前100名，6名学生被清华大学或北京大学录取，全市理文双冠均是我区考生。上985、211、双一流高校学生超330人。这份亮丽成绩单的背后，是来自千年来冈州文化的浸润，是新会区教研基地全力推进教育高质量发展的有力体现。

崇文重教
政府支持保障务实

新会区委、区政府高度重视并优先发展教育，做好高规格顶层设计，加大教育顶级资源配置，引入高端教师培训，坚定不移地走内涵发展之路，引领新会教育朝着高质量新高地进发。持续加大教育投入，营造尊师重教、支持教育的浓厚氛围。

在2023年1月31日的教育高质量发展大会上，区委书记林锡波表态掷地有声：今年增加教育经费投入6000万元，未来每年教育经费投入增加额至少增加1000万元。林书记多次提出，教育要放权赋权，建立高中校长负责制，赋予高中校长在绩效分配、教师招聘方面更多的自主权，同时优化教师招聘方式，提高教师待遇，不断提升教师收入。在各市区教师福利待遇中，新会教师有比较强的幸福感。区委支持关心教育，把教育列入区委工作每月议事之中，指导教育部门加强资金使用绩效评估，把钱花在刀刃上，确保各项工作顺利推进。区长刘兵指导教育部门制定《新会区基础教育高质量发展行动实施方案2021-2025》和《新会教育事业"十四五"发展规划》，该方案与发展规划提出的十大工程涉及优质学位供给、校长教师发展机制完善、乡村教育振兴、校园环境等方方面面，为新会教育深化发展指明了方向。刘区长还经常和主管教育的黄艳芬副区长到学校做调研，了解学校的发展困难，给高三的教师加油鼓劲。每到教师节，区委、区政府四套班子成员都分别到学校慰问一线教师，解决学校难题，指导学校工作，给教师以极大的鼓励和支持。

　　这些工作，充分体现了新会区委、区政府对教育工作的高度重视和对推动教育高质量发展的决心和信心。

高阶引领
优质资源合作坚实

　　近年来，新会教育分别与清华大学、北京大学、北京师范大学、华东师范大学、湖南师范大学、华南师范大学等知名高校开展了全方位、深层次、多领域的合作与交流，对推动区域教育深度融入国家教育战略规划、办学理念、治理模式、师资建设、课堂教学、拔尖人才培养等方面的实践具有重要意义，为促进基础教育高质量发展提供了坚实的智力和资源支撑。2022年3月13日，区委书记林锡波与清华大学教授在新会一中展开座谈，为新会教育争取清华大学资源；区教育局与清华大学签订美育教学研究合作协议，新会一中、新会梁启超纪念中学分别与依托清华大学教育资源的北京志成未来教育科技有限公司签订物理数学学科教学提升合作协议、美术教育合作协议。邀请清华大学原副校长张凤昌教授、清华大学美术学院党委书记马赛教授等两批专家来新会交流授课，清华实习生与新会学生交流学习经验。新会一中组织物理、数学学科教师参加清华大学线上导师制教学能力提升进修项目2期，共培训教师20人次。

2022年8月下旬，在新会区委人才办、区教育局的组织协调下，邀请了清华大学两批社会实践队分别到新会一中、新会华侨中学与高三学子进行线上与线下同步的高三学习备考经验分享活动。2022年11月1日，清华大学美术学院李小亮博士为梁启超纪念中学的师生带来一场主题为《规划的人生更精彩——一个山区娃的求学之路》的励志报告会。梁启超纪念中学已选派2名美术教师到清华大学进修，选派15名优秀美术特长生，全程接受清华大学美术学院博士生导师李睦教授线上辅导。新会一中还分两批把150名优秀学生送到湖南师范大学封闭培训。

　　新会区还与清华大学主办的海峡研究院合作，开展高三教师全学科的全员培训、高三骨干教师培训。2023年6月12-17日，新会区2023届高三教师"启明星工程"第一批骨干教师45人在北京培训顺利完成，受培训教师开阔了学科教学知识视野，提升了教学技能水平，教师专业发展行稳致远。7月10日，由清华附中教育基金会、曾宪备慈善基金支持的"甫智方舟"暑期实践活动新会段见面会在新会一中举行。来自清华附中、香港东华三院、香港少年警讯的120名高中生，以及新会一中、葵城中学、梁启超纪念中学的80名学生代表齐聚新会，在清华大学大学生队长的带领下，开展支教活动和研学交流。

　　高考成绩公布，新会学生优异的表现引起了清华大学和北京大学的热情关注，清华大学及北京大学相关同志先后到新会区做调研，与师生交流，对新会区致力为国家培养拔尖科技创新人才的办学情怀以及先进的人才培育模式表示高度认可，并对新会区今年高考取得的优异成绩给予充分肯定。

五育并举

全面发展基础厚实

　　党的二十大报告指出，"育人的根本在于立德。要全面贯彻党的教育方针，落实立德树人根本任务，培养德智体美劳全面发展的社会主义建设者和接班人"。我区重视"五育并举"工作，并以"双棋竞赛"和"武术进校园"为推手，抓实抓细，极力推动"五育并举"工作。

在体育方面，新会区落实了《国家学生体质健康标准》，开展学校特色体育项目，14所学校（幼儿园）被评为"全国足球特色学校"，5所幼儿园被评为"市足球特色幼儿园"，4所学校被评为"全国青少年校园篮球特色学校"，3所学校被评为"广东省校园篮球推广学校"，1所学校被评为"广东省校园排球推广学校"。

在美育方面，全区学校开足上好美育课程，同时结合新会葵艺、新会陈皮、新会小冈香、新会鱼灯、茅龙笔等本地文化品牌，积极设立艺术特色课程，现已创建省级艺术特色学校8间、广东省中小学中华优秀传统文化传承学校5间、市级艺术特色学校15间。在劳动方面，全区学校开展"人人爱劳动 一起向未来"劳动教育周活动，以主题班会、集体劳动、劳动教育成果展示、评选劳动能手等形式深入推进"六个一"活动，选树了2个省级劳动教育示范基地，4个市级劳动教育示范校，评选了一批具有新会特色的劳动教育课程。在心理健康方面，积极推动心理健康教育软硬件建设，实现全区学校配备最少1名专职或兼职心理教师，落实每年2次对学生重点人员的心理排查，建立"一人一档"，帮助学生疏导情绪，解决心理问题。"五育并举"使全区的教育发展更为灵动。近3年来，艺术类学生考上本科的学生有1044人。其中，霍幸芳同学以全国第1名的成绩入围云南艺术学院，刘创同学以250分的艺考成绩获得舞蹈编导系广东省第2名，滕菲同学以广东省第1名、全国第18名的成绩入围苏州大学，谭采恩同学音乐学类合成总分557位列全省第106名，张子涛同学在星海音乐学院的音乐校考中位列广东省第2名，陈昱锟同学被中央民族大学舞蹈学院录取，何泯江被中央美术学院录取，黎芷晴同学被中国美术学院录取，为新会区的教育增添了艺术的亮色。

首善之区
城乡教育均衡切实

近年来，新会区委、区政府紧紧围绕新时代教育发展改革，以"首善之区"高位谋划新会教育高质量发展，继续把发展教育事业作为全区经济社会发展的全局性和先导性工程，以办好让人民满意的教育事业为落脚点，以粤港澳大湾区建设为契机，全力推进义务教育优质均衡发展区创建工作。

2021年8月新会区人民政府出台了《新会区基础教育高质量发展行动实施方案（2021—2025）》，以"加强教师队伍建设、增加公办优质学位供给和健全教育管理机制"三大目标为导向，实施优质学位供给、乡村教育振兴、教学环境改善、教学质量提升、人才引育强师、卓越校长领航、思政教育创新、教育管理提效、结对帮扶共进、素质教育深化等十大工程，系统推进基础教育高质量发

展。全区教育集团化办学采取优质品牌学校领衔的方式，成立了15个教育集团，覆盖全区65所学校。成员学校一共有50所，其中农村学校30所，占成员学校的60%。圭峰小学教育集团、新会一中教育集团先后成功入选广东省教育厅省级优质基础教育集团培养对象。同时，实施卓越校长领航工程，推动校长专业化发展，培养了一批理解教育、研究教育、实践教育、创新教育的高水平校长团队。

　　在2023年的高考拔尖学生中，除了实验小学、圭峰小学、尚雅学校、平山小学、红卫小学等优质品牌学校的毕业生，也有会城西园小学、会城河南小学、会城城西小学、会城潭冲小学、会城南宁小学、会城南园小学等小学，还有黄克兢博士学校、睦洲新沙小学、司前白庙小学等乡镇小学的毕业生。这是新会教育城乡均衡优质发展的有力体现。

强师赋能
理念更新培训真实

新会积极贯彻落实省、市、区新强师工程，通过"导师制""名师制""进阶制"等方式，培育新会名校长、名教师、名班主任团队，打造"三名"工程，努力搭建教师专业成长平台。每年组织教师培训40000多人次，开展如高校研修、异校跟岗、自我实践、提升素养的高端培训，根据教育发展热点问题而开展的主题培训，提炼科研成果定期考核的课题实验培训等。在培训中，新会区实施"三研""四学""六课""四训"行动，大力提升教师的专业基本功底："三研"（常规教研、主题教研、课题研究）是基础，"四学"（学课标、学教材、学理论、学网络技术）是根本，"六课"（练兵课、常态课、汇报课、示范课、竞赛课、同课异构）为要点，"四训"（走出去培训、请进来培训、校本培训、师徒结对的帮扶培训）。为强化高考备考，新会区还实施专项培训活动，组织我区所有高中学校全体高三教师参加由北京学科名师主讲的5天封闭式培训；开展"启明星工程"骨干教师高级研修班，遴选符合条件的9大学科青年教师，每学科5人，共45人，按照学科分类建立高级研修班，每个班由1～2位来自北京的学科专家担任班主任和主讲教师，结合高考备考开展不少于30个专题的研修；聘请学科名师对我区高三优秀学生进行有针对性的辅导，使培优工作更有实效性。2023年教师参加各级比赛获奖804人次，其中省级11人次、市级764人次、区级29人次；学生参加各级比赛获奖4396人次，其中国家级14人次、省级267人次、市级4034人次、区级81人次。

机制创新
教研服务工作扎实

在推进教育现代化过程中，新会教育化解教育高位发展难题，联通省、市、区、校四级教研机构，聚焦"质量提升"核心目标，以"一核四柱八维"建设路径，强化质量提升推进策略、实施方法、学习内容、培训模式、组织管理和评价机制等，更加突出服务学校、教师、学生、教育管理决策的主题主线。在实践中，新会多元主体协同联动，实施"头雁引领""五育并举""监测增效""固源提质""补薄强基""强师兴教""智慧课堂""特色办学"等八大工程，系统开展提质工程。同时，以课堂教学的重点，围绕学科核心素养，教研工作聚焦学情研判、课堂结构改革，确定学习目标，注重技术与教学深度融合，实施"深度学习·思维课堂"的课堂评价标准等，提升课堂教学改革的专业品质，实践"一标五环"（"确定目标—自主构建—展示交流—重点探究—归纳评价"）高效课堂教学模式。

区教师发展中心与新会一中、江门广雅中学、葵城中学、新会华侨中学、陈经纶中学、梁启超纪念中学、创新中学和圭峰小学等联合组织教学开放日活动，积极推广新会一中基于情景、问题导向的"互动·启发·探究·体验"课堂教学模式，江门广雅中学的"先思后导，先练后讲，当堂检测，当堂点评"模式，新会华侨中学注重有效学习小组构建的"自主学习—合作交流—展示点评—整理反思"四环节流程模式，陈经纶中学"导思维、少而精、小步走"教学策略，东方红中学的"小组+学对"和"练、评、讲"学习模式，梁启超纪念中学"定目标、结对子、勤问诊"辅导三模式，创新初中的"小组合作学习"模式，以及圭峰小学体现"开放·活力·高效"三特色和"特色初学感知、自学展示、合作探究、共学解疑、达标测评"模块的"三五式"高品质课堂模式教学实践成果，成效显著。

精细管理
教学备考过程充实

新会教育始终坚持全区一盘棋，统筹做好教学和备考工作，营造上下一心抓教学的良好氛围。各高中加强校际间联动，组建高考备考核心团队，科学制定备考方案，精准落实备考措施，实现优势互补，切实提升备考实效。

在复习备考过程中，区教师发展中心组织新会一中、江门广雅中学、新会华侨中学、陈经纶中学等学校的骨干教师定期举办复习课展示和备考策略讲座，从新课程标准入手，聚焦高考考点，立足高考真题，以"微专题"的形式复习，着力方法汇总、技巧提炼，深度剖析学科核心素养导向下的学科必备知识、关键能力的考查方式，努力实现"依标教学""教考衔接""发展素养"，提高备考针对性和实效性。

各高中学校结合实际开展备考工作。新会一中实施"导师制"和个性化小班辅导，为尖子生量身定制拔高资料和学法指导，强化高考压轴题针对性训练和变式训练；江门广雅中学紧盯住清北苗子生，在课堂上让学生主讲，教师负责进行细节修正和方法归纳，培养学生总结出"通式通法"及使用基本原理来解决问题；新会华侨中学科学规划，细化管理，根据各科高考重点、热点及学生复习中出现的问题进行整合训练，引导学生自己总结、归纳、整理方法；陈经纶中学制定"80天冲顶计划"，抓住备考心脉，实施精细化备考策略、一对一跟踪辅导、重锤专攻临界生。东方红中学、梁启超纪念中学、新会四中、李文达中学、陈瑞祺中学、新会二中、会城华侨中学等学校结合学校实际，各出其策，聚精会神，齐抓高效备考。

深度学习

思维课堂名副其实

深度学习是指向信息整合能力、批判性思维、创造性思维等高阶思维不断得到建构和发展的学习。学校和教师需要转变"学习即知识获得"的传统观念，系统改进教学和学习生态，使学习进入学生的心灵深处和知识内核。

新会一中和江门广雅中学作为我区公办学校和民办学校的杰出代表，以日常课堂高效教学策略改进为抓手，以发展学生核心素养为指向，进一步改善教与学关系，建构"深度学习·思维课堂"的基本模式和学科变式，发展学生学习品质，提升学生批判性思维、创造性思维和问题解决的能力。

新会一中课堂教学突出学科属性特点，改进教学策略，指向深度思维和高效课堂，提炼了各具特色的学科教学基本范式，其核心是：教师——创设问题情境、提供探究内容、指导学生探究；学生——自主学习、探究学习、合作学习。教学要求学习目标与内容、学习活动与指导、学习评价与作业、学习反思与改进、学习环境与资源等五方面的整合，以实现学生学习和思维提升的整体优化。

江门广雅中学通过推门听课、示范课、汇报课、公开课及评课活动，并以新授课、复习课、讲评课和专题课"四课"的研讨为抓手，研究备课设计、分层教学设计、分层训练设计和高效课堂教学方法，深层次理解和领会学校课堂教学"先思后导，先练后讲，当堂检测，当堂点评"方针和"四种课型"的要求和内涵，围绕学科核心素养，聚焦学情研判、课堂结构改革、技术与教学深度融合、"深度学习·思维课堂"的课堂评价标准等，以提升课堂教学的思维深度和专业品质。

在千年冈州文化的浸润下，我区基础教育扎实有序实施，教科研经验总结成果《"一核四柱八维"促基础教育提质》《打造"教科研训"一体化的教师发展中心》《新会区教研基地"六维一体"促质量提升》《多措并举促普通高中优质发展》《破解教师实现专业化发展密码》《聚焦"质量提升"核心目标，打造教师专业成长优质平台》分别发表在《广东教学报》《教育管理》《教学研究与管理》《江门日报》《新会侨报》等报刊和"学习强国""光明教育家""江门日报微信""新会发布""相约新会"等国家、省、市、区级媒体网络平台。

以乡邑名人资源化育学生心灵

广东省江门市新会区教师发展中心　何勇涛
2018年9月10日

江门新会物华天宝，人杰地灵。陈白沙、梁启超、陈垣、梁思成、梁思礼、刘德华、谭咏麟、李克勤、容祖儿等等名人明星，灿若群星，星光闪耀。为让中小学生认识本地区的名人，了解名人故事，树立榜样作用，传达正能量，我们在全区中小学校中，大力开展名人故事进课堂活动，让中小学生从小受到熏陶教育，获得丰富的生命情感体验，从而滋养化育心灵，培养学生热爱家国的情怀。

一、开发校本教材，让名人形象进入学生头脑

江门市新会区历史文化底蕴深厚。从物质文化角度看，有著名的新会圭峰山国家森林公园、小鸟天堂风景区、古兜山风景区、银洲湖湿地公园等自然景观，有名扬中外的新会葵扇、新会陈皮等地方特产，有体现着改革开放丰硕成果的道路、桥梁、民居、工业园、农业生产基地等建设；从人文精神层面看，有被称为"新会文人三泰斗"的著名历史人物陈白沙故居、梁启超故居、陈垣故居，有新会学宫（又名文庙、孔庙）、新会崖门古战场、国母殿、崖门炮台等历史遗迹，有黄云山革命烈士纪念碑、周恩来纪念馆、博物馆、敬老院等传承着爱国主义精神和民族传统美德的建筑。

新会区这些丰厚资源，无论从物质文化角度或是从人文精神层面分析，都具有深厚的文化底蕴，都以其丰富的内容及多样的形式，滋润着新会人民群众的精神世界，丰富着新会人民群众的劳动生活，同时也凝聚并反映着新会人民群众的智慧和情感。在实践中，我们积极探索将丰富多彩的乡土资源与侨乡独有的人文精神融入教育之中，加强校本课程的开发，特别注重把新会本土名人故事转化成化育学生心灵的活水源头。在新会教研室的指导下，新会一中、新会华侨中学、陈瑞祺中学、陈经纶中学、梁启超纪念中学、李文达中学、葵城中学等学校相继

编写出版了《陈白沙选读》《梁启超诗词选读》《新会华侨华人史话》《新会华侨50年的足迹》《陈瑞祺先生》《陈经纶先生》《走近梁启超》《七堡五子》等等校本教材，对名人的爱国、经济和教育等思想进行梳理、阐述与宣传推广，让名人进入学生的头脑，使学生从名人先贤们传奇的事迹中吸取丰富的精神营养，充实他们的精神世界。

新会是近代著名爱国主义者、思想家、政治家梁启超先生的故乡。梁启超出生在新会熊子乡茶坑村，12岁时离开家乡，到广州求学。家乡朴实醇厚的民风，兴文重教的学风，特别是崖山古战场等历史遗迹所代表的忠勇爱国之风，在少年梁启超心中生根发芽，对他的人格塑造与人生经历，产生巨大影响。由此可见，让青少年从小得到优秀乡邦文化的浸润，感受杰出乡贤榜样的力量，必要性多么强烈。2018年是梁启超先生诞辰145周年，我们又和国家图书馆一起出版了乡土教材《梁启超，永远的少年》一书，全区师生人手一册，重点介绍梁启超先生追求救国救民、富民强国的思想、精神与事迹，宣传爱国强国实现"中国梦"，激励学生奋然前行。

二、结合校本课程，让名人事迹滋润学生心灵

充分发挥借助乡邑人文资源编写的校本教材所特有的教育功能以化育学生的心灵，是一条十分有效的途径。"新会文人三泰斗"陈白沙、梁启超和陈垣的成长轨迹、新会崖门古战场、国母殿及崖门炮台所反映的民族气节、新会人民英勇抵御外敌的故事、周恩来纪念馆所蕴涵的老一辈革命家的爱国爱民情怀、新会华侨名人的创业奋斗和家国情怀等等人文资源为我们的校本课程开设提供了丰富的素材来源。

作为全国著名的侨乡，新会的华侨文化培育出冯平山、陈瑞祺、冯秉芬、陈经纶、黄克兢、崔德祺等历史名人，华侨文化教育成为新会区学校校本课程和德育教育的重要资源。新会区中小学结合校本课程开展名人专题活动，以各种形式学习、交流、宣传和展示名人资源。如新会一中每年邀请名人校友回校给学生作专题讲座，弘扬中华传统文化和家国情怀。陈经纶中学经常邀请陈经纶先生和华侨名人给师生讲艰苦创业的故事。新会梁华济学校开设校本课程，组织学生认真阅读《儒商雅事——爱国实业家梁华济博士传略》，加强对梁华济先生爱国爱乡情怀的了解。新会华侨中学利用《新会华侨华人史话》和《新会华侨五十年的足迹》，图文并茂地介绍了华侨捐资建校的历史，并结合新会侨中历史，详细记录

了华侨华人爱国爱乡、自强不息的事迹，开展校本特色教育，在校园内形成了浓厚的爱国氛围，使学生滋养心灵，从中提高社会人生认知水平，增强责任意识能力，进而逐渐形成高尚的人文情操。

李铁夫、罗工柳、冯钢百、司徒乔、王少陵等乡邑先辈漂洋过海，或学习或考察，把西方先进的教育理念带回国，教学沿用西方体制模式，开创新局面。尤其是绘画艺术，中西结合，让人耳目一新，许多作品成为我国当代艺术作品的典范之作，其教育和绘画作品直接影响我国美术风格新变化。我区老师在上《历史不会忘记他们》和《走进美术馆》的内容时，把他们的事迹及作品通过PPT介绍给学生，让他们感受到本土美术先辈们的辉煌和乡情文化的魅力，既亲切，又深刻，很好地提升了学生们的自豪感和学习动力。在这些活动中，教研室参与策划，指导备课，听课评课，总结经验，提出改进意见，为学校名人校本课程的开设提供了良好的智囊参谋作用。

三、凝炼校园文化，让名人精神融入学生血液

校园文化是以学生为主体，以校园为主要空间，并涵盖学校领导、教职工，以育人为主要导向，以精神文化、环境文化、行为文化和制度文化建设等为主要内容，以校园精神、文明为主要特征的一种群体文化。而从更高层面上来说，校园文化是一种信仰，是全校师生历经数年甚至数十年实践积累而形成共同信仰的行为文化，可以说，校园文化建设是长期积累、传承和创新的过程。

"启迪思想，超越梦想"是新会教育的理念，特点鲜明，既有梁启超的自强精神，又有切合现实的意义。新会的校园文化更多地融入了乡邑名人的元素，因而形成了内涵丰富、思想深刻、更具特色的校园文化。如新会一中树立中国科学院资深院士陈国达雕塑，鼓励学生格物致知、利用厚生；华侨中学的校园文化主题是名人黄球题写的，"体健第一，品德至上"饱含哲理，引人深思；梁启超纪念中学的梁启超主题文化精致典雅，处处都见梁启超；茶坑学校建设梁启超主题宣传栏，让师生"走近梁启超、学习梁启超"，负起"君子人者"的责任。黄克兢"人无我有，人有我转"和"爱众亲仁"的经纶世务精神已经化为黄克兢学校师生创新奋发、乐学笃行的强大动力。陈瑞祺先生的名言"邦乡乃家之源，富贵不可忘之"是陈瑞祺中学校园文化的核心，成为学生报效家国的不竭动力；陈经纶自1946年开始研究"道字"，结合现代计算机技术，并将这种新字更名为"陈氏中国拼音字"，其祖孙三代创造、发明、完善、推行这种新字，足足百年，为

汉字拼音化和陈经纶中学的校园文化谱写了一曲感动世人的赞歌……这些经过凝炼的校园文化已经深深地刻在学生的头脑里，流淌在学生的血液里。

"少年强则中国强。"利用五邑侨乡丰富的名人资源，加深学生对历史名人和身边楷模的认识和了解，感受榜样的力量，丰富心灵的情感，传承中华美德，弘扬核心价值观，激励学生立德树人，为国家发愤图强，为成长增厚美德，容载万物，求真求善，与时俱进。这既是时代的要求，也是新会中小学校正在探索和实践的新成果。

学校的精神文化其实就是学校文化的价值观念体系。名人资源的利用拓展了新会的教育资源，学校教育融入了更多的乡邑榜样元素。新会校园文化的底蕴在创新中不断博大精深，形成了具有侨乡特色标志的校园文化，大大提高了学校竞争的核心力和发展的内驱力。

（本文发表于《教育管理》2018年第9期）

用侨乡优秀传统文化培育学生的实践能力

广东省江门市新会区教师发展中心　何勇涛
2020 年 8 月 20 日

新会传统文化深厚的底蕴散发着民族文化迷人的芳香，具有深远的价值和影响。新会区教育系统历来重视对新会优秀传统文化的传承，借鉴新会传统文化的精髓，不断挖掘、整合、提炼实施素质教育所需要的素材，不断推进新会传统文化中蕴含的教育资源与学校教育相结合，从优秀传统文化中吸收丰富资源，培养学生良好品德行为，提升传统文化的育人价值，激励学生爱国爱乡、奋发图强。

一、以梁启超的深刻思想启迪学生的家国情怀

新会是近代著名爱国主义者、思想家、政治家梁启超先生的故乡。梁启超一生都满怀赤子少年心，苦苦追寻着关于救国与强民、自由与法制、东方与西方、教育与学术、家庭与社会等话题。从"数千年未有之大变局"，到"中华民族伟大复兴"，这些震撼与启迪，不仅属于历史，更应该属于，也必然属于今天和未来。梁启超还是个好爸爸、好导师，培养了众多品学兼优的子女和学生。他那些关于读书方法、兴趣培养、专业选择、性格塑造的言论，毫不受时间与空间的影响，对今天每个青少年的成长都大有益处。

2018 年 8 月，我们与国家图书馆专家以师生喜闻乐见、形象生动的方式出版了一部向青少年普及梁启超生平思想和家风教育的课外读物——《梁启超：永远的少年》，首印 12 万本已发至全区师生学习。全书以"生平、变法、爱国、治学、家风"为主题，分为五个单元，收录有梁启超先生诗文家书近 20 篇，包括《爱国歌四章》《少年中国说》《水调歌头·甲午》。《梁启超：永远的少年》一书的编写注重思想性，贴近时代要求，与党的十九大精神和新课标要求保持一致，充分发挥育人功能。同时，本书注重生动性，版面设计图文并茂，语言表达通俗易懂，满足从小学到高中学生的阅读需求；注重文学性，能给学生带来美的感受与

熏陶，启迪学生核心素养的培育。

目前，我区学校已相继组织学生进行阅读，让我区中小学生能以此养志，进一步树立爱祖国、爱家乡、爱先贤的文化自信心与自豪感，并通过"小手拉大手"的形式，增强与家长、亲朋的互动交流，让梁启超文化、梁启超精神在家乡乃至全国生生不息、发扬光大。

二、以侨乡名人的乡邦精神丰富学生的情感体验

江门新会物华天宝，人杰地灵。陈白沙、梁启超、陈垣、梁思成、梁思礼、刘德华、谭咏麟、李克勤、容祖儿等等名人明星，灿若群星，星光闪耀。为让中小学生认识本地区的名人，了解名人故事，树立榜样作用，传达正能量，我们在全区中小学校中，大力开展名人故事进课堂活动，让中小学生从小受到熏陶教育，获得丰富的生命情感体验，从而滋养化育心灵，丰富学生热爱家国的情感体验。

在实践中，我们积极探索将丰富的本土传统文化融入教育之中，探索校本课程的开发。如新会一中编写出版了《梁启超诗词选读》，新会华侨中学编写出版了《五十年的足迹》和《新会华侨华人史话》，新会陈瑞祺中学编写出版了《陈瑞祺先生》，新会陈经纶中学编写出版了《陈经纶先生》，新会梁启超纪念中学编写出版了《走近梁启超》，新会李文达中学编写出版了《七保五子》，新会葵城中学编写出版了《陈白沙选读》、崖门黄冲小学编写出版了《蔡李佛武术基础》等校本教材，并进行普及与推广，安排课时让学生阅读、学习，使之与日常教学相结合。这些校本教材通俗易懂，令学生们感觉很亲切，在课堂教学中大受欢迎。

同时，我区每校都设有"道德讲堂"，特邀本地文史研究专家、民俗文化研究专家、资深侨务工作者、名教师到学校开展专项讲座，如邀请梁启超家风研究专家李红卫到创新中学讲学，讲述梁启超家风对子女的影响；邀请"罗坑镇的一本活历史书"下沙村退休老师林锡庆到学校开展德育讲座，给同学们讲罗坑镇历史故事；邀请区文化馆馆长到学校讲"新宁铁路"的故事等，增强学生对家乡的认识，激发学生的爱乡热情。

三、以非遗课程的技能传授激发学生的传承热情

新会，有着1600多年历史，是广东省历史文化名城，文化底蕴深厚，源远流长。非物质文化遗产，是一个地方的历史印迹，无论岁月变迁、沧海桑田，人

们都把这些历史的馈赠、先人的智慧流传下来，这也是地方的骄傲。自2005年以来，经过多年的发掘、整理、申报，目前，新会区共有23个项目入选区级非物质文化遗产保护名录。其中有新会葵艺、蔡李佛拳、白沙茅龙笔制作技艺国家级非物质文化遗产代表性项目3个；有新会陈皮制作技艺、新会古典家具制作技艺、小冈香制作技艺等省级非物质文化遗产代表性项目5个；有新会鱼灯等市级非物质文化遗产代表性项目10个；有沙堆狮艺等区级非物质文化遗产代表性项目15个。

我们十分注重新会传统文化的传承，深挖乡土资源，推进传统文化进校园、进课堂活动，邀请民间艺人、非物质文化遗产传承人担任辅导老师，先后在新会葵城中学设立新会鱼灯传承基地；新会圭峰小学设立茅龙笔传承基地；新会高级技工学校设立新会葵艺传承、培训、推广基地；崖门镇黄冲小学设立蔡李佛拳传承基地；大鳌中学设立大鳌咸水歌传承基地；司前镇石步小学设立司前金龙传承基地等，逐渐形成了"一校一品"或"一校多品"的教育特色。2020年1月，广东省教育厅公布"首批广东省中小学中华优秀传统文化传承学校"名单，在整个江门地区，仅有新会区3所学校被评为首批广东省中小学中华优秀传统文化传承学校，分别是新会高级技工学校的葵艺（国家级非遗项目）、新会崖门镇黄冲小学的蔡李佛武术（发源地特色）、新会葵城中学的新会鱼灯（市级非遗项目）。在传承的过程中，有效引导学生与新会传统文化相遇，与素质教育相遇，让学生做新会传统文化的传承者。

为进一步传承与传播本土非遗项目，在青少年中根植非遗保护与传承意识，挖掘和培养非遗项目传承人，我们加大对非遗项目传承工作的力度。如新会高级技工学校开设"工艺美术与葵艺"专业。目前，该专业已制定课程标准，建立葵工艺品制作工专项技能鉴定工作题库，编写了葵艺校本教材，提高年轻一代对保护和传承非物质文化遗产的认识，培养年轻一代对传统文化的继承精神和继承观念。新会高级技工学校多届葵艺班学生留校任教。目前，该专业已建设一支高素质师资队伍，为新会区培育葵艺技术人才奠定了坚实的师资基础。

近年来，新会区各中小学依托丰富的资源，在挖掘、保护、传承新会传统文化方面取得了显著成效，从而引导、激励青少年学生继承和弘扬中华优秀传统文化，培养高尚个人品德，主动践行社会主义核心价值观。

（本文发表于《广东教学报》2020年9月25日第3493期）

深化对口协同教研　促进教育平衡发展

——新台教研基地跨区域联盟大教研

广东省江门市新会区教师发展中心　何勇涛

2023年4月5日

为加强新会—台山跨区域教研联盟协同工作，共建广东省级教研基地，共研基础教育质量提升，共促区域教育平衡发展，落实中共新会区委办公室关于推动江门东西部区域平衡发展的意见，新会区教师发展中心、新会圭峰小学、新会会城红卫小学于2023年3月27日至31日到台山，分别与台山市教师发展中心、台

山市第一中学、台山市李谭更开纪念中学、台山市新宁小学、台山市白沙镇中心小学、台山市赤溪镇中心学校、台山市斗山镇中心小学、台山市都斛镇中心小学、台山市李星衢纪念学校等学校开展跨区域联盟大教研活动，收到了良好的效果。

分享基地建设成果，加强科研深度合作

新会区教师发展中心教研员和广东省基础教育新会教研基地骨干成员一行受到了台山市教师发展中心热情的接待。新会区和台山市都是省基础教育首批教研基地，进一步统一认识，交流新台做法和经验，分享基地建设成果，加强科研深度合作，推进基地项目建设顺利进行是此行的重要研讨内容。

　　台山市教师发展中心自成立以来，致力于探索教研、培训、科研、信息"四位一体"的新型教师研训工作模式，全面提升教师核心素养和教研水平，助力教师专业成长，是江门市首批县级教师发展中心。在交流中，台山市教研基地负责人、台山市教师发展中心刘一柱主任做了《构建新时代县域教研体系，促进教育

优质均衡发展》专题讲座，从项目概况、建设措施、建设成效、建设保障、下一步工作计划等方面，介绍了台山市教研基地的建设情况，充分展示了台山市教研基地"四位一体"优化教研机制、"一核双驱"教研平台、"TS"教研文化、"四类教研"效能、"五阶成长"赋能的基地建设新成果。

　　新会区教研基地聚焦"质量提升"这一核心目标，以"一核、四柱、八维"（质量核心，教科研训四大基柱，八个提质行动维度）的项目建设路径，创新基础教育提质模式，促进基础教育持续、健康、优质发展，系统推进新会教研基地建设。新会基地项目组负责人、新会区教师发展中心何勇涛主任做了《"一核四

柱八维"教研机制实践》主题分享，从基地建设目标、路径设计、策略方法、过程管理、建设成效、下一步行动计划等方面作了汇报交流，阐述了新会项目组在教研机制创新、课堂教学研究、师资队伍建设、学生能力发展等方面的探索实践和助推教学质量提升等教科研方面所取得的成效。

交流教研工作经验，推进中心工作优化

　　新台两地教研员之间、教师之间平常已有不少交流，借新台跨区域合作的东风，两地教师发展中心加强合作，把原有的碎片化的教研交流形成制度化，建立

学科教研员结对交流制度，加强对教育理念、课标解读、课堂教学、教育科研、两考备考、教学比武等学科之间的教研交流探讨。

在研讨中，台山市教师发展中心物理教研员万耀辉做了《格"物"晓"理"，研路同行》主题交流，从"依两大平台"破解教研困境、靠"三磨两展"提升教研品质、借"BOPPPS"形成教学模式、融"信息技术辅助教学评价等方面介绍中学物理教研工作经验；心理健康教研员张鹏英做了《一体两翼，助力师生心理健康》经验交流，从"以发展性心理健康教育为主体，以心理教师专业工作室、一中心八服务站为两翼"等方面介绍台山市心理健康教育工作实践。两位教研员都非常年轻，但教研工作有思想、有办法、敢实践，成效突出。

新会区教师发展中心中学语文教研员陈国恩做了《中学语文教研工作经验交流》，从高中语文教师到语文备课组长、从语文备课组长到语文科组长、从高中语文科组长到中学语文教研员的成长工作经验和服务教育教学、服务教师专业成长、服务学生全面发展、服务教育管理决策等方面介绍自己语文教研工作经验；化学教研员李胜源作了《搭建化学教师专业提升平台》主题报告，从加强研修学习、强化阅读思考、开展课题研究、搭建读书分享平台、搭建学习展示平台、搭建名师指导平台、搭建写作平台等方面介绍了自己开展区级名师工作室的工作经验。两人的教研和名师工作室经验得到大家的认同，引发了大家的共鸣。

同时，两地教研员和基地骨干教师还围绕探索学科育人途径、落实双减政策、完善研修体系、提升队伍素质、做实常态教研、创新研培模式等教研重点工作分享本区域的行动举措和实效亮点，也交流2023年教研工作的设想或计划，共享教研之成果，激扬思维之火花。

学习校本教研开展，加强学校科研管理

台山一中是广东省教师校本研修示范校，同时有4个省级课题、2个江门深化课程教学改革行动实验项目，以及广东省中小学教师信息技术应用能力提升工程2.0示范校项目在开展研究。了解台山一中校本教研活动开展情况是我们此行又一重要学习内容。

台山一中始终坚持以学生发展为中心，以课程改革为动力，以高效课堂为重点，深入开展教学研究，深化课程改革，优化育人体系，办学成果显著。作为学校的领头羊，广东省名校长工作室主持人、台山一中校长容晓文应邀为交流团作了《创新校本研修 沉淀育人智慧》专题报告，从创设架构、搭配人员、改善设备、构建平台、监督评价等方面，介绍了校本研修的校长思路与实践思路，充分展示了台山一中在学校管理和校本研修中取得的新成果。

广东省特级教师、物理正高级教师、台山一中副校长吴洪文为交流团作了《核心素养视域下创新人才校本育人机制的探索》课题成果汇报，从研究背景、应用价值、创新人才的基本素质、影响创新人才培养的主要因素和校本育人机制的实施等方面毫无保留地介绍了台山一中丰富多彩和卓有成效的校本育人实践。

深入学校课堂观课，促进优质课堂共建

聚焦于新课程新教材背景下的深度思维课堂教学研究，让我们走进台山一中、台山新宁小学，和老师们一起共建优质课堂。

在台山一中，执教的教师有高二年级的吕凤霞老师语文课《石钟山记》、张翠萍老师物理课《波的干涉》、刘月文老师化学课《烷烃的系统命名》、马昭君老师地理课《资源环境与国家安全》，高一年级的方晓霞老师高一政治课《法治国家》、井志华老师历史课《全球视域下的工业革命》……在台山新宁小学，执教的教师有一年级语文课《和大人一起读》、二年级美术课《我的老师》、三年级高宝英老师英语课《Unit 4 Fruit sounds and words》、五年级余丽娜数学课《分数的意义》、六年级蒋洁茹老师科学课《能量的转换》……在教学活动中，教师们认真钻研新课标和新教材，精心设计导学稿，优化现代媒体支持，灵活运用多种方法，引导学生参与课堂学习，强化思维引领和交流互动，充分体现了"灵动多元"的教学实践……一节节高效、高质的教学研讨课让教研员和老师们收获满满。

教学是实践，教研是思考。在课后评课交流中，新会和台山两地教研员充分肯定了两地跨区域的教研交流活动。台山区的教师们针对自己的课堂教学，从教学目标的达成、学科素养的落实、教学重难点的突破、教学方法的运用、存在的不足等方面进行了反思。新会区的教研员们则紧扣课程标准、关键能力、学科素养等要素，从教学目标、教学设计、教学方法、教学过程、教学效果等方面进行评课，肯定教师在教学过程中的亮点，同时也提出了改进的建议。活动升华教育思想，促进专业成长，可谓是研有所得，研有实效，真正实现了资源共享、智慧分享和优质课堂共建。

强化名师专业示范，助力教师素养提升

名师成长的过程，是一个追求教育理想和教育情怀，逐步迈向崇高的过程。名师发展的路径，见自我，见天地，见众生。

3月29日下午，新会区教师发展中心中学英语教研员、江门市名师工作室主持人李玉挽带队与李谭更开纪念中学初中英语科组开展了同课异构活动。授课者分别是工作室学员艾希茜老师和李谭更开纪念中学的曾雨老师，课题是《Could you tell me how to get to the National Stadium》(七年级下册Module6 Unit1)。之后，工作室学员陈嫦娟老师做题为《中考词汇如何有效复习》的专题讲座。最后，在李玉挽名师的主持下，老师们开展了评课和中考备考经验交流。

3月30日上午，李玉挽名师工作室与李谭更开纪念中学高中英语科组开展高中教学和高考备考研讨活动。工作室学员薛肖玲老师执教《应用文写作》的示范课。之后，工作室助手刘永芳老师作了《浅谈2023届高三英语备考》的专题讲座。最后，在李玉挽名师的主持下，老师们进行了评课和高考备考经验交流活动。

这次教研活动为李玉挽名师工作室和李谭更开纪念中学英语科组的老师们搭建了一个很好的互相学习、共同进步的交流平台。新会和台山两地的骨干教师积极参与活动，在研讨过程中，紧紧围绕活动主题，畅所欲言，各抒己见，很好地达到了互学互鉴同进步目的，充分发挥了新会名师的指导、示范、引领、辐射作用，有效力促新会和台山两地优秀骨干教师课堂教学和研究能力的提升。

开展学术专题讲座，引领学生智慧成长

教育家杜威说："生长是能力的拓展"。高质量发展的核心是育人。培养创新拔尖人才更是新会和台山两地教师发展中心教研工作的重中之重。

3月30日下午，特级教师、正高级教师、新会区教师发展中心主任何勇涛应邀在马兰芳礼堂面对台山一中高二年级1000多名学生和台山一中教育集团语文教师主讲专题讲座《登临人生制高点的智慧与准备》。

何勇涛主任的讲座从关于智慧和人生制高点的理解出发，内容有关于智慧的理解、什么是人生制高点、登临人生制高点的凭借、学生如何准备、强化深度思维训练、在实践中修炼、把握人生制高点的个人实践等等，并引用了汉武帝、司马迁、苏轼、毛泽东、巴金、丁玲、荷马、列夫·托尔斯泰、玛利娅·蒙台梭利、马斯洛、罗杰斯、《一曲难忘》、《李尔王》、《红楼梦》、《边城》、《写文章的秘诀》等古今中外大量的名人名作典例，启发学生在成长的过程要智慧地选准自身实践提升的路径，培养支撑终身发展、适应时代要求的关键能力，不断攻克成长过程中的难关，展现出新时代青年学生的自信风采和责任担当，引发了参会师生的共鸣。

加强集团办学交流，推动新台协同发展

3月27日下午，会城红卫小学到台山市赤溪镇中心学校、台山市斗山镇中心小学、台山市都斛镇中心小学开展交流活动。参加这次交流活动的人员有新会区教师发展中心副主任李发开、台山市教师发展中心教研员伟锋、会城中小学校长助理林景锚、会城红卫小学校长梁荣照、各校行

政班子和骨干教师等。会城红卫小学和台山各校开展校本研修示范学校结对活动，建立校本研修示范学校与受援学校协同发展，推动教师校本研修规范化和科学化，提升校本研修质量，推动基础教育高质量发展。

3月31日上午，由集团领衔校圭峰小学冯家传校长组织圭峰小学骨干教师到集团校台山市白沙镇中心小学开展名师大讲堂暨广东省基础教育校（园）本教研基地项目研讨活动。新会圭峰小学的名师同仁们分别在台山各校开展课例展示、专题讲座、经验交流等活动。广东省冯家传名校长工作室、广东省胡务娟名教师工作室、台山市黄春慈名教师工作室全体成员、台山市白沙镇中心小学骨干教师参加了活动。

新会台山两地学校通过开展校本研修示范学校结对活动，建立校本研修示范学校与受援学校协同发展，推动教师校本研修规范化和科学化、提升校本研修质量，推动基础教育高质量发展。

新会区和台山市教师发展中心负责人在活动中表示，将全力贯彻落实江门东西部区域教育平衡发展工作部署，以新会—台山跨区域教研联盟为有力抓手，进一步深化两地教科研合作，实现教育的共同提升和共同发展。

新会区教研基地跨区域教研帮扶行动

——新会区教研员赴广西崇左市宁明县教研帮扶行动

广东省江门市新会区教师发展中心　何勇涛

2023年12月25日

随着基础教育改革的不断深入，对于教研员的职责诉求不再是单纯的课堂指导，更应该从学术研究、专业指导、课程开发、教育测评、学习领导等方面充分发挥专业引领作用。在新会和宁明"携手共建教育高质量帮扶活动"中，新会区教研基地13名教研员主动请缨，踊跃报名，自觉参与同课异构、学术讲座等教学教研示范活动，带领区域骨干教师以同课异构、教研联动等送教讲学方式实现优质资源共享，帮助兄弟区域提升教育质量，充分展示了教研员在教研活动组织引领方面积极行动、敢于担当、勇于示范的时代风采。

新会区教研员在宁明县开展学术交流活动

一、授课篇

思想政治教研员唐亚萍在上课

2023年12月19日上午，新会区的教研员们来到了宁明县宁明中学开展交流活动。思想政治教研员唐亚萍老师带着"高中政治时政议题式教学有效培育学生公共参与素养"的教学理念与广西宁明中学黄永敏老师进行了以《我国个人收入分配》为主题的同课异构，唐老师所构建的"时政议题式"教学模式让宁明中学的思政老师们眼前一亮，这个教学模式对宁明中学的老师们迫切需要解决"如何引导学生积极参与课堂"的问题具有很大的启发和借鉴，尤其是"时政速评"的教学环节，得到了宁明中学思政老师们的高度认可以及引发了宁明老师们对思想政治科目新高考教学方法改革的深度思考。

二、讲座篇

周广榕副主任在进行讲座

12月19日下午和20日下午，教研员们到各交流学校开展专题讲座。

中学数学教研员、新会区教师发展中心周广榕副主任到宁明县民族中学做了题为《初中课堂教学有效性的理解与反思》的专题讲座，周主任从五个维度对初中课堂教学有效性作了剖析，一是课堂教学有效性含义；二是如何理解课堂教学的有效性；三是如何实现课堂教学的有效性；四是如何评价课堂教学的有效性；五是我们的教研实践与反思。讲座围绕义务教育课程标准有关教育理念展开，结合学科教学与教研实践，为宁明县中学教师提高课堂教学有效性、提升教学质量给出了理论指导和教学建议，受到宁明县教育局符显浩副局长和全体教师的一致好评。

新会区教师发展中心中学语文教研员、教研部陈国恩部长在宁明中学做了《"双新"高考解题的底层逻辑》专题讲座。讲座包括五个方面内容：课程方案、学科课程标准、新高考、新考题与新课堂。陈老师主要通过他自己的"一线课例""培训讲座""研究课题""教研论文"等具体的例子来阐释"新高考"与"旧高考"解题的本质区别。新高考解题的底层逻辑，就是聚焦学科核心素养，完成立德树人教育的根本任务。这个讲座通过对政策、课标、课例、考试、教研等系列问题的阐释，帮助一线教师更好地理解新高考和新课程的内涵，为高考备考与考场解题提供精准指导。讲座关注新高考的相关政策和规定，帮助一线教师了解新的考试形式、内容和评价标准；讲座深入解读新课程方案，帮助一线老师更好地把握高考要求，制定合理的备考计划；讲座着重介绍各学科的新课程标准与高考解题的底层逻辑，提高学生的应用能力、创新思维和解决实际问题的能力；讲座还介绍了新课堂的教学方法，阐释新课堂的精神与理念，帮助老师更好地适应高考改革的新课堂新教学。最后，陈老师还提供大量的实践案例和备考建议，高三老师可以借鉴成功的案例和经验，制定自己的备考策略；可以从备考建议中获取有效的教学方法和指导意见，更好地指导学生备考，从而提高备考的效率。

中学语文教研员陈国恩部长在进行讲座

新会区教师发展中心中学英语教研员、综合部李玉挽部长在宁明县民族中学作了题为《基于核心素养的中学英语教学输入模式重构的思考》的专题讲座。李教研员从中学英语学科核心素养的要求、中学英语教学输入环节存在的主要问题、重构的宏观输入模式、"一材多设"的微观输入实操模式、

中学英语教研员李玉挽老师在进行讲座

课堂教学输入的注意问题、英语的朗读背诵默写问题和师生之间英语教与学的沟通问题等七个方面展开了讲座。李老师从学科核心素养的视角提出了重构输入模式的理论框架并通过实例阐述了新课标下中学英语教学输入的实践做法,所提供的教学案例接地气、可复制、易借鉴、实操性强,对一线中学英语教学很有指导意义和参考价值。李老师在2019年11月曾到过宁明县宁明中学进行专题讲座,这次是第二次到宁明县做学术交流专题讲座。

中学数学教研员周君老师在进行讲座

新会区教师发展中心数学教研员、正高级教师周君老师在宁明县民族中学作了题为《学科教研组如何开展集体备课》的专题讲座。周老师从自己做了多年的学校以及会城街道数学科组长出发,从什么是课、说课、集体备课的好处、如何开展集体备课、集体备课应注意的问题、相互听课等六方面展开了讲座,得到了听讲座的老师一致好评。在2018年,周君老师曾到宁明中学讲学,这次是周老师第二次在宁明县进行学术交流活动。

新会区小学语文教研员王梅老师基于宁明小学语文教师提出的的教学困惑"作文教学如何指导、如何批改更高效"做了《践行语文新课标,探索习作新路径》的讲座。她从"教有目标,评有方向,学有抓手"三个点切入习作教学如何开展"教—学—评"她在讲座的每个环节都加入了2023年江门市和新会区习作课堂教学比赛优秀老师的教学视频片段。这些教学视频更加直观地向老师们展示了作文教学的

小学语文教研员王梅老师在进行讲座

新方法和理念，为老师们指明了新课标理念下习作教学的新观点、新思路、新方向。王老师2019年来过宁明交流讲学，她发现宁明的老师们变化很大。宁明老师在教学风格和教学方法上有了进步。宁明老师的进步体现了新会教育对他们的帮扶效果。这种帮扶不仅是一种教学上的指导，更是一种教育理念和方法的传递。通过与新会区老师的交流，宁明老师能够吸收新的教学理念和方法，并将其应用到自己的日常教学中，从而提高了教学效果。这种帮扶不仅有助于宁明老师个人的成长，也对宁明的学生们产生了积极的影响。

新会区教师发展中心思想政治教研员唐亚萍老师结合当今思政教育改革与创新前沿以及江门市新会区新会圭峰小学、新会东区小学等思政教育的特色，为宁明县城中镇第四小学带去了一场别开生面的"核心素养视域下实现思政育人的

有效途径"的思政育人讲座，唐老师所提出的"高看一眼，厚待一分"、"开展有效体验，让思政课'活'起来"、"跨学科思政融合"、"深挖掘，突出思政隐性课程的功能"等观点让老师们看到了思政育人的多种有效途径以及感悟到了思政人的使命担当。

思想政治教研员唐亚萍老师在进行讲座

新会区教师发展中心中学生物教研员张寿雄老师在宁明第二高级中学做《学会选择 科学管理——基于大数据的高考选科的实践与探究》的专题讲座。在讲座中，张老师从自身发展情况和讲座课题的历史背景出发，结合新高考之变化，强调学生选科必须

思想政治教研员唐亚萍老师在进行讲座

坚持"自主性、选择性"原则，并指出高考选科过程中的关键是做到"择其所需、择其所爱、探其所适、探其所能"。同时，张老师还从大数据的获取、处理、分析、应用等，介绍了基于大数据分析的高考选科模型，并以具体的选科实例向与会老师们介绍具体的经验。

新会区教师发展中心小学数学教研员区锦超老师作题为《核心素养导向下高效课堂如何构建》的讲座。区老师从核心素养、高效课堂、如何构建这三个关键词展开阐述。区老师认为：培养目标是想得到的美丽，课程标准是看得见的风景，教学目标是走得到的景点。并通过大量的案例来阐述高效课堂是一个"三有"的课堂（有温度、有深度、有广度），是一个"三真"的课堂（真思考、真理解、真探究）。课堂的改变需要教师先行，教师的改变需要理念先行。

中学生物教研员张寿雄老师在进行讲座

新会区教师发展中心小学英语教研员黎友芬老师以《核心素养下高效课堂如何构建——立足单元整体教学，落实英语核心素养》为题向宁明县老师做了精彩的讲座。她的讲座图文并茂，既有新课标的理念学习，又列举了多个课例及教学设计例子向老师们展示了如何构建核心素养下高效课堂。黎老师在讲座中强调英语教学应选取以主题引领组织教学内容，以学习活动改进教学方式，以促学促教引导教学评价，以信息技术提升教学效率。小学英语单元整体教学要建立单元内语篇之间的有机联系，使单元内容具有整体性框架、结构化特征和进阶性特点，既有关联又能自洽，同时也可以构成一个可教，可学、可测的完整教学单元。在学习理解类活动中获取和梳理语言和文化知识，建立知识间的关联。在应用实践类活动中内化所学语言和文化知识，加深理解并初步应用。在迁移创新类活动中联系客观实际，创造性地运用所学所获解决现实生活中的问题。

小学数学教研员区锦超老师在进行讲座

新会区信息技术教研员谭荣灿老师作了题为《人工智能大数据分析助力高考选科》的专题讲座。谭老师先解读新高考改革，然后帮同学们了解自己感兴趣的行业属于什么科目可以报读，分析各科目和各种选科组合特点优劣势，从全国高校招生专业表和江门市高考考生选科分布大数据分析了解更多知识，最后展示人工智能应用chatgpt和网络爬虫在选科上提供的帮助，获得在场师生的热烈反应，谭老师利用丰富翔实的大数据支撑，对面临选科难题学生都具有积极地借鉴作用和参考价值。

信息技术教研员谭荣灿老师在进行讲座

三、研讨交流篇

学然后知不足，研然后知困境。为进一步提升教师的教材解读、课堂驾驭、命题能力，提高教研教学质量。新会区教师发展中心教研员一行到宁明中学开展教学调研、交流指导工作，通过开微讲座、听评课、座谈等方式对教师进行把脉诊断，专业指导与精准引领。

研前有准备，研中有碰撞，研后有思考。听课结束后，教研员分别与学科教师开展座谈，进行针对性的教学反馈。他们对授课老师的目标设定、环节设计、问题设置、课堂生成、教学理念等进行了全方面的点评，既肯定了每位老师深研课标、深挖教材、精心备课的用心，找出课堂教学的亮点，又根据学科特性，结合实例，细致讲解了新课标的要点和应该如何落实，对今后的教学教研提出了专业的建议，如冬日暖阳，清风徐来，更如拨云见月，一语中的，让在场的教师受益匪浅，收获良多。

赵旭晖副主任和周广榕副主任到校现场指导

周广榕副主任在进行评课和教学指导

中学生物教研员刘华忠老师听课后评课和老师交流

中学英语教研员李玉挽部长在听课

思想政治教研员唐亚萍老师与老师研讨交流

中学生物教研员张寿雄老师与老师研讨交流

小学数学教研员区锦超老师在评课和教学指导

小学英语教研员黎友芬老师在评课和教学指导

幼儿教育教研员沈君芳老师在进行评课和教学指导

教研员组织新会、宁明两地教师评课交流

携手共建教育高质量发展，加强交流助力教师专业发展。在本次新会和宁明两地基础教育学术交流活动中，新会区教师发展中心的教研员得到了很好的锻炼，业务素养得到了提升。他们为此次活动做了精心的准备，在交流过程中团结协作，尽职尽责，充分发挥了示范、引领和带动作用，展现了教研员的风采。

新会区教研员和学校教师与宁明县教育局领导合影留念

第三辑
基地学校典例展示

奋力打造品质教研　助力教育高质量发展

——基地学校新会第一中学典型成果展示

广东省江门市新会第一中学　梁志　谭琼念　廖晓英

江门市新会第一中学围绕学校的办学理念：求实开拓，素质育人和立足素质、全面育人的办学特色，以"和谐发展、双向成才"的教学理念引领教学、科研工作；以"潜心立德树人、服务教师专业成长、提高教育教学质量"的主要任务开展各项工作。2021年作为省教研基地项目基地学校以来，积极开展校本研修活动。学校以课改为载体，以教研为导向，以互助为保障，以课堂为形式，以反思促发展，致力打造品质教研，切实提升教师发展力，推进教育高质量发展。

一、深化思维课堂管理，稳步提升工作效益

（一）深耕课堂，构建"深度学习·思维课堂"，切实提高课堂教学质量

在新课程、新教材改革大背景下，新会第一中学聚焦课堂，以思维为破题

之法，构建"情境任务"与"互动探究"双轮驱动思维课堂，着眼于课堂教学中学生的积极思维和核心素养的发展，着重从几个环节开展教学：一是基于学科核心素养，设计"情境问题"，触发学生思维动态。二是建立班级共同体，以"互动·启发·探究·体验"方式推动学教方式转变，促进学生思维动态进阶。三是以科学评价检验学生思维动态升华，实现教学评一体化。在此课堂教学程式指导下，各科组结合学科特色构建思维课堂，真正让核心素养落地，实现教与学深度学习，推动学教方式的转变。如语文科组落实了"四三四"高效课堂模式：四层素养——让学生探索"语言""思维""审美""文化"四层素养；三个学习阶段——经历"生自学""生互学""师助学"三个学习阶段；四个教学环节——落实"自主学习、情境学习、交流展示、探究升华"四个教学环节。数学科组的"发展教学模式：出示基本知识（内容）——观察、分析迁移——解决"最近发展区"——编构发展的网络——归纳领悟，形成能力。历史科组的情境—任务驱动式教学等。

为更好深化课堂教学改革和推进"思维课堂"优化，提升课堂质量，新会第一中学着力抓好课前、课中和课后三个环节。

1. **落实集体备课，汇聚集体智慧**。课前加强集体备课的力度，至少保证每周2次的集体备课。备课重点围绕课堂教学的重难点如何突破、教学设计如何发挥学生主体作用等进行研讨交流，在统一教学进度、统一授课内容、统一课件的基础上进行磨课磨题，落实"分层施教，分类指导"。这种做法能让全体老师精准地把握教学内容，落实"情境任务"与"互动探究"双轮驱动思维课堂教学方法，对科组老师的成长有很大的促进作用。

2. **开展多种课型，推动思维课堂构建**。课中就是针对不同对象不同层次教师开展不同课型的公开课，做到公开课常态化、常态课公开化，通过课堂教学来形成学习共同体，推动课堂教学改革。并通过与校外名师名家开展同课异构、接力课和专题讲座等教研活动，促进不同层次教师的专业发展，整体提升老师们的课堂教学水平。如每学年区名师工作室、学校首席教师开设了公开课，在校内、校外起到一定的示范、辐射作用；如2021年10月和2023年10月分别以"聚焦核心学科素养·构建自主高效课堂"、"聚焦'双新'理念，构建思维课堂"为主题开展的对外公开课研讨周，邀请了大湾区名师名家如华南师范大学、华师附中、广东广雅中学、南海区石门中学、广东省名教师工作室主持人、珠海一中、中山纪念中学等老师开展同课异构、接力课和专题讲座等教研活动，营造互鉴互学，共研共赢的良好氛围。通过这些学习与交流的平台，教师们在学习与实践中丰富了教学知识，锻炼了教学能力，对思维课堂有更深刻的领悟。

3. **推进评课反思，促进成果落地**。完善听、评课机制，有听必有评，有评必有思。围绕学生是否做到了口动、手动、脑动、情动、加强课堂观察。新会第一中学从参与度、幸福度、深刻度、拓展度思考一节好课，及时进行课后反思，让所有参与者都从课中学习和提升。在课后，形成1+6套餐，1指公开课，6指学案、教学设计、说课课件、讲课课件、微课、教学论文，促使成果落地，促进教师专业发展。每学年，教导处组织学校领导和科组长对毕业班的备考进行调研诊断，对高一高二年级进行听课指导。

（二）加强校际交流互助，推动课堂教学改革

请名师进校园，走出校园学名师。为借鉴名校的先进教育教学管理经验，提升学校学科教研和高考冲刺阶段的备考能力，新会第一中学在不同阶段根据教研和备考需要邀请省内外相关学科备考专家莅校，针对高考命题趋势研判、重点难点内容解析、尖子生冲顶等方面进行授课或座谈研讨。三年以来新会第一中学先后组织高三骨干教师到湖南师范大学、长沙县实验学校、岳阳市第一中学、河源中学等学校进行专业能力提升研修，学习高考备考经验举措；到衡水市二中、滨湖志臻中学进行跟岗学习。老师们通过参与听评课、教研、课间操等活动，从班级管理、课堂教学、特色课程、教研活动等多层次全方位进行了细致的观摩学习。与此同时，新会第一中学依托清华大学等高校教育资源拓宽师生培优渠道，推动学校高质量发展。

二、持续开展教育科研，深化师资队伍建设

（一）以教研为抓手，提升教师科研能力

学校通过以课题为契机，促使学生的学习方式、教师教学行为发生重要的转变，提高新会第一中学新课程、新教材、新高考实施的实效，实现三个形成:形成浓厚的科研氛围；形成一支骨干教师队伍；形成学生良好的学习习惯。让学科教学真正落实"立德树人"的根本任务。2021年以来新会第一中学先后立项的区级课题以上共有23个，其中省级课题5个，市级课题6个，区级课题12个。如林玉合科组长申报的广东省教育研究院普通高中课程改革专项课题《核心素养视域下高中历史学习方式转变策略》和林士主任申报的省中小学教师教育科研能力提升教育项目《指向核心素养的中学数学运算素养的研究》已按计划进行课题研究，吕翠香主任主持的省课题《物理模型在高中生物教学中的实践研究》和谭琼念副校长主持的江门市深化中小学课堂教学改革行动计划实验项目《优化作业，

提升核心素养的研究与实践》分别于2022年和2023年顺利结题。

（二）搭建"引领、示范、互助"学习平台，提升教师专业素养

示范带动，共研共建，共赢共享。新会第一中学发挥教研领头羊的示范引领作用，为不同成长阶段的教师发展提供引领、交流、合作的平台。充分发挥名校长、名教师引领、示范和辐射作用，带动学校教育高质量发展，2021年学校在学科组、备课组教研团队建设基础上建立了首批"首席教师工作室"，33个工作室涉及面广，各学科、各年级、各层次教师，工作室成员共计100多人。3年以来，学校首席教师工作室有序开展各项教学、教研工作，积极搭建校内、校际交流平台，带领工作室学员到台山一中、中山纪中等学校进行听课观摩交流，开展同课异构教学活动。工作室为首席教师施展才华提供舞台，又为骨干教师发挥"传帮带"作用提供机会，更为青年教师的学习与发展创造条件。如朱光栋名师工作室组织到广州参加"第五届新教材教学研讨会"；林士名师工作室组织教师到广州六中听课评课、到华南师范大学聆听数学讲座，以及开展省级课题《指向核心素养的中学数学运算素养的研究》研究等。

校内同伴互助，加大对新教师的培养力度，开展青年教师经验交流暨"师徒结对子"活动，通过达标课、调研推门课，新教师展示课，鼓励教师参加各级各类教学基本功、教学技能比赛、培训活动等形式，促进新教师的迅速成长。通过开展高考模拟题解题比赛、高考题解题与说题、高考备考经验心得分享等活动扎实开展面向全体的校本培训，全力提升教师的专业素养。

（三）以"校本课程"为主线，以"活动"为载体，提升教师发展力

依托课程促进学校多样化特色发展是高中教育改革的重要内容。新会第一中学秉承"求实开拓、素质育人"的办学理念，结合自身实际，以满足学生多元学习需求和综合素养发展为目标，在基础课程上开展校本课程实现五育并举，立德树人。依据国家课程设置要求，结合学校学生特点和实际条件，构建符合新会第一中学实际的课程体系（如下图）。

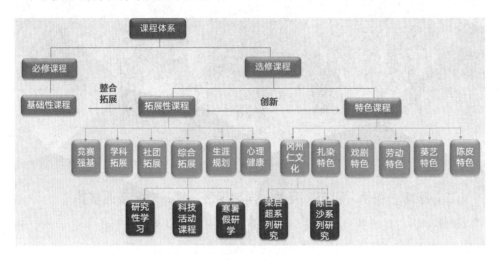

目前，比较成熟的课程有生涯规划空中讲堂、寒暑假研学和扎染工艺课程，除此之外，在原课程基础上整合的校本课程有《规范汉字书写》《英文衡水体书写教程》《数学建模》《校园地理绘制》《英文诗歌欣赏》《口述历史主体活动》《易拉罐中的金属》《解密家用电器工作原理》《物理强基》《新会柑的种植、开发与利用》《生物课外延伸实验》《新会特色乡土文化》《校园微电影制作》《梁启超家书选读》。通过多元、多样的五育融合的各种课程来丰富学生校园文化生活，提升教师的发展力，达到育人为本的目的。

三、精准帮扶受援学校，促进教研水平提高

3年以来，新会第一中学先后开展了科组建设、高考备考、同课异构等教育教研活动，助力受援学校的高质量发展。

（一）送教（研）下乡，助推教研改革

为更好了解受援学校的需要，学期初，我们与受援学校举行了江门市中小学教师校本研修结对帮扶学校教研工作规划研讨会，一起分析各校的现状，并一起

制定了教研工作规划。2023年12月组织科组长、备课组长等骨干教师到陈瑞祺中学进行同课异构课堂教学研讨活动，课后针对课堂进行诊断、评课，并对各年级备课、备考情况进行了交流，提出了学校的指导意见。利用区名师工作室开展精准帮扶，如2023年5月，朱光栋名师工作室到古井镇新会第四中学支教帮扶；2023年11月，谭素芳名师工作室到李文达中学开展听课和教学研讨。

（二）精准结对帮扶，助推青年教师成长

继续做好新会一中教育集团、交流轮岗学校的教学交流帮扶活动。按上级部门的要求，新会第一中学组织了年轻骨干教师分别到新会李文达学校、新会第四中学、台山、宁明中学等地区开展支教工作，做好教师队伍的固本强基工作。通过结对帮扶，有效地促进青年教师迅速、稳定地成长，促进教育集团内部的均衡发展，提高教师整体的教学水平和业务素质。

（三）相互交流，共促成长

充分发挥新会第一中学作为省双新示范校、江门市中小学校本教研示范校及新会一中教育集团领衔学校作用，加强校际教学研讨，推动课堂教学改革。新会一中教育集团教学部主办的青年教师优秀课例评比活动，新会四中、李文达中学、陈瑞祺中学骨干老师参与了听课、评课活动，并与备课组围绕课堂教学、高考备考、教师的专业成长等方面与老师们进行了交流、探讨。活动结束后，各位听课老师还积极撰写学习心得体会，科组长利用科组会对研讨活动进行反思总结，在此基础上，学校教导处通过美篇推文的方式进行了全面的总结和优秀课例、教学反思的分享。

四、全面推进立德树人，进行多元化特色育人

（一）弘扬爱国精神，传承启超家风

为进一步挖掘梁启超精神，传承和发扬启超文化、启超家风，向先贤致敬，新会第一中学组织开展了一系列以"家国梦，赤子心"为主题的纪念梁启超诞辰150周年活动，全力推进"启超文化"校园特色品牌建设。举办新会一中千人齐诵《少年中国说》活动，展现出新会一中师生为实现"中国梦"而努力奋斗的坚定决心。举办纪念梁启超诞辰150周年主题为"家国梦，赤子心——一中演说家"比赛，让梁启超先生身上的理想追求、奋斗精神和优良家风，化为我校学子未来实现自我、绽放青春的力量之源。组织学生参加开展"强国梦 中华情"新会区

第19届中小学师生家长书信征文比赛，弘扬启超家风，厚植家国情怀。上好专题思政课，讲梁启超好故事，鼓励学生争做新时代好少年。这些活动引领全校师生回顾梁启超先生波澜壮阔的救国救民的一生，感受先生炙热沸腾的爱国情怀，汲取先生百科全书式的如海智慧，表达家乡学子对先生的无比崇敬与深沉的缅怀之情，凝聚全面实现中华民族伟大复兴的奋进力量。

（二）科技智创未来，艺术浸润美心

新会第一中学精心打造"三节一会一庆"（科技节、艺术节、读书节、田径运动会和校庆）育人品牌。如目前已形成"每年举办一次艺术节，每月举行一项大型艺术活动"的模式，举办插花大赛、长卷画表演、环保时装设计大赛、主持人大赛、现代舞大赛、舞台剧大赛、演讲大赛等特色活动，真正实现"人人都能参与一项艺术活动"的目标。合唱团、管乐团、舞蹈团、摄影社团、文学社、辩论队、扎染社团、礼仪服务队、青年志愿者服务队等不同类型的学生社团百花齐放，为学生搭建广阔平台，发展学生个性特长，助力学生高质量成长。多彩的校园文化活动，是学校德育教育的重要载体，这是对于"活动中德育，活动中育人"的践行。

（三）研学开拓视野，助力学子扬帆

新会第一中学还积极探索与高校的合作培养计划，目前已与清华大学、湖南师范大学、华南理工大学、五邑大学等院校合作开展各学科研学活动，为学生提供更广阔的多元发展平台。2022年7月2023年12月，学校在2年内开展各类研学15次，参与学生约1500人次，足迹从新会区内、江门市内、广东省内延伸到广

东省外。研学，让学生走出教室，走向省内外高校，接触顶尖实验室，在行走中收获有趣的知识和体验，通过沉浸式体验达到"知行合一"，以此来提高学生的"锐实力"。研学活动主要是围绕三大方面进行：着力强化基础学科人才培养，以研学打造固源提质"硬实力"；着力加强爱国主义红色教育，以研学厚植固源提质"源实力"；着力增强学生综合实践能力，以研学提升固源提质"锐实力"。研学期间，学生研学撰写日记累计2300余份，受到接受单位和社会的一致好评。家长也感受到了学生在研学后的变化，纷纷赞扬研学开拓了学生眼界，给学生对未来发展规划带来巨大的动力。

新会一中办学质量，蒸蒸日上。近年来，学校发展步入快车道，众多学生在国内各类竞赛中摘金夺银，每年获国家级省级市级比赛奖项超过400人次。学

校高考成绩多年来均名列江门地区前列，自1984年以来，有43位尖子学生考入清华大学或北京大学：其中获得高考总分全省第一名的1人、第二名的1人、第三名的2人。自2021年以来，连续3年特殊类型招生录取控制分数线上线人数超过600人，上线率达60%以上，本科大学上线率达98%上。每年考入中国人民公安大学、中央美术学院等军、警、艺术类高校的人数呈上升态势，多元化办学之花越发绚烂。学校办学成绩优异，每年均被评为江门市高中阶段教育质量先进学校一等奖。近3年，教师个人取得

了广东省中学教学质量一等奖、美育优秀案例一等奖等区级以上奖项超过350人次。

　　奋力打造品质教研，不仅是教育工作的必然要求，更是推动教育高质量发展的强大动力。品质教研不仅意味着对教学内容和方法的不断创新与完善，更代表着对教师专业素养和教育责任感的提升。新会第一中学将在教学实践中不断总结经验，积极反思，勇于改革，以更高的标准要求自己，为学生提供更优质的教育服务。

彰显特色，全面育人，以生为本，以师为先

——基地学校新会华侨中学典型成果展示

广东省江门市新会华侨中学　张耀荣　李莹莹

成为广东省基础教育新会教研基地学校以来，江门市新会华侨中学以提升质量为核心，围绕"八大工程"开展了系列研究探索，取得了丰硕的成果，有力地推动了学校教育教学高质量发展。现将成果汇报如下：

一、彰显特色，不拘一格育人

近几年来，新会华侨中学深入践行"全面贯彻方针，不拘一格育人"的办学理念，探索出以"传统文化教育""艺术教育""心理健康教育"为代表性的学校特色发展之路，先后成功创建广东省中华文化传承基地、广东省心理健康教育特色学校、广东省中小学艺术教育特色学校（舞蹈），为学校发展留下了浓墨重彩的一笔。

（一）弘扬优秀传统文化，增强学生文化自信

1. **实践活动多姿多彩。**中华优秀传统文化是中华民族的文化根脉。每学期，新会华侨中学系统整合校内外教育资源，举行丰富多彩的传统文化教育活动。一是结合重大节日等开展系列主题活动，如元宵节期间开展一道孝心菜活动，清明节期间组织学生到义冢扫墓、组织少先队员到黄云山祭拜烈士，端午节、中秋节、春节期间体验民俗文化主题系列活动。另外，学校还举行了中华古诗词大赛等增强学生传统文化底蕴，提高学生审美情趣的活动。二是组织学生社团开展社会实践活动，如书法社团赠春联活动。作为白沙茅龙书法培训基地，新会华侨中学书法社团在每年寒假前后都会组织师生给市民撰写春联，送出师生撰写的对联均超过300副。还有学校"春秋学社"等社团组织学生到江门市华侨华人博物馆、梁启超故居纪念馆、周恩来纪念馆、圭峰山等地进行研学活动。通过传统文化教育活动的开展，为学生奠定文化修养的基础，让学生受到中华优秀传统文化的熏陶。

2. **武术教育大放异彩**。新会华侨中学是江门市侨乡武术特色学校，开展了以蔡李佛龙狮社团和武术社团为平台的学生活动。蔡李佛龙狮社团是学校特色办学的亮丽名片，学校大型活动如董事会换届、开学典礼、艺术节、运动会、成人仪式、高中考加油等，蔡李佛龙狮社团都会进行表演，为学校各项活动增添传统文化色彩。新会华侨中学武术社团有蔡李佛集体旗、蔡李佛集体盾牌刀、集体双节棍、集体南拳、蔡李佛集体拳、长棍、太极剑等10多项训练项目，每周都有固定社团活动时间，组织成员进行日常基本功训练、武术招式学习。近3年来，蔡李佛龙狮社团和武术社团在各级比赛中硕果累累：获得2023年新会区中华武术进校园PK大赛录像选拔赛龙狮一等奖、武术操三等奖；2022年5月江门市传统武术比赛集体项目一等奖；2022年8月"梅岭杯"全国民族龙狮比赛高中男子组创意龙狮项目金奖；2022年12月全国第三届"狮王文化杯"民族龙狮比赛女子组创意龙狮项目金奖，指导老师阮文深获得全国舞龙舞狮优秀教练员称号；高艺珈同学获得2021年广东省武术套路（传统项目）锦标赛女子甲组传统南棍第三名；阮钰滢同学获得2021年广东省武术套路（传统项目）锦标赛女子甲组传统南拳第四名和2021年广东省武术套路（传统项目）锦标赛女子甲组传统双刀第五名。

（二）校家社协同共育，守护学生心理健康

1. **保障有力，心育环境舒适。**新会华侨中学成立了以党委书记、校长为组长，德育副校长为副组长，政教处行政、团委委员、专兼职心理健康教师等为组员的心理健康教育工作领导小组。领导小组经常研究学校心理健康教育工作，从心理健康教育工作整体部署到个案干预，层级责任明确，经费保障有力。我校着手从心理功能场室建设、师资培训、心理健康课程体系、个体与团体辅导、心理讲座、心理委员团队建设、心理社团、心育主题班会、校家社心理共育、阳光生命教育、毕业班心理关怀、教职工心理健康建设等十几个方面去创建全方位、多层面的学校心理健康教育工作体系。学校心理健康教育场室面积约300平方米，功能完善，设有七个功能区室：办公接待室（心语室）、阅览室、个体辅导室（2个）、团体辅导室、多功能放松室和沙盘室，设备包括智能心理咨询自助系统、心理音乐反馈系统、智能拥抱引导系统、涡轮减压仪、沙盘等，设施设备齐全，布置温馨舒适，可以同时提供给不同需求的学生使用。

2. **双师并举，心育队伍强大。**"双师"指心理健康教育教师和社会工作师。新会华侨中学心理健康教育师资队伍较强，素质较高。我校现有2名专职心理健康教师，都是研究生学历；1名专职健康教育教师以及83名兼职心理教师。学校支持并鼓励专职心理健康教师通过线上、线下相结合的途径进行专业培训。近年来，心理健康教师参与了省中小学心理危机干预督导培训、市社会心理服务工作能力基础培训、沙盘治疗培训等等，不断提高专业技术和教学能力。除此之外，社工中心从2015年3月开始进驻我校，中心的社会工作师在学校开展各种活动，包括个别辅导、励志讲座、团康活动、公益活动、心理健康节等，近年来组织活动超100场，接待个案超300个，拓展了学校的心育途径，取得了很好的效果。

3. **成果突出，示范作用显著。**新会华侨中学心育文化氛围浓厚，教育理念先进，心理健康教育新模式特色办学成效显著。学校继2012年被评为江门市心理健康教育示范学校，2018年被评为广东省中小学心理健康教育特色学校之后，在2022年12月又被授予了"江门市高中心理健康教育指导中心"及"江门市中小学心理健康辅导示范点"的荣誉。同时，新会华侨中学在心理健康教育课题研究、特色课程建设、学科渗透、特色活动开展等方面进行了有益的探索，并取得了较好的成效。2021年4月以来，心理健康教育科组开展并结题了1个省级课题、1个市级课题，还有1个省级课题待结题；获得区级以上奖励或在区级以上刊物发表的心育论文18篇；获得区级以上奖励的教学设计或课例48项；编写了心理广播稿件61篇；培养了学生心理干事170多人；辅导学生1100多人次；举办心理健康宣传月或心理健康节活动6次，开展团康活动16次。

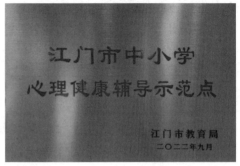

（三）舞动艺术教育龙头，助力学生特色成才

1. **领导重视组织有力**。近年来，新会华侨中学坚持构建以人为本，百花齐放的新型教学体系，以舞蹈教育为龙头，深入推行各项艺术教育课程，促进学生德智体美劳全面发展，为有舞蹈特长的学生铺就多样的成才道路。为科学开设以舞蹈教育为龙头的艺术课程，新会华侨中学成立了艺术教育工作领导小组，健全了学校艺术教育管理体系。领导小组负责制定艺术教育发展规划，确定每学年学校艺术教育发展目标及实施措施。学校成立了艺术教研组，负责学校舞蹈教育发展的具体工作，其中艺术科教研组长黄小丽是江门市中小学舞蹈教育指导中心委员、新会区学科带头人。

2. **注重实践活动丰富**。新会华侨中学艺术教育气氛浓厚，艺术社团百花齐放，开设舞蹈、管乐、合唱、小提琴、尤克里里、书法、纸艺、版画等社团。学校要求初一每位学生学会一种乐器（管乐、口风琴），并在初中开设管乐班；高一学生学习书法，并在高中开展舞蹈、美术特色教学。在舞蹈特色项目上，坚持面向全体，开设舞蹈讲座、社团活动等，鼓励学生人人参与；同时兼顾个体差异，分层分类辅导，让每个学生都有所发展，在活动中获得快乐。新会华侨中学每年都举办大型艺术节活动，舞蹈就成为艺术节中最大的亮点，也是学生最喜爱的节目。在社团文化活动节上，舞蹈的展示丰富多彩，类型多样，有街舞、古典舞、爵士舞、民族舞，吸引了众多学子关注。

3. **天道酬勤成果喜人**。近3年来，新会华侨中学舞蹈教育效果成效显著，师生在多项比赛或评比中成绩优异。如参与省级课题1个，《常态化学生全员艺术展演机制构建案例》获得2021年江门市中小学生艺术展演二等奖；论文《舞动

艺术特色教育 促进学生全面发展》获得2021年江门市美育优秀课程案例二等奖；《以美育人 润泽心灵》获得2021年江门市美育优秀活动案例二等奖、2023年新会区中小学校美育优秀案例评选一等奖。舞蹈《南海前哨》荣获了2021年江门市中小学舞蹈比赛二等奖；舞蹈《东方红》获得2021年广东省中小学艺术展演舞蹈中学甲组三等奖、2021年江门市中小学艺术表演类一等奖；舞蹈《天路》获得2023年江门市"杜鹃花"中小学舞蹈比赛一等奖。除此之外，《围屋女人》《彩云追月》等多个舞蹈节目荣获2021年江门市戴爱莲杯舞蹈大赛金奖、银奖。

近3年来，新会华侨中学陆续帮助40多位舞蹈特长生通过舞蹈艺考实现大学梦，其中，13位同学更以220分以上的术科高分被高校录取，擦亮了学校作为"广东省中小学艺术教育特色学校（舞蹈）"的招牌。

二、全面育人，注重劳动教育

新会华侨中学充分挖掘校内外劳动文化、劳动精神和劳动教育资源，全面加强劳动教育工作，探索开展了一系列具有侨中特色校园文化的劳动教育活动。

1. **与生活劳动有机融合**。一是开展校内劳动，增强责任感和主人翁意识，以文明班、课室文化评比、优秀宿舍等评比为抓手，积极组织学生参与校园卫生保洁和绿化美化活动；二是加强家校劳动教育合作，以劳动教育周为抓手，开展"劳动精神我来学""家庭劳动我先行""服务劳动共参与""绿色生活共创造""变废为宝我能行""劳动能手争先行"等活动，弘扬劳动精神，掌握基本生活技能，营造劳动教育良好氛围。

2. **与传统文化有机融合**。新会华侨中学继续擦亮"广东省中华文化传承基地""江门市侨乡武术特色学校"品牌，以蔡李佛龙狮社团为平台开展学生活动，取得了很好的教育教学效果。另外，学校从优秀传统文化、传统节日汲取劳动教育的养分，使之成为劳动教育的力行点，例如春节送挥春活动、元宵节做汤圆、端午节做粽子、重阳节陪伴老人等等，让中华民族勤俭、奋斗、创新、奉献的劳动精神在一代又一代青少年身上发扬光大。

3. **与核心素养有机融合**。新会华侨中学以社团活动为依托，以科技节为抓手，将学科核心素养和劳动教育有机融合，打造一批具有学校特色的劳动教育品牌与劳动教育基地，例如化学科组进行肥皂、口红、塑料产品等手工制作，地理、生物科组进行地理、生物模型制作，通用技术科组进行桥梁、古代建筑模型搭建，美术科组开展传统剪纸艺术、毛笔字、版画制作等。其中，生物科组的新型智慧农业基地和信息科组的机器人编程是我校劳动教育的重点工程。另外，学校还邀请中科院等大学教授为学生科普，展示高科技方面的劳动教育。目前，学校正在打造无土栽培基地，并创建全国气象示范校。这两项工作都引起了师生们的广泛关注。

4. **与志愿服务有机融合**。为增强学生的公民意识，大力弘扬"奉献、友爱、互助、进步"的志愿服务精神，普及"学习雷锋、奉献他人、提升自己"的志愿服务理念，新会华侨中学不断健全志愿服务实践育人制度，包括完善志愿服务相关制度、加强校级志愿服务队建设、广泛开展志愿服务活动等。经过努力，学校学生志愿服务形成了校内恒常和校外特色志愿活动模式。学校组织义工参加新会区爱心义卖、学校爱心义卖、帮助毕业生新生搬运物品、校园值班、北园垃圾分类馆志愿服务、学雷锋服务站值班志愿服务、社区志愿服务等活动，丰富学生的社会志愿服务实践经验，培养学生热爱劳动、以服务他人为荣的观念。

5. **与思政教育有机融合**。为进一步让劳动教育在学校落地生根、深入人心，新会华侨中学利用各级会议、主题班团队课、征文比赛、手抄报等方式学习劳动

精神、劳动模范、工匠精神,让劳动教育启智润心。学校团委通过邀请新会中医院援鄂医护人员为同学们上了一节生动的爱国主义和生命教育课,让同学们感受医护人员的职业责任感,启发同学们开展职业规划。另外,语文、历史、政治等学科在教学中加大劳动精神的培养。

新会华侨中学劳动教育不断走深走实,《新会华侨中学创建劳动教育特色学校实施方案》获得2022年江门市中小学劳动教育课程资源征集活动(课程实施方案)三等奖。我校特色劳动教育取得了丰硕的成果,一是劳动教育普及度高,劳动精神深入人心,每周如期开展劳动教育课程、校内外实践活动;二是"五育并举"程度高,充分发挥劳动教育树德、增智、强体、育美的综合育人价值;三是劳动教育成效高,如学校科创室注重科技引领,发展了学生生产劳动技能,成果丰硕。获得2021年第四届江门市青少年机器人竞赛一等奖1项、二等奖1项,学校获得优秀组织学校奖,李运庆老师获得优秀指导老师奖;获得2021年第21届广东省青少年机器人竞赛二等奖1项、三等奖2项;获得2021年首届新会青少年机器人竞赛一等奖2项、二等奖5项、三等奖6项;获得2021年第37届新会区青少年科技创新大赛一等奖1项;获得2021年第37届江门市青少年科技创新大赛二等奖1项。又如志愿服务影响力大,新会华侨中学获得2021年新会区志愿献血先进单位,志愿者服务队连续多年荣获新会区优秀志愿者服务队光荣称号。

三、以生为本,助推高质发展

(一)"学练评讲"促进义务教育跨越式发展

1. **推进教学变革,探究新型教学模式。**近年来,针对学校初中生源质量下滑的实际情况,新会华侨中学坚决落实"全面贯彻方针,不拘一格育人"的办学理念,多次召开课改会议,以创建优质初中为目标,全面深化素质教育,及时调整教学模式。学校领导、处室行政、科组长、骨干教师等以"走出去，请进来"的方式，学习和借鉴佛山南海区映月中学的先进教育教学经验，结合学校实际，积极构建以"学练评讲"教学模式为中心的高效课堂，即学生自主预习，先学后练，课堂小组互评释疑，老师讲解点拨。通过开展"学练评讲"教学模式，引导学生在课前预习的基础上，通过习题练习、小组合作探究促进知识理解，进而养成自主学习、主动探究的高阶思维品质。

2. **强化学习研讨，推动新模式落地实施。**"学练评讲"模式提倡学生成为学习上的主人，老师充当学习引导者。为了促进我校教师适应教学新模式，新会华侨中学将"学练评讲"教学模式实施方案和教学活动整合优化，形成体系，成为行动纲领，指引初中师生开展教育教学工作。一方面，学校搜集学习资料，整合先进学校相关教学优秀案例印发给教师，更新教师的教学观念；学校以科组为单位定期开展科组研讨会，通过集体备课的方式共同探讨行之有效的教学方法。另一方面，学校组织开展"学练评讲"演示课，组织评课研讨活动，及时总结经验，充分利用学校举办的"高效课堂"教学全区公开日活动、初中新课程课堂教学观摩交流活动，邀请新会区其他学校教师前来开展"练评讲"课堂教学模式交流活动，促进我校教师快速适应新教学模式，引领我校教师专业成长。

3. **深化有效管理，激发学生学习积极性。**为更加有效地推行"学练评讲"教学模式，新会华侨中学将班级划分成不同的学习小组，以学习小组为单位细化学生学习管理。一方面，学校借鉴先进教学改革经验，结合实际情况，积极探索，研究制定《小组合作学习方案》《小组合作学习座位设置》《小组合作学习评分细则》等具体方案和细则，根据"异质编组，组间平行"的编排原则，把各班学生分为优等生（A）、中上生（B）、中等生（C）、待进生（D）四大类，每类各选取1～2人组成一个6～8人小组，每班约7～8个小组，每个小组选定正、副组长各1名，合理编排好每个学生的座位。将不同学习力的学生混编成组，以优促差，落实学生合作学习。班级学习小组之间通过开展"优秀小组""优秀组长""进步小组"的各项评比，促进学习小组之间竞争，增加学生主动学习积极性。另一方面，学校以小组活动比赛为载体开展各项竞赛活动，组织学科组长精心准备以小组为单位进行的学科竞赛，如语文作文比赛、英语单词比赛、数学能力比赛等；组织班主任开展各种丰富多彩的小组体艺比赛活动，如小组跳绳、投篮、合唱、朗诵、书法、摄影等比赛，增加组内学生的凝聚力，增加学生的认同感、获得感和幸福感。

4. **建立奖励制度，激励师生共同成长。**为大力表彰奖励成绩优秀的学生，激励他们努力拼搏，奋发向上，新会华侨中学制定了《新会华侨中学学生奖惩方案》，设立了刘朝盛奖学金、文明班、优秀中队、优秀班干部、三好学生、学习进步奖等10多个奖项，让每个学生在每个学段都有机会获得奖励，全方位、多层次、多角度发现每个学生的闪光点，激励每个学生、每个班级，遵纪守法、专注学习、团结合作，力争上游，形成优良的组风、班风和校风。同时，为了激励教师辛勤耕耘，我校在《教师绩效工资实施方案》中逐步完善班级管理和课堂教学的评价标准，量化评定等次，提高奖励金额，增强教师的工作积极性和责任心，激励教师不断提高教学水平。

"学练评讲"模式实施以来，新会华侨中学义务教育一分四率稳步提升，从全区第三梯队跃升至第二梯队，并瞄准第一梯队奋力前行，已连续多年获江门市初中阶段协同教育质量先进学校荣誉称号，义务教育多个学科获江门市初中阶段协同教育质量评价优秀备课组荣誉。

（二）"三主"高效课堂提升高中学生思维力

1. 转变教学方式，激发课堂活力。为了践行发展学生学科核心素养的教育理念，新会华侨中学坚持立德树人，以国家课程改革、新高考评价体系改革要求为指导纲领，打造以学生为主体，以教师为主导，以提高学生思维能力为主线的"三主高效课堂"教学模式。"三主高效课堂"教学模式强调把课堂还给学生，让学生成为学习的主体，用讨论代替讲述，用互动改变被动，用争论取代提问，让学生主动学习，合作探究中实现获得感。同时，教师是课堂教学过程的主导者，结合学生的实际情况，因材施教、启迪智慧。该模式以"目标导航→自主学习→互动交流→应用检测"四个环节实施课堂教学，把学习的"根"和"本"都放在课堂上。通过"导、学、评、练"四环节实现生本理念，这不仅仅是一种模式体现，也是我们课堂教学的理念动作的"规范"体现。其中，导是学习"地图"、是关键；学是行为方式、是重点；评是是交流、是手段；练是体验、是检验。通过开展"三主高效课堂"教学模式，推动教师教学方式和学生学习方式的实质性改变。学生始终是学习的主体，学习过程中的问题应尽最大可能让学生自己去解决，通过自主学习、合作探究，提升学生的思维力。

2. **重视集体备课，打造教研共同体**。为了有效实施"三主高效课堂"教学模式，让教师走在学生前面，更好发挥教学主导者的作用，学校全方位助力教研组建设，以高中九大学科备课组为单位，建立"备课组"的发展目标，积极打造教研共同体。学校每周定期组织年级学科备课组围绕学科教学中的热点、难点问题，通过专题讨论、现场示范、研讨交流、案例分析等多种方式，促进学科教研。通过长时间的课堂教学实践，我校基本形成备课组集体备课流程：学期初，年级备课组制定学期教学整体规划，将备课任务下发备课成员；授课前一周，备课组成员根据教学进度收集学习资料，撰写学生导学案；备课组成员集体讨论，分析学情，把握教学目标，确定教学重难点及突破方式；修改、完善学案，形成资源包（教案、课件、练习卷、学科拓展资料等）。除此之外，为加强骨干教师、青年教师的培养，充分发挥骨干教师的示范辐射作用，学校实施"青蓝工程"，组织骨干教师与青年教师进行师徒结对，帮助青年教师快速站稳讲台。学校通过联校教研活动、同课异构课堂研讨、校园开放日展示等活动，为教师搭建平台，与区内外其他学校的同行交流高效课堂经验，为教师的专业成长提升铺路搭桥。

3. **打造高效课堂，助力师生发展**。"三主高效课堂"教学模式的实施，发展了学生的思维能力，提升了学生的学习效率，让学生学有余力的前提下，参加学校丰富多彩的社团活动，发展了自己的个性特长。高效课堂模式让学生从"学会"变"会学"，真正实现了核心素养的全面提升。同时，在"三主高效课堂"

教学模式的实施过程中，形成了一支师德高尚、业务精湛、结构合理、充满活力的高素质专业化教师队伍。学校通过创建和打造"三主高效课堂"教学模式，持续深入地进行课堂教学改革，有效地提升了教育教学质量。近3年来，学校高考本科率均超过75%，最高达83%，学校连续多年获得江门市高中教学质量优秀奖、新会区高中教学质量管理特别贡献奖。高一、高二年级参加江门调研测试总体良好，部分学科成绩位列江门市前列。

四、以师为先，激发教师动能

1. **师徒结对，助力教师专业发展**。为促进青年教师迅速成长，新会华侨中学定期开展"以老带新，以新促老，师徒结对，共同提高"的"青蓝工程"。校内聘请师德高尚、教育教学成就突出的优秀骨干教师为我校青年教师的"导师"，采取师徒"一对一"的结对子方式，通过"传、帮、带、导、提、教"，加快学校青年教师成长，帮助青年教师迅速站稳讲台。"青蓝工程"要求每周听徒弟课1节，并做好听课记录，课后认真评课；每学期上好一节示范课，每周开放一次教学课堂，针对课堂实际进行点拨指导；每学期指导徒弟上好一次组内研究课，一次校内汇报课。"徒弟"作为被辅导的对象，则应主动听师傅的课，每周不少于1节，听课认真记录，写出体会；积极邀请导师听自己的课，每周1节，认真听取导师的意见，提高课堂教学水平；积极准备，不断磨课，每学期上好一次组内研究课，一次校内汇报课。"青蓝工程"的实施，能切实加快我校青年教师成长，帮助青年教师实现师德、教学艺术和教育管理能力的快速提高，进而为争取成为好教师、骨干教师创造条件；同时也促进骨干教师教学水平不断提高，实现"双赢"。

2. **一科组一竞技，唤醒科组教研活力**。为提高课堂教学效率，提升教师教研教学水平，夯实教师业务能力，提高教师专业素养，新会华侨中学学科以科组为单位开展"一科组一活动"工作，倡导教师多解题，尤其是高考真题、模拟题，提高解题命题能力，激发年轻教师的冲劲，唤醒骨干教师的活力。参照学校"一科组一活动"的各项要求，语文科组的下水作文活动，数学、英语、物理科组的说题比赛，生物、政治、历史、地理科组的编题或命题比赛，化学科组的化学实验创新设计大赛，信息技术科组的"科创成果交流"活动方案，艺术科组的艺术沙龙活动方案，健康教育科组的微课制作大赛精彩纷呈。在"一科组一活动"中，有49位教师获得一等奖，81位教师获得二等奖，17位教师获得三等奖。活动的开展丰富了学校教育教学资源，促进教师深度学习，提高教师教育教学水平。

3. **重视教科研训，促进教师优质发展**。"教育大计，教师为本"，为促进学校教师专业素养形成，更新教师教学理念，新会华侨中学重视对教师教学研究、教育科研和教师培训一体化的实践，鼓励教师积极参与各级教育教学课题研究，将探究课堂教学新模式中获得的教学经验、教师培训活动中获得的先进教学理念升华，内化成自身的教学研究，努力促进基础教育优质发展。我校开展的"三主高效课堂""学练评讲"教学实践活动，校内开展的骨干教师示范课活动、青年教师探索课活动、科组听课互评活动、备课组集体备课活动，帮助教师积累了丰富的教学经验；校外积极参与省市级培训活动，如江门市启明星骨干教师培训工程等培训活动，帮助教师学习到先进教育教学理论，进而创新教学方法、丰富教学思想与提升专业化水平。成为广东省基础教育新会教研基地学校以来，新会华侨中学教师科研水平有明显提升，论文发表国家级刊物4篇、省级刊物9篇、市级刊物3篇、区级刊物5篇；论文获国家级奖项7篇、省级奖项8篇、市级奖项15篇、区级奖项7篇；教师教学设计、课例、基本功比赛等获国家级奖励3项、省级奖励79项、市级奖励96项、区级奖励242项。我校有2位教师入选江门市中小学第二批兼职教研员，并有6位教师入选江门市中小学学科核心教研组成员。

4. **加强校本培训，弘扬高尚师德师风。**为深入学习贯彻落实党的二十大精神，发挥先进典型示范引领作用，大力培育和践行社会主义核心价值观，加强教师思想教育工作，推进师德师风建设，营造昂扬向上文化氛围，打造真善美一流侨校品牌，新会华侨中学在每周二下午第9节课的时间开展理论和业务学习，着力提高教职工的思想政治觉悟、职业道德水平和教育教学能力。校本培训活动丰富，有"感动侨中"系列活动，全校主题班会公开课、学科教学全校公开课及评课研讨活动、校外专家教学教研培训、班主任培训等。其中，"感动侨中"系列

活动是校本培训的一大亮点，感动侨中专题教育活动是依据学校实际情况，挖掘身边的榜样，通过人物自述，他人转述，发现感动，体验感动，传递感动，激励教师以更加饱满的精神投身学校发展大业，为建设"特色鲜明、国内一流"侨校而奋斗。2022—2023年第二学期，学校开展全体教师理论和业务学习共计15次，在全校范围内掀起一股"立师德、正师气、强师能"的热潮，教师队伍素质不断提升。

注重学生全面发展　打造教育新方式

——基地学校陈经纶中学典型成果展示

广东省江门市新会陈经纶中学　梁新明　梁悦正　冷晋

新会陈经纶中学坐落在新会圭峰山南麓，是新会旅港实业家、慈善家陈经纶先生捐资兴建的一所环境优美，书香满园的区直属学校。

"圭峰山秀，银湖水长，经纶中学，海内名扬"，这首新会陈经纶中学学子耳熟能详，皆能颂唱的校歌将新会陈经纶中学独特的地理位置和崇高的声望描述了出来。该校紧紧围绕立德树人根本任务，探索并开展主题系列课程及活动，逐渐形成"一个定位、双向融合、三个体系、四类课程、五大活动"的劳动教育课程体系，为学生终身发展奠定基础。

新会陈经纶中学占地面积12.6万平方米（约190亩），建筑面积4.8万平方米，育人环境优美，有园林式学校美誉，教学设备、设施走在教学前沿，满足多项教学需求。

　　新会陈经纶中学践行"为了更好的明天"的办学理念，围绕"培养心怀家国，敢为人先的时代新人"的育人目标，坚持德智体美劳五育并举，构建学校建设的新格局，着力打造国家级中小学劳动教育特色学校，全面提升学校教育品牌和综合实力。

　　新会陈经纶中学拥有一支优质的名师队伍，学科教研队伍实力雄厚，多位教师兼任市、区级兼职教研员，教育教学成效显著。该校是首批广东省一级学校、广东省普通高中教学水平优秀等级学校、广东省中小学劳动教育特色学校、广东省第三批中华优秀传统文化传承学校、国家教育考试标准化考点等。2020年9月，学校转为公办学校，软硬件建设双管齐下持续提升，向更高层次更高质量高速发展。办学至今，学校共获得国家级专项荣誉6项、省级综合性荣誉25项、地市级综合性荣誉104项。

名师引领 共促成长

新会陈经纶中学以学生全面发展为基点，以教师多元成长为轴线，制定三大工程十大方案，落实学校高质量发展规划。

"有什么样的老师就有什么样的学生"，新会陈经纶中学学府里，群英荟萃，上映着一幕幕有温度的教书育人故事。学校在职在编教师有263人，其中具有正高级职称2人，高级职称89人，广东省名教师工作室主持人1人，江门市名师名医名家1人，江门市岗位技术能手标兵1人，江门市名教师工作室主持人1人；江门市普通高中星级教研组11个，江门市学科带头人2人，江门市兼职教研员5人；新会区名教师工作室主持人2人，新会区优秀中青年专家和拔尖人才2人，新会区名校长1人，新会区学科带头人25人。

春华秋实，桃李盈香。新会陈经纶中学办学35年，坚持以人为本，质量立校。全体师生齐心同力，奋勇前行，不断超越自我。高考连续多年取得优异成绩，近年高考本科上线人数年年创新高，今年更突破500人大关。多年来，该校为清华大学、北京航空航天大学、中国人民大学、北京理工大学、复旦大学、同济大学、武汉大学、中山大学、华南理工大学、厦门大学、哈尔滨工业大学、中央戏

剧学院、中国美术学院等985高校输送多名优秀学生。

以劳树德　赋能润心

树德，是培养学生正确的劳动价值观和良好的劳动品质；赋能，是让学生掌握基本的生活技能和劳动技能；润心，让学生感受劳动过程的艰辛与乐趣。劳动教育课程渗透着德育、智育、体育与美育，在学校教研队伍的深耕打磨下，新会陈经纶中学从夯基垒台、立柱架梁，到稳步推进、积厚承实，积极探索出一条"劳动教育课程——劳动文化馆——劳动教育实践基地"劳动教育协同发展路径，在"双减"背景下，让学生从繁重的课业负担中解放出来，感受不一样的劳动快乐。

新会陈经纶中学独有的劳动教育园，最先映入眼帘的便是头顶上的龙眼树，上面已经结满了果实，"这里面的所有农作物都是全校师生共同精心栽培的，学生可以把劳动成果带回家跟家人一同分享。"结合学校教学实际和办学特色，高站位创设、高标准规划、高质量实施、高效能评价，推动学校劳动教育高质量发展和可持续发展。打造培养学生劳动素养和开展课外实践活动、德育学习的主要阵地，劳动教育这一门别开生面的课程，是新会陈经纶中学的特色课程。从"课本"到"生活"，从"认知"到"实践"，劳动教育为学生成长赋能。"除草、松土、挖坑……同学们都是亲力亲为，他们很爱惜他们的劳动成果，有的同学中午吃完饭之后就会到这边来浇浇水，坐在这里看看书。"

在新会陈经纶中学劳动教育特色课程构建过程中，校长梁新明提出了以"在劳动中塑造更好的自己"为劳动课程的总目标，确定在劳动中培养意志品质，在

劳动中促进审美能力，在劳动中学到技能知识，在劳动中提升情感体验，在劳动中促进沟通交流，在劳动中加强安全意识，在劳动中开拓创新思维，在劳动中感悟人生价值八大核心价值。充分利用校内资源，以培养学生自主探究及团队合作为目的，创设"五层五翼"劳动教育课程。"五层"是课程目标，即以劳树德、以劳增知、以劳健体、以劳育美、以劳创新；"五翼"是实现课程目标的路径，即五大劳动教育课程：日常生活劳动课程、农事劳作课程、特色校本课程、研学拓展课程、PBL项目式学习课程。例如，组织学生以"遨游绿色海洋，放飞青春梦想"为主题的校园植物建档挂牌劳动课。学生以问题为驱动，在校园内认识各种植物，通过搜索、记录各种植物的名字、分类特征、生长特点等，给每棵植物一个"身份证"，为植物设计名片并挂牌。新会陈经纶中学劳动园里的植物都由各科组，各年级及各班级负责分管，做到人人当家做主。老师跟同学们一起合作，培育的不仅仅是一棵树苗，也是一个教育故事。

以艺载德　五育并举

在落实"双减"政策的过程中，新会陈经纶中学创新劳动教育的思路，探索劳动教育的新途径，为学生搭建了更广阔的主题教育平台。

新会陈经纶中学劳动教育特色课程体系中的其中一门，便是新会葵艺特色课程。新会葵艺作为本土国家级非物质文化遗产，其蕴含的传统美术、传统技艺、人文历史等知识，为学校的特色课程开发与实践起到内核驱动力。

新会陈经纶中学是广东省基础教育高中美术教研基地（江门）项目基地学校，以国家级非物质文化遗产新会葵艺为特色教学，对新会葵艺课程进行多元路径开发与实施，联合国家级新会葵艺代表性传承人廖惠林、省美育专家、美术教研员等为专家队伍，依托葵艺人大师工作室团队、新会葵艺传承基地、广东省基础教育高中美术教研基地等阵地搭建交流平台，指导葵艺课外活动，成立专业性较强的葵艺教研组（主要成员13人，高级教师3名，一级教师6名，艺术学硕士研究生2名，其中，该校的赵琼花老师于2022年4月被新会区文化广电旅游体育局认定为国家级非物质文化遗产新会葵艺项目区级代表性传承人。

记者在采访参观时，提起到葵艺班的学生，有同事打趣地说："凡是跟赵老师接触学习葵艺的学生，在这次高考中都能考到理想的成绩，录取到自己心仪的学校。"站在一旁的赵琼花老师微笑着说："我们新会陈经纶中学的葵艺课堂教学模式还是很丰富的，在葵艺传承人及学校的大力支持下，我们围绕'新会葵艺·薪火相传'主题开展了一系列活动，如葵林研学——为葵树娃娃浇水，了不起的我们——向校长（德育正高级教师）学习搓葵绳，葵材料变身——实现飞鱼（非遗）之梦等有趣的主题活动，活化新会葵艺进课堂的模式。在教学过程中，学生才了解葵扇的工序流程与工艺特色，不禁惊叹一把葵扇蕴藏的智慧。在结课的时候，学生们都会按小组制作出一份具有个性的葵艺作品，作品里闪亮着学生们无限的创意与满满的学科知识，为校园的中秋节葵艺花灯提供了专属装备、为劳动教育编写着一个个葵艺传承小故事。"

新会陈经纶中学缤纷的葵艺课堂充满着烟火气，使葵艺课堂变得可触摸，可探究，让学生从不同角度感受五邑侨都非遗文化的魅力，激发了学生对侨乡文化的兴趣，有助于涵养家国情怀。与此同时，结合课后素质托管、融汇艺术课程，创新出葵艺课堂别样的打开方式，丰富了校园生活，以艺载德、以艺促智，五育并举，助推素质教育，促进学生全面发展。

"一质双驱三翼"特色办学提质实践

——基地学校梁启超纪念中学典型成果展示

广东省江门市新会梁启超纪念中学　叶健鸿　陈君艳

自2021年4月起，自参加省教研基地研究项目以来，梁启超纪念中学坚定走特色办学道路，开创"一质双驱三翼"教研机制，全面铸造启超文化品牌，加快推进"导学–互动"教学模式的新发展，取得了明显成效。

一、赓续前行：以基地学校建设为契机，转变教育教学教研观念

新会梁启超纪念中学是为纪念我国近代著名的思想启蒙家、改革家、学者梁启超先生而命名。2008年，被评为广东省一级学校；2016年，被评为全国航天特色学校；2018年，被评为国家航天科普教育基地。2018年9月，学校与原新会实验中学进行资源整合，组成新的梁启超纪念中学，分葵湖、实验两校区。

两校区共设有82个教学班，初中23个班，高中59个班，学生合计4242人（其中体艺生合计663人，约占高中学生总数20.9%）。现有在编教师328人，研究生33人，本科学历288人，其中，高级教师99人、市政协委员1人、区人大代表1人、区政协委员1人、新会区名师工作室主持人1名，区名教师5人，区名班主任4人，区学科带头人23人。

近年来，学校着力于学校品牌的塑造和办学品位的提升，这对梁启超纪念中学的教育教学质量提出了较高的要求。借教研基地的辐射引领之力，以科研带动教学，创新教研管理网络，开展课题研究，营造浓郁的教研氛围；走特色办学之路，全力推进素质教育，全面提升教育教学实效。成效颇丰：学校先后获得广东省群众体育先进单位、广东省绿色学校、江门市高中阶段教育质量先进学校一等奖、江门市首批中小学艺术教育特色学校、第一批江门市基础教育党建工作示范校、江门市羽毛球体育特色试点学校、新会区素质教育先进学校、高中教育质量管理特别贡献奖、体艺高考特等奖、新会区教育工作先进单位等荣誉。

学校取得的部分荣誉

二、踔厉奋发:"一质双驱三翼"促发展,基地学校建设见成效

自梁启超纪念中学参加省教研基地研究项目以来,为提高教研教育教学成效,在区教研基地的帮助下,凝练出"一质双驱三翼"的教研发展模式,为基地学校落地定位导航。其中"一质"是指:借助基地学校的契机,以推动基础教育高质量发展为中心。"双驱"是指:以教师专业成长驱动课堂教学质量优化;以项目课题研究驱动学科教学理论精进。"三翼"是指:以打造梁启超精神、航天科普、艺术特色品牌为主旋律,三位一体促发展。三者相互依存,"一质"是根本。图示如下:

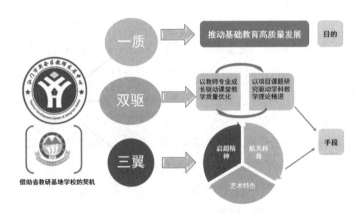

(一)"一质"有实效

借力新会区教研基地平台,梁启超纪念中学定期组织聚焦课堂教学质量的主题研讨活动,在低年级探索"导学-互动"教学模式,在高三年级,特别是针对体育艺术特长生积极推广开展"定目标、结对子、勤问诊"辅导三模式。

自2009年起，梁启超纪念中学高考连续14年荣获新会区高考一等奖。2023年高考再创佳绩，特控线以上4人，本科以上269人；艺术高考成绩突出，本科以上114人，上线率61.5%；其中音乐生本科上线92.31%，开创了学校音乐专业上线率的新高。近2年来体艺特色再次彰显实力，如霍幸芳同学以全国第1名的成绩入围云南艺术学院；刘创同学以250分的艺考成绩，获得舞蹈编导系广东省第2名；滕菲同学以广东省第1名、全国第18名的成绩入围苏州大学；谭采恩同学以音乐学类合成总分557，位列全省106名；张子涛在星海音乐学院的音乐校考中位列广东省第2名。这与学校继续以教育教学质量为中心，依托区教研基地的力量，进行科学的布置，严谨的检查，实行校内教导处、教研级长、科组长和备课组长四点一线，共商教学共管教学的管理模式，进一步探索课程改革，促进教师专业成长息息相关。

（二）"双驱"促发展

1. 精进师资，持续提高教学水平。

（1）听课促提质。为促进课堂教学改革，提高课堂教学的效率，提升教师的业务水平，2021年开展了"导学–互动"课堂教学比赛活动。课堂上亮点频频、精彩纷呈，参赛教师课堂教学能力逐步提升，教学理念不断更新。2022年，我校开展了梁启超中学教育集团"同课异构"课堂教学比赛活动。通过21位教师的倾力准备，18位评委的专业评价，本次教学比赛促进了课堂教学改革，提高了课堂教学的效率，提升了教师的业务水平。比赛活动和每学期校级公开课共开出约90节，有效地促进了我校的课堂教学工作。特别是继续执行教师间互相听课制度，要求教师一学期听课不少于16节，起到了互促双进的良好效果。

（2）赛训促提质。为促进各备课开展集体备课，提高课堂教学质量，教导处进行了集体备课优秀成果评选活动。如实验校区高一英语、葵湖校区高三化学等11个备课组荣获2020–2021学年度学校集体备课优秀成果奖；19个备课组上交的材料被评为2022–2023学年度集体备课优秀成果一等奖。实验校区高二语文、初中化学、葵湖校区高一数学，高二英语4个备课11组被学校推荐参加2021–2022学年度江门集体备课优秀成果评选活动。2022年，音乐、历史科组参加江门市星级科组评选获评三星级；实验校区高二语文备课组、高一英语备课组、启中数学备课组、葵湖校区高三化学备课组获得江门市优秀备课组荣誉称号。

上级部门举办的各种教育教研比赛，我校也组织教师积极参与。如推荐17个"作业设计"参评新会区2022年作业设计评比活动，何秀芬、张日玮、梁宝娟、周银凤等老师的9个作业设计获得了区级奖项；出色地完成了2022年基础教育精品课程上传任务，陈丽明老师获得了省级三等奖的好成绩；成功举办了我校新会区省教研基地"强师杯"教案设计评比大赛，共评出50名特等奖；积极参加江门市解题能力比赛，2021年下半年有31名老师获奖，高中语文科组的叶莲子老师获得了江门市一等奖第一名。2023年上半年有23名老师获奖，高中历史陈君艳、高中生物罗巧玲、初中语文周利娟老师获得江门市一等奖。

梁启超纪念中学还组织教师积极参加外出和校本培训，3年来先后组织200多人次参加各级各类的培训活动，有效地提高了教师的业务水平和能力。其中包括2023届高三共4名教师到北京参加启明星培训班学习等。2023年，教导处组织了四个主题培训，分别为："新教师站稳讲台的二十个细节"；教师怎样通过细节成就优质课堂；"如何上好考后分析课"培训；"教师专业成长的七个'度'"，有效地加快了青年教师的成长，提高了老师们的专业素养。

（3）研考促提质。考试是检验学校教育教学成果的重要手段，对考试全面深入的钻研至关重要。每学期，教导处、教研级长、科组长、备课组长都认真把关，做好考前准备、考试和考后分析各项工作。教研级长根据教导处的要求做好每次大考的资料整理和收集，按时上交有关资料，并利用总结会进行考试数据分析，指导下一步的教学工作。在每学期江门调研试后，如有个别科目在江门和新会的排名都比较落后，教导处会进行详细分析，并督促有关年级和备课组查找原因，制定切实可行的措施，进一步提高教学质量。

（4）鼓劲促提质。为加强师资队伍建设，激发全体教师投身教育教学、教研教改工作的积极性，全面提升梁启超纪念中学教师专业技能和业务水平，教导处于2021-2022学年度制定了《十大最受欢迎教师评选方案》。根据方案要求，按照"优中选优"的原则，经科组民主推荐，教导处认真审核，报主管校长及党委会审批，推荐40名教师为首届十大最受欢迎教师候选人。最终，全校师生按相关要求投票，评选出启中十大最受欢迎教师。

2. 开展"主题式"教研，深入展开特色课题研究

以研促教，落实"主题式教研"，开展教师教研能力梯级培养。如进行：新进教师教研培训、青蓝工程、省市区名班主任工作室的培养等活动，助力提升教师业务能力，建构教研生态，凝练教师文化。

2022年，梁启超纪念中学15个课题正在研究之中，落实"主题式教研"。如我校首个区音乐名教师工作室主持人郑青林老师的省级课题《多技术融合环境下跨区域中小学音乐美育课程资源建设与应用研究》立项成功，主题为数字化转型赋能高质量课堂教学；陈玮老师的省级课题《梁启超家国情怀融入高中语文课堂教学的实践研究》立项成功，主题为启超文化特色推动高质量课堂教学。黄惠香副校长的省级课题《梁启超的家教、家风、家国情怀与中学德育的融合》于2023年顺利结题，主题为启超文化特色推动德育工作的开展。陈君艳老师参与的省级课题《核心素养下研学旅行主题课程设计与实践研究——以江门市为例》（跨校跨县区合作）于2022年12月结题并获得优秀评价，主题为研学的研究与实践推动高质量课堂教学。

3年来，教师共发表论文约150篇。其中，黄继华校长的论文《在"矛盾"中解读文本》发表在《中学语文教学参考》核心期刊上、论文《凝心聚力补薄想方设法强基》在广东省基础教育新会区教研基地优秀论文评选中获一等奖，赖丹和李智慧老师在新会区课堂教学模式和教学方法改革典型案例评选中分别获得一等奖和二等奖的好成绩。我校还推荐了60多篇优秀论文参评江门优秀教育教学论文评比，并获得了优异的成绩。课题的立项，论文的发表，各项比赛的举办，为我校营造了浓厚的教研氛围。

（三）"三翼"文化强校

2019年7月17日，梁启超纪念中学教育集团挂牌仪式在启中隆重举行。自此，根植于启超文化的启中校训及办学理念、办学宗旨等均成为集团旗下全体成员的共同财富和根本遵循。启超教育集团大力推进各校骨干交流、教研共建，开启了质量立校、特色兴校、文化强校的新征程。作为集团确立的领衔学校，启中在集团"融文化教育、体艺教育和科技教育三位一体"的特色办学方针引领下，在区省教研基地的帮助下，依托启超文化及其铸就的江门市艺术特色学校和全国航天特色学校的优势资源，举办了影响力深远的系列重大活动，屡创佳绩、鼓舞人心。

1. 厚植启超文化特色，夯实文化强校之基

为更好地弘扬启超文化，传承启超精神，梁启超纪念中学采取了以下措施：改善硬件设施，打造启超文化氛围，如把《少年中国说》制作成石刻置放在校道旁的"启超园"中，把"少年智则国智，少年富则国富，少年强则国强"等句子镌刻在教学楼的外墙，供全校师生阅读；成立专门的《少年中国说》朗诵队并进行专题演出，精彩表演被多家媒体争相报道；举办"少年强·中国强"系列活动：如"少年中国说·我们的声音上太空"启动仪式、书法比赛、朗诵比赛等，如在每一周的升旗仪式、每年的入学礼、开学礼、毕业礼、成人礼等活动中朗诵梁启超的《少年中国说》节选等，潜移默化，对学生进行精神熏陶，让《少年中国说》的精神植入学生的心田；成立家教家风宣讲团、故居志愿导赏队，让启超

家教家风走出校园、走进家庭，走向社会。除了走出去，我们也引进来，邀请专家进校，讲授启超家教家风；还有开展"传承启超文化，寻找身边好家风"征文和评选活动、编制校本教材、开展省级德育课题"梁启超的家教、家风、家国情怀与中学德育的融合"等，真正让启超精神滋养全校师生的心田，飘洒校园的每个角落，打造出属于我校特有的启超文化品牌。

营造浓厚的启超文化校园氛围

梁启超深厚的爱国情怀，良好的家教家风，是我校弘扬启超文化的主动脉。活动如下：

2021年，梁启超纪念中学为纪念梁启超先生诞辰148周年，歌颂先生爱国、救国、报国的精神，传承其好家风家教，厚植家国情怀，以"少年强·中国强"为主题，隆重举行了现场书法比赛；我校志愿导赏员参加了由央、省媒体采访团主导的"大湾区·大未来"主题宣传活动，得到了现场嘉宾、媒体记者们的一致好评。2021年7月，学校创排的《少年中国说》以磅礴的气势拉开了"家国情怀寄尺素——江门五邑侨批（银信）专题展"的序幕，得到了省委领导和市委主要领导的充分肯定和高度评价。

2022年，为响应新会区首届"梁启超文化月"活动的号召，让全校师生学习启超文化，传承先生的爱国精神，梁启超纪念中学积极组织了以下活动：在葵湖校区开展以"启超精神，薪火相传"为主题的书法比赛；在实验校区饮冰室图书馆，黄惠香副校长开展"学习梁启超的爱国情怀"主题讲座；我校朗诵队激情朗诵了梁启超先生的名篇《少年中国说》，鼓舞师生为实现中华民族的伟大复兴而

艰苦奋斗；举行了"弘扬启超文化，传承爱国精神"专题演讲比赛。其中，梁启超纪念中学学生参加"青春赞歌"原创诗歌比赛有571份作品通过审核，活动点击量近130万次。本次活动，新会电视台也对我校进行了专门的拍摄和采访。9月，学校举行了"弘扬启超文化，书写时代新篇"为主题的开学典礼，叶健鸿党委书记在开学典礼上教育学生在新的学期努力奋斗，书写时代新篇。开学典礼结束后，马上开展以"弘扬启超文化，书写时代新篇"为主题的开学第一课，教育学生从自身做起，争当时代追梦人！

　　2023年，2月18日上午，梁启超纪念中学邀请原中国航天科技集团公司科技委办公室主任杨利伟同志在我校体育馆举行以《苍穹大业赤子心——梁思礼院士的故事》为主题的讲座，对学生进行爱国主义教育；我校还邀请了梁启超孙女，梁思礼院士女儿梁红女士在我校饮冰室图书馆进行《梁启超家教家风》主题讲座，教育学生传承启超家风，弘扬爱国精神。2月23日，我校举行以纪念梁启超先生诞辰150周年为主题的诗歌朗诵比赛和书法比赛，以活动为平台缅怀梁启超先生，传承启超精神。4月7日和4月14日，黄健荣老师分别在江门市委教育工委会议暨思政教育工作推进会和新会区委教育工委会议暨思政教育工作推进会上各上了一堂主题为"弘扬启超爱国精神，争当新时代有志青年"的思政示范课，得到了来自市、区委领导和市、区各学校校长、思政教师的一致肯定和好评。我校"少年中国说"朗诵队在4月23日在新会书院参加由江门市宣传部主办的"4.23"世界读书日"传承——分享启超家书，传承良好家风"活动的演出，在4月26日在新会一中参加江门市新团员入团宣誓仪式上演出。两次演出均展现我校朗诵队的风采，得到了来自上级领导、嘉宾和观众的一致好评。在2023年江门市"千校联诵"《少年中国说》经典铸魂校园诵读展演比赛中，我校师生联诵作品《少年中国说》力压江门市其他学校，荣获一等奖第一名。另外，初二1班黄思琳同学荣获"古诗吟诵"中学组二等奖；高一7班黄睿等荣获"美文诵读"中学组优秀奖。

　　2. 航天科普活动屡创佳绩，为文化强校注入巨大动能。

　　在航天特色方面，梁启超纪念中学营建了以航天文化为主题的载梦园，航天科技活动中心、卫星创客实验室、太空植物园，提升校园文化品位。不仅如此，挖掘校外专家资源，打造航天特色教师团队，学校邀请了中国首位航天英雄杨利伟、中国工程院院士、中国运载火箭技术研究院运载火箭系列总设计师、国家月球探测工程副总设计师龙乐豪、英雄航天员刘洋等专家为启中学子做科普讲座。学校还成立了各类符合学生兴趣发展的航天特色社团，带领学生积极参加各项比赛，在活动中获奖无数，彰显了特色建设的成效。

（1）活动缤纷多彩。2021年，梁启超纪念中学组织筹办了"少年中国说—我们的声音上太空"暨新会教育系统航天嘉年华启动仪式活动。学校在2020年参加"孩子的声音上太空"大型航天科普公益活动中，学校3个作品从全国1万余首参赛作品中脱颖而出，成功入选全国99个优秀作品，被评为"太空好声音"。5月16日，梁启超纪念中学成功举办航天嘉年华活动，人民日报、中国青年报、凤凰新闻、南方PLUS、羊城晚报、广州日报、新浪网、央视频移动网、江门电视台、邑网通客户端、触电新闻等媒体争相报道。中国工程院院士、空间技术专家戚发轫先生，中国航天科技国际交流中心副主任周岫彬先生，梁启超先生孙女、中国航天科技集团五院502所高级工程师梁红女士，江门市委统战部副部长、市侨务局局长陈耀华，江门市教育局党组书记、局长张璐，新会区委常委、统战部部长谭炎明等重要嘉宾、领导莅临现场。这次活动，让学科学，爱科学，用科学成为梁启超纪念中学的一道亮丽的风景线。

2022年，梁启超纪念中学隆重举行中国第七个"中国航天日"庆祝活动和我校第五届航天科技节活动。活动有各项有趣和充满科技感的比赛，如水火箭发射、纸飞机、遥控四轴飞行器计时赛、太空漫画、科幻征文、航天模型、太空种子、纸承重等比赛项目，让学生在参与中感受科技和航天的魅力和乐趣。活动中，赖丹老师以《弘扬"两弹一星"精神·担当时代责任》为主题从中国航天发祥地讲起，分享了"两弹一星"的制作历程，鼓励同学们学习"两弹一星"精神，以航天科技人员为榜样，顺应时代发展，做有担当的青年。

中国宇航学会"少年中国说·我们的声音上太空"启动仪式

（2）比赛硕果累累。2022年在中国航空学会主办的第6届全国青少年无人机大赛总决赛中，梁启超纪念中学邝俊浩、林子皓两位同学在赵携新老师的指导下，分别获得全国一等奖、三等奖。2023年6月23日，梁启超纪念中学航天社团在恩平市冯如纪念中学参加第7届全国青少年无人机大赛（广东省赛），共获2个省级一等奖：5个省级二等奖；4个省级三等奖的优秀成绩。7月15日，梁启超纪念中学孙徐川、赖丹、伍国庆等老师带领学生参加省航天科技探究与创新比赛，获得2个省级三等奖，2个省级优秀奖的好成绩。

3. 扩展体育艺术特色渠道，助力文化强校纵深发展。

（1）"自主发展"—组建校内高质量文艺比赛。2022年5月，梁启超纪念中学在葵湖校区体育馆举办了第一届盛大而隆重的舞蹈大赛。经过初赛74组选手的激烈角逐，最终有22组选手成功闯入决赛。本次比赛，"启中杯"舞蹈大赛不局限某一舞蹈门类，基本包含了全舞种，不限中西，无论古今：既有打破常规的当代芭蕾舞，也有热情洋溢的拉丁舞，还有刚柔相济的古典舞和年轻人追捧的街舞……"多样性"贯穿大赛始终，真正成就了全景式的舞蹈大观。

2023年6月1日晚上，梁启超纪念中学在体育馆举行以"青春飞扬、梦想起航"为主题的第二届"启中杯"舞蹈大赛。同学们用舞蹈之美诠释了对生活的热爱，用艺术之美点燃了夏日的校园！

（2）"走出去"——积极参加上级部门举办的比赛。2021年，体育方面，3月13日"中国体育彩票杯"新会中小学篮球赛高中组联赛拉开帷幕，梁启超纪念中学篮球健儿们不畏强手，敢打敢拼，团结协作，发挥出超高的篮球水平，最终创下佳绩：女子篮球队荣获本届赛事女子组亚军，男子篮球队荣获本届赛事男子组第五名；女子篮球队参加"爱尔新希望杯"中小学田径运动会荣获高中组第三名；在省足球夏令营选拔活动中，梁启超纪念中学有6人入选广东省最佳阵容；雷于卉同学获省校园足球"未来之星"称号；学校20名队员代表新会区出战2021年江门市"中国体育彩票杯"青少年足球锦标赛初中4个组别的赛事，技压群雄，分别取得女甲、女乙、男乙组的第一名和男甲组第二名的优异成绩。其中，主要由我校队员组成的女子甲组队，以零失球、32个净胜球的傲人战绩击败对手，备受各方瞩目。

青少年足球锦标赛收获颇丰

艺术方面，在新会区第18届中小学文艺汇演中，梁启超纪念中学选送了4个节目，分别参加中学组的综合类、声乐类、舞蹈类比赛，并以扎实的基本功、专业的设计和精彩的演出赢得了专家评委们的一致好评。本次参赛取得的成绩刷新了学校历史最好成绩，体艺特色教育的发展实现了质的飞跃——高中组合唱、舞蹈、综合创作类节目都获得了一等奖第一名（合唱：《中国梦》《迎风飘扬的旗》、舞蹈：《红花朵朵漫山开》）；初中组的综合创作获得了二等奖第一名。

2022年，体育方面，在江门市"奔跑吧·少年"中小学生啦啦操锦标赛中获佳绩。启中初中啦啦队在初中组比赛中荣获第三套全国校园啦啦操示范套路（花球）第一名、第三套全国校园啦啦操示范套路（街舞）第一名、综合风格齐舞自选套路小集体第一名、2020版全国啦啦操规定动作——花球（1级）第二名、初中组团体第二名的优异成绩。参加在河北省张家口市举办的2022"我爱足球"全国五人制足球青少年锦标赛（女子U15），我校足球队获得全国季军，成绩骄人！

2023年，体育方面，3月15日开始参加新会区中小学生校园足球联赛、篮球联赛，学校派出6支队伍，共计88名运动员参加比赛。经过半个月的顽强拼搏，取得了本届足球赛事的初中组男、女双料冠军及高中女子组第三名的好成绩；高中男、女子篮球队也取得了两个第三名的好成绩。

艺术方面，5月11日，新会区第19届中小学生文艺汇演正式拉开帷幕，本次汇演主题为"立德树人，践行二十大精神；行稳致远，擘画高质量蓝图"。全区共40多所学校参加本次活动，梁启超纪念中学选派了队伍分别参加合唱、舞蹈、综合等三大项目的比赛，均获一等奖。

（3）"走向国际"——拓展美术活动，挖掘教师潜能。我校美术方面活动丰富多彩，编写有多本极具特色的校本教材，组建有书法、漫画、国画社团组织，开展了书法、国画、漫画、版画、水彩、摄影等第二课堂活动。其中黄泽斌老师的漫画在国际大赛中多次获奖，漫画作品入选"世界著名的罗马尼亚艺术家"国际展览会、首届国际体育幽默画展、入选阿根廷漫画杂志的封面设计等。

特别重要的是，梁启超纪念中学为了提升美术教育水平，在上级部门的积极推进下，与依托清华大学教育资源的北京志成教育科技有限公司签订合作协议。通过此项目，学校于2022年11月成立了美术专业的"清华自强班"，采取了线上线下相结合的授课形式，在清华大学美术学院教授团队的帮助下，培养一批优秀的美术教师团队，逐步提高美术特色办学水平。2022年我校邀请清华大学美术学院李小亮博士为学校师生做了一场主题为《规划的人生更精彩——一个山区娃的求学之路》的励志报告会，李博士用风趣幽默的语言讲述了自己用"美术放飞梦想"的人生故事，用励志故事点亮学生前行的方向。2023年5月12日，为了提高师生美育素养，促进美育教育的发展，积极实践梁启超先生的美育思想，梁启超纪念中学领衔筹办了梁启超教育集团书画作品展，共有师生作品近200幅，于5月12日至5月25日在新会景堂图书馆展出。师生作品形式多样，风格各异，泼翰墨丹青于华章。

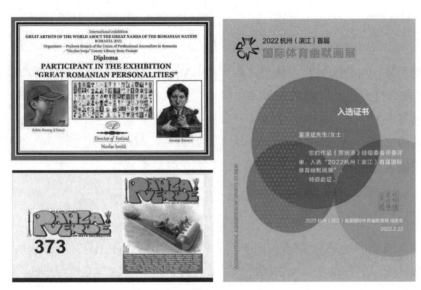

黄老师在国际大赛中获奖的漫画作品证书

三、奋楫争先：乘风破浪谋跨越，凝心聚力再出发

雄关漫道真如铁，而今迈步从头越。成绩能够说明过去，未来要靠奋斗搏得。下一步，梁启超纪念中学人将继续借助教研基地的帮助，围绕提高教育教学质量这个中心，坚持走"融文化教育、体艺教育和科技教育3位一体"的特色办学之路，与时代脉动，唱响主旋律，打好主动仗。同时，启中人将继续大力弘扬梁启超文化，坚持"为学生终身幸福打好基础，为社会培育有用之人、强国之才"的办学理念，激发师生的爱校、荣校的潜力，加强教师队伍的建设，多管齐下，扎实推进学校各项工作，凝心聚力，奋楫扬帆，努力擦亮学校品牌，不断推动学校实现高质量发展。

以"植物点亮精彩生活"的环境教育实践

——基地学校葵城中学典型成果展示

广东省江门市新会葵城中学　黄继华　容妙娜

摘　要：新会葵城中学运用"基于STEAM理念的科技活动实践模式"，开展"植物点亮精彩生活"环境教育主题活动，形成丰富多样的环境教育活动成果。学生通过项目式学习，不但掌握多种实践技能，更养成尊重自然、顺应自然、保护自然的环保意识。

关键词：五育融合　环境教育　项目式学习　系统性学习　保护生物多样性

一、活动概况

为了响应习近平总书记提出的"绿水青山就是金山银山"，培养学生"保护生物多样性"的环保意识和责任担当，本人设计了"植物点亮精彩生活"环境教育主题活动，包括：绿生态、乐科普、创植艺3个子活动，运用"基于STEAM理念的科技活动实践模式"，构建以实践为主线的课程结构，倡导丰富多样的实践方式，引导学生运用跨学科的知识创作自己的实践成果。学生将通过"绿生态"调研学习观察、摄影、记录、资料调查等科学方法，发现植物的精彩世界；通过"乐科普"活动学习各种科普技能和制作可视觉化的科普作品技巧，向身边人科普有趣的植物知识；通过"创植艺"活动对植物开展探究实验、改良制作技艺、设计多元的植物艺术作品等，在系统的深度学习与实践中掌握新时代的科学调研方法与劳动技能；养成尊重自然、顺应自然、保护自然的环保意识，成长为德、智、体、美、劳全面发展的新时代好少年。活动成果目标是汇编"优秀成果集"，培养"科普志愿者"以有趣的方式将优秀成果向本校的师生进行科普；进一步通过校外公益活动扩大"保护生物多样性"的科普宣传效应。我们通过以点带面的方式、先树立学校典型，后覆盖全市推广。我校"绿邑科技团"已成为青少年志愿服务骨干团队，协助环保部门开展环保公益活动，其中"绿色教育"项目"被评为"2021年广东省优秀环保培育项目","环保设施零距离"和"争当科普小能手"在2022年江门市志愿服务项目大赛的活动中分别被评为"年度示范项目"和"重点培育项目",为本地区培养绿色公民,助力生态文明建设。

二、设计理念

（一）**五育融合**。从"五育并举"到"五育融合",已经成为新时代中国教育变革与发展的基本趋势。2019年,中共中央、国务院印发了《关于深化教育教学改革全面提高义务教育质量的意见》,提出"五育并举"的指导方针,要求"突出德育实效""提升智育水平""强化体育锻炼""增强美育熏陶""加强劳动教育"。"五育融合"是对我国新时期"如何培养人"的整体回答,旨在通过"融合'的方式实现德、智、体、美、劳全面发展,具有均衡性、平等性、关联性、整体性等特点。作为新时期我国深化教育教学改革的指导方针,"五育融合"寻求学校课程、教学、组织、管理的"一体化"转变,由育内融合、育间融合、跨育融合三种实践样态构成。强化顶层设计,建立"五育融合"的国家标准和指南,围绕"育人度"和"融合度",构建"五育融合"评价体系,对推动"五育融合"有效落地至关重要。郝志军认为,"从五育并举走向五育融合,要'通起来',五育相互促进,协同综合育人"。宁本涛认为"从'五育'失衡到'五育'并举,再到'五育'融通、'五育'共生和'五育'共美,是'五育'融合五个重要阶段。两人共同观点是五育协同育人,实现综合育人。

（二）**项目式学习**。常规教学中的"项目式学习"是指基于课程标准,以小组合作方式对真实问题进行探究,以此获得学科知识的核心概念和原理,提升创新意识和实践能力的教学活动。"项目式学习"主要包括真实情景,问题驱动;明确任务,制定方案;方法指导,评练点拨;自主合作,探究实践;成果凝练,展示完善;总结评价,迭代升华。在《保护植物多样性》主题活动中,学生的驱动问题是小组选择1种校园植物后,挖掘植物有哪些有趣之处（例如:某种特别的生理现象、其适应自然的"繁殖智慧"、净化环境的科学原理等）？它给人类带来哪些价值？如何以新颖的方式将它向身边人进行科普？在任务的驱动下,学生认真学习科普技能,观看"科普讲解员"的示范,然后以小组合作的形式,主动、积极地思考如何才能将植物科普做到科学、有趣、易懂,运用跨学科的知识创作"自然笔记"、撰写"植物讲稿"并进行"科普讲解"。

（三）**系统性指导**。系统性指导是指以实践知识与方法体系为中心的学习指导，其学习内容和主题高度关联，是有意义和完整的结构化知识体系，有助于学习者产生一定的正迁移作用。"系统性指导"体现在教师引导学生以"校园植物"为研究对象，带着驱动性任务、有既定目标地进行课前自学、课中修改、课后完善的深度学习，经过五感观察、实地调研、资料调查、实验探究、植物标牌、自然笔记、科普讲解、科普影视、制作标本、植物创意等逐层深入形成知识体系。

三、活动目标

（一）**劳动能力**。学生以小组合作的方式，先学习生物调查、自然笔记、环境地图、科普视频的拍摄与编辑等实践技能；再共同设计活动方案发展初步的筹划思维；综合运用多学科知识和多方面经验解决劳动中出现的问题；学以致用创作本组的展示作品，发展创造性劳动的能力。

（二）**价值体认**。积极参与实践活动，主动与身边人进行"植物科普讲解"，形成保护生物多样性的价值体认；在实践中形成安全劳动、规范劳动、有始有终等习惯；养成自觉自愿、认真负责、诚实守信、吃苦耐劳、团结合作、责任担当的品质。

（三）**责任担当**。观察校园内的各种植物，围绕"有趣的植物"开展调研与科普创作，通过本节学习掌握自然笔记、植物讲稿和科普讲解的技能，提升综合实践能力；乐于参与校园植物科普的活动，将有趣的植物知识向身边人分享，增强服务学校的行动能力，初步形成珍爱自然环境的责任态度。

（四）**问题解决**。观察身边的植物，发现其奇趣之处，通过植物资料调查，用批判性思维来重新审阅资料，选出趣味性知识设计出有科普价值的"自然笔记"和"植物讲稿"；能主动进行"自然探究"，运用跨学科的知识解决问题，形成基本符合规范的科普成果。

（五）**创意物化**。发挥创意思维，为本组所选的植物"量身定做"一套有趣出科学、美观、有趣、易懂的科普资料，形成可视化的创意成果作品，发展实践创新意识和审美意识，提高创意实现能力；积极参与"创植艺"活动，对植物开展探究实验、改良制作技艺、设计多元的艺术成果等系统的深度学习与实践，掌握新时代的科学调研方法和劳动技能。

（六）**劳动精神**。学生小组合作中，各司其职，培育积极的劳动精神；在活动中乐于承担科普讲解员、摄影师、通信员等工作，弘扬爱岗敬业、甘于奉献的劳模精神；在作品创作中，养成精益求精、追求卓越的工匠精神。

四、活动重点与难点

（一）**活动重点**。学生通过本单元的系统性学习，能为某种植物制作 "自然笔记"、撰写 "植物讲稿"、进行 "科普讲解"、制作科普PPT或视频、设计植物艺术创意作品，养成保护生物多样性、珍爱自然环境的责任感。

（二）**活动难点**。1. 学生能为某种植物制作设计与制作出科学、美观、有趣、易懂的植物科普资料。2. 引导学生将植物标本与其他艺术融合，做出有观赏价值与实用价值的创意物品。

五、活动参与对象：七年级学生

六、活动时间：七年级第二学期

（一）综合实践课：学习理论知识、开展实践活动
（二）劳动课：开展相关实践活动
（三）周末：开展亲子实地调研活动

七、活动方案

（一）基于STEAM理念的科技活动实践模式

活动过程中，本人构建了六大环节的 "基于 STEAM 理念的科技活动实践模式"，教师起 "导" 的作用，学生是 "学" 的主体，通过有趣的实践活动实现 "乐中学 记忆深" 的教育目的。

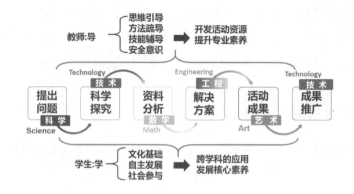

（二）课程内容框架

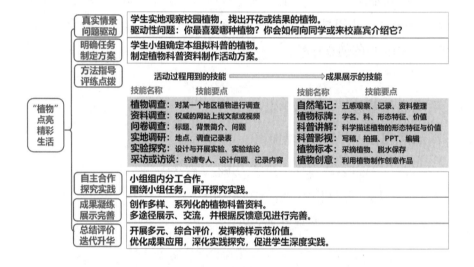

（三）"五育融合"的环境教育活动培养学生的核心素养

学生实践活动	育	科目	核心素养
科普作品宣传	德	道德与法治	道德修养、健康人格、责任意识
植物调查、探究实验 植物标牌、自然笔记 科普文案与讲解 科普PPT、科普视频 植物地图	智	生物学 语文 信息科技 地理	生命观念、科学思维、探究实践 语言运用、审美创造 数字化学习与创新 区域认知、地理实践力
植物调查	体	体育	健康行为
植物艺术创意	美	艺术	创意实践、文化理解
植物种植、探究实践	劳	劳动	劳动能力、劳动习惯

八、活动内容

（一）活动准备：成立活动小组

活动课题			
班别：	组名：		指导教师：
成员	姓名+学号	兴趣和特长	负责工作
组长			
组员1			
组员2			
组员3			
组员4			
备注			

（二）活动一：绿生态

1. 小组任务：调查校园内正在开花结果的植物，选择1种喜欢植物进行调查。

（1）在校园内，运用五感观察法观察最喜欢的一种植物的形态特征，查阅立于植物前方的"植物标牌"，认识该植物在名称、形态特征、主要价值、有趣的现象或原理，并进行长期观察与记录。

（2）选择1种，设计可视化的科普作品或植物艺术作品。

本组的选择的植物是：_____。

2. 观察法

观察是有目的、有计划的知觉活动。观，指看、听等感知行为，察即分析思考，即观察不仅仅是视觉过程，而是以视觉为主，融其他感觉为一体的综合感知，而且观察包含着积极的思维活动。因此，称之为知觉的高级形式。五感观察法是指视觉、听觉、嗅觉、味觉和触觉方面的观察方法。

（1）视觉是用眼睛观察生物的外形、颜色、数量、结构、位置等形态特征。

（2）听觉是用耳朵聆听某生物发出的声音。在自然观察中，要认真聆听教师或科普讲解员的讲解。

（3）嗅觉是用鼻子闻香、臭等气味，对于动物接受外界信息、识别环境、归巢、捕猎有重要作用。

（4）味觉是用口舌辨别苦、酸、甜、咸等各种味道。

（5）触觉是指皮肤触觉感受器接触机械刺激产生的感觉，包括触摸中感觉到的：冷热、滑涩、软硬、痛痒等各种触感。

3. 确定活动主题： 考虑将来完成作品的可行性，创新性，实用性和趣味性，选择1种植物，填写信息表。

<u>　　　　　　　　　　　　　　　</u>植物的信息记录表

植物名称：<u>　　　　　　　</u>

拉丁学名：<u>　　　　　　　</u>　科：<u>　　　　　　</u>。

五感器官	形态特征					价值或毒性
	视觉	嗅觉	触觉	味觉	听觉	
茎						
叶						
花						
果实						
种子						

4. 识别植物的方法——"形色"APP

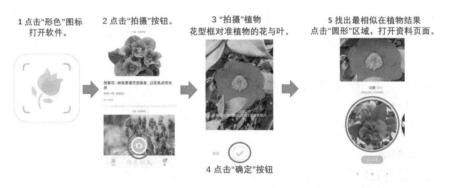

1 点击"形色"图标打开软件。　2 点击"拍摄"按钮。　3 "拍摄"植物 花型框对准植物的花与叶。　4 点击"确定"按钮　5 找出最相似在植物结果 点击"圆形"区域，打开资料页面。

6 查看植物详细资料　7 选择合适在途径 分享给他人

5. 植物资料调查与校准的方法

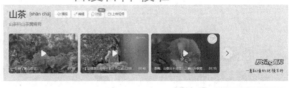

形色APP准确率没能达到100%，因此查到的资料因此需要进一步校准。推荐只用"百度百科"网页。

1. 查看视频和图片，比较与自己看到的植物是否相同。

2. 将形态特征、主要价值、植物文化粘贴到word文档中，进行资料整理。

3. 通过网络、视频、APP、微信公众号等信息技术手段查找有趣的植物知识。推荐使用"物种日历"微信公众号。

4. 筛选出有价值的资料整理成科普讲稿。

6. 绿生态活动剪影

（三）活动二：乐科普

1. 植物标牌设计

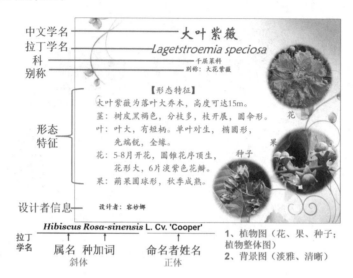

2. 自然笔记

当自然观察后，我们要将观察记录重新整理成以生物绘画和简单说明文字相结合的自然笔记。此类自然笔记以记录自然万物以及人类的相关行动为宗，不存在绘画功底如何的问题，任何人都可以拿起画笔，不崇尚技巧，不追求唯美。我们人类原本就是大自然中的一部分，我们的内心深藏着接近和回归自然的渴望。通过记录自然，我们将了解与自然的相处之道，也许我们将来会变得不再蒙昧和愚蠢。

2.1 自然笔记要素

2.2 自然笔记技巧

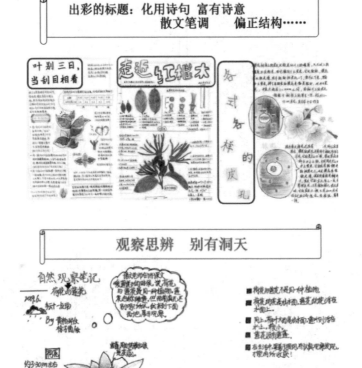

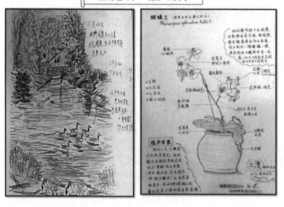

2.3 优秀作品展示

3. 植物的智慧

环境对于所有的生命体来说都非常重要。如果周边环境恶化，动物会通过逃跑或迁徙等方式来获得生存的机会；对于根扎在土地的植物来说就无法"逃脱"。不过，地球上的植物都有着自己独特的生存"智慧"，不管是严寒或是酷暑，干旱或是潮湿，它们总能找到适合自己的生存方式，能适应环境的变化而存活至今。比如在寒冷的气候里面，棉头风毛菊和雪绒花的叶片上会长出一层厚厚的毛，这层毛不仅能保暖，还能防止高海拔地区强烈紫外线的烧灼。在干旱的沙漠里面，有一种叫做骆驼刺的植物。它在陆地上的部分可能也就几十厘米，但是根系却可以扎到地面以下15米。一些热带植物为了应对台风，生长出来了板根。这种板根就像木板一样竖直地插入地面。即便是风力大的台风，也不容易，把这样的植物连根拔起。还有像菠萝蜜这样的热带植物，它们为了减少树冠的负担，专门在树干上开花结果。

请同学能从书本、刊物、网络上查找"植物的智慧"例子，用有趣的方式来科普。让身边人观看你的作品后能了解植物为了完成物种延续后代的使命的种种"智慧"，由衷地对植物生命的演变感到敬佩！

【优秀示范】木棉的智慧

木棉树的棉絮，里面包裹着木棉种子，种子需要在合适的环境中发芽、生长。

为什么棉絮在湿润的地面时停留，在干燥的地方不停呢？

而棉絮具有吸水性，当风让棉絮飘到湿润的地方时，棉絮就会吸水并粘在上面，从而给予了种子一个良好的生存环境

反之，如果飘到了干燥的地方，棉絮便不会在此停留，而是继续随风飘忽，寻找合适的种子发芽地

4. 植物科普讲稿

4.1 选题：确定一种植物

4.2 整理：选出趣味点或有价值的知识

4.3 构思：配套"自然笔记"写出初步的讲稿

形态特征：从五感描述植物可见部分的形态特征，优美语句让聆听者在脑海中呈现深刻的印象。

价值：经济价值、药用价值、净化作用等，让聆听者认识到该植物与人类的关系。

4.4 修辞：述性语言；引用实例、典故、诗词等润色文章。

5. 科普PPT

横向拍摄、比例16:9

秋意正浓 柑果飘香——醒目的标题

葵城中学 初三（2）班 林乐然 傅月华 龙百川
指导教师：容妙娜

图片：
1 活动过程中重要环节
2 集体照

个人信息：
学校
班别
全组姓名
指导教师

和谐淡雅的背景

6. 科普视频

6.1 视频要求：横向拍摄、比例16：9、格式MP4、分辨率720P或1080P；视频总时长2～3分钟为宜，最长不超过3分钟。

6.2 视频制作步骤

6.2.1 撰写讲稿

6.2.2 拍摄视频

6.2.3 筛选片段

6.2.4 编上序号

6.2.5 编辑视频：插入视频－插入封面－剪辑片段－调节声音－配上文字－配背景音乐

扫码观看教学视频

1. 开始创作

2. 媒体-导入素材 -按顺序 "+" 视频

3. 点击下方轨道的 视频开始编辑
  (1) 音频 调节音量 (10%-12%) 音频降噪

  (2) 点击片段-旋转或裁剪
     旋转：纵向改横向　裁剪：去除多余部分

  (3) 裁剪片段：可加"转场"
  (4) 文字：文本-智能字幕-修改文字
  (5) 背景音乐：音频-选音乐（纯音乐、音量调小）
  (6) 导出：选位置-重命名

7. 小组展示与评价

7.1 植物科普评价表

项目	评估内容	分值
自然笔记	植物信息：植物名、学名、科、形态特征、价值、记录者信息。 图文并茂：作品布局合理、图能展示植物形态特征或价值，文字简洁，感染力强。 植物与标注：固定在纸上，标出器官的特征。	30分

续表

项目	评估内容	分值
植物讲稿	形态特征 1. 讲稿能从植物的视、味、嗅、听、触感等方面描述植物可见部分的形态特征。 2. 语句优美能让聆听者在脑海中呈现美丽或深刻的印象。 植物价值：能精简地介绍植物的经济价值、药用价值、净化作用等，让聆听者认识到该植物与人类的关系。	30分
讲解	趣味知识：精选的素材能体现植物生存的智慧。 讲解技巧：语言要有节奏、抑扬顿挫、展示情感。 问题引导：能适当创设问题，引起聆听者的关注。	20分
创意	展示方式具有新颖性、趣味性，能体验小组的团队合作。	20分
总分		100分

7.2 小组自评表

在评价环节中，请同学们对照"植物科普评价标准"比较本组与另一组的自然笔记与讲解，思考本组作品的优点有哪些，是否存在需要改善的地方；再给本组的自然笔记、植物讲稿、讲解与创意给出评分。

项目	自评分数	优点	缺点
自然笔记			
植物讲稿			
讲解			
创意			
总分			

7.3 小组互评表

在评价环节中，请同学们对照"植物科普评价标准"比较本组与另一组的自然笔记与讲解，思考对方小组作品的优点有哪些，是否提出改进建议；再给出总分。

组别	分数	优点	改进建议

7.4 小组展示与评优

先2个小组相互展示与评价，学生评委巡看各组表现；接着所有学生共同填写下方评价表，选出较好的小组；在由这些小组上台展示，评选"优秀小组"。

8. 乐科普活动剪影

学习科普技能　　　　　自然笔记示范　　　　　科普讲解示范

创作经验分享　　　　　制作自然笔记　　　　　修改科普讲稿

小组相互讲解　　　　　巡堂聆听与评价　　　　优秀小组展示

（四）活动三：创植艺

1. 彩虹花卉

你见过一朵能呈现出"彩虹"般多种色彩的鲜花吗？你见过会变色的花吗？你想不想亲手来体验这个神奇的过程？让我们一起学彩虹花卉的制作方法吧！

1.1 科学原理——植物染色

1.1.1 植物通过蒸腾作用拉动水分在植物体内的运输，极微小的元素（染料）从茎的下端随水分运输植物体的器官中（例如：花、叶）。

1.1.2 水分在植物体内的运输结构是导管。

1.2 纯色花卉

1.2.1 基本工具：新鲜花材、多种颜色的纳米染料(或红墨水)、洋兰管（或离心管）、试管架

1.2.2 操作步骤：滴——剪——插——染

A. 滴：向4ml离心管滴加3ml的纳米染料。

B. 剪：剪取新鲜花材，保留6-10厘米的茎，去掉所有叶片。因为叶片是蒸腾作用的主要器官，染色时先染上颜色，为了避免颜料的浪费，所以染色时去掉叶片。

C. 插：将花枝或带叶的枝条下端插入纳米染料中。

D. 染：静置一段时间，植物通过蒸腾作用会将花和叶片染成相应的颜色。根据植物上色效果决定何时停止染色。

白色花材
装有染料的洋兰管
试管架

染色前

染色后

1.3 彩虹花卉

1.3.1 材料与工具：各种花卉、洋兰管、小刀、纳米染色剂、试管架、橡皮筋、水槽、滴管、玻璃棒

1.3.2 制作步骤：选材——修整——染色——观察

A. 选材。最好选含苞欲放的鲜花。

B. 修整。制作时，小心去除花卉枝干上的刺和叶子。刺要用剪刀小心地剪掉，叶子只留顶端2～4片，茎的底部泡在清水中剪去下段，保持横截面的新鲜，然后用美工刀片在花枝根部均分3至4份，按照它的纹路来划，不要划斜了，否则破坏导管，影响植物吸水！

C. 染色。洋兰管清洗后晾干。我们用橡皮筋将相应数量的洋兰管捆在一起，然后分别注入纳米染色剂，液体大概占洋兰管的1/2至2/3。将鲜花茎的底部小心的分开，分别放入不同颜色的管子中，动作一定要轻，插入洋兰管时，力量不能太大，以免弄折了枝条，影响花枝吸收染料。

切割　　　　　　　　　　　染色

D. 观察。室内温度控制在10-30℃左右，时间越短，花朵染色越浅；时间越长，花朵染色越深。一段时间后，我们能够看到染色鲜艳的颜色，就可以小心的取出鲜花，将茎的底部修剪，用清水冲干净，再放入清水培养。鲜花通过此过程，就能变成了七彩缤纷的彩虹花卉。而洋兰管内的染色剂只要不受污染，可重复使用！

开始时　　　　1小时　　　　2小时　　　　3小时　　　　　5小时

植物解剖、分析与结论

 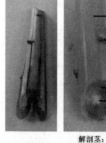 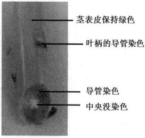

茎表皮保持绿色

叶柄的导管染色

导管染色
中央没染色

染成绿色的花朵
解剖花朵：我们可见
花瓣的颜色由下而上
从浅变深，花朵是由
外向内被染上颜色。

解剖茎
1. 茎表皮保持绿色，没有被染上色，证明切皮部没有导管分布。
2. 我们将茎进行纵切与横切。可见茎的颜色按片区染色，同一颜色垂直向上染色，并没污染其他区域，证明茎中导管是上下连同的管道，相邻的导管之间横向不相通。
3. 从茎中间选取一点横切，发现茎中央有一圆形区域没被染上颜色。证明茎中央部分没有导管分布。

实验结论：水的运输结构是导管，运输路径是由下向上，由外向内。

2. 保色标本制作

过去我们将植物做成腊叶标本时，可能遇到以下问题：制作烦琐、耗时长；长时间摆放后，植物会发霉、有蛀虫或者褪色。而源自英国皇家植物园的"押花"艺术能将植物做成漂亮的标本，并将其进行艺术加工，能做成精美的艺术作品。我们通过实验改良将生物标本做成艺术品，造型可以是人物、动物、风景，也可以是一种植物原来生长状态的再现。这样能达到留住春天、凝固美丽的艺术效果，给人带来美的享受。

2.1 采集的必备工具：

枝剪、手套、塑料袋、含水的报纸、密封夹或密封容器、杂志或书本、杀虫喷雾器

2.2 采集的注意事项：

2.2.1 采集应在植物水分最少的晴朗的白天进行；应尽量避免在雨后或清晨采集。这时，植物的含水量较多，采摘时易损伤花瓣。

2.2.2 素材的选择：

A. 最佳选材是含水量少的植物，如蕨类、玫瑰、康乃馨等。

B. 保色效果最好是黄色花材，其他花材都有不同程度的褪色现象，紫色花材褪色最快，白色花材，经高温就会变成焦黄。建议白色花材先进行"染色"处理后再脱水为标本。

C. 忌肉质、革质、面积大的植物。

2.2.3 采摘时，应只采摘需要部分（以叶、茎、花为佳），避免损伤其他部分；按需要量采摘植物。

2.2.4 爱护绿化：不能采集公园里栽培的花木，应采集野外或校园内指定采摘地点的植物。

2.2.5 注意安全：不到危险的地方采集标本，小心蛇、虫、蜂等的侵害，不能乱尝野果。

2.3 带回时的方法：

2.3.1 将采集到的素材与含有水的报纸或纸一起放入塑料袋，并吹入空气后用密封夹彻底封住袋口。

2.3.2 容易散碎、枯萎的植物，应及时做预压处理，夹入垫有含水纸的杂志中。

2.3.3 密封的容器可以作为塑料袋或密封夹的代替物，可将植物的切口用纸包裹，放入密封容器里并封紧盖子。

2.4 带回时的注意事项：

2.4.1 避免盛放在一起的植物相互摩擦。

2.4.2 迅速把容易枯萎的植物或容易散碎的植物夹入杂志中带回。

3. 制作标本（押花法）

3.1 概念：押花是运用大自然中的花卉，经过加工、在常温下脱水，保持花的原有色彩和形态，并经过创作者的精巧构思和艺术设计，粘贴制作而成的一种艺术品。

3.2 基本工具：染色植物、押花器（木板、海绵、干燥板、铁夹）、镊子、剪刀、纸巾

3.3 操作步骤：裁——垫——夹——封

3.3.1 裁：将染色植物裁开，平放在押花器内，每层花材尽量薄。

3.3.2 垫：在桌面依次垫上木板、海绵、干燥板、一层纸巾、花材、一层纸巾，重复叠加3～4层，最后盖上木板。（制成植物标本上下各有一层纸巾保护，便于保存。）

3.3.3 夹：用铁夹将多层材料夹好。

3.3.4 封：用密封袋将押花器密封，约2～3天便可做成保色标本。

| 垫 | 夹 | 封 | 保色标本 |

3.4 特点：

（1）押花器制作较大型标本。

（2）遇高温容易变色的花卉。例如：白色和紫色花卉、薄且水分含量高的绿叶。

（3）干燥板使用多次后，用恒温烘干箱或微波炉烘干，并密封保存。

4. 标本艺术画

4.1 基本工具：剪刀、镊子、黏合剂、牙签、图画纸或卡纸、熨斗、过塑膜、过塑机

4.2 操作步骤：

4.2.1 构图：先对作品进行设计，把标本在画纸上摆放，预览后调整到理想图案。

4.2.2 粘贴：用黏合剂对设计好的图案进行粘贴。最好用纸垫底，以免弄脏。

4.2.3 熨整：粘贴后再隔纸熨整。

4.2.4 过塑：过塑后使作品与外界隔绝，可长期保存。

4.2.5 保存：放于阴凉处保存，避免被阳光直射。建议将制作好的标本在1至2周内制作成艺术画，以免植物变色。

构图   粘贴   熨整

4.3 艺术创意技巧

4.3.1 构图要遵循黄金比例，主次分明。

A. 初学者应将"主角"放在画面4个点中的其中一个中构图，再尝试黄金比例构图。

B. 构图应突出主题，标本疏密有致，切忌整个画面胡乱摆放各种标本。

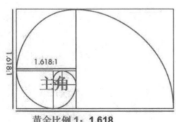

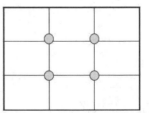

黄金比例1：1.618   初学者，选上图中的一点为重心创作。

4.3.2 画面配色要协调。

A. "主角"与背景色应运用对比色，只有这样，才能让"主角"更凸显。

B. 使用邻近色花材点缀"主角"，只有这样，画面才更协调。

C. 背景色可通过调整三原色比例，调配出不同的色彩。

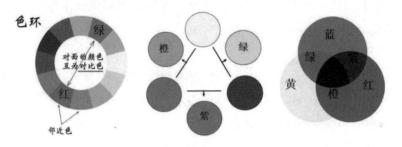

4.3.3 初学者可在纸上打印或临摹图案后，直接将标本粘贴在图案上进行创作。

4.3.4 制作"人物"艺术画，我们可以先用白纸绘出人物，涂上底色后剪下，放在背景纸上，并贴上花材。

【学生优秀作品展示】

5. 彩虹生物水晶

"彩虹生物水晶"即"保色生物水晶",是通过新鲜植物染色、制作生物标本、做成生物水晶、拓展作品功能等环节制作成永久保色的多彩的生物水晶。我们通过大量的探究实验改进染色、脱水、滴胶等制作生物水晶的工艺,最终找到了较理想的制作方法。我们实现了新鲜植物通过蒸腾作用变成彩虹般绚丽;将彩虹花卉短暂的美丽变成永久保色的生物标本;保色生物标本经过艺术加工变成水晶艺术品;将简单的水晶摆件进一步加工成艺术感更强、有一定功能的用品。此方法既简化制作程序,又增强了作品的艺术性,还提高了作品的实用性和功能性。下面以主要以植物为例介绍的制作流程是:新鲜植物染色——制作生物标本——制作生物水晶——拓展作品功能。

5.1 影胶法

5.1.1 基本工具:无影胶、紫外灯、H600胶水、底座、人造水晶、彩虹植物标本、珠光纸、铅笔、剪刀、镊子等。

5.1.2 无影胶的固化原理:无影胶又称光敏胶、紫外光固化胶。当无影胶吸收紫外光后引发化学反应,在数秒钟内由液态转化为固态,起粘合作用。

5.1.3 操作步骤:

A. 底座+人造水晶的方法:粘贴背景纸和花材——滴加无影胶——盖玻璃片——照光(太阳光、浴霸灯光或紫外灯光)。

底座　　　　　　　　　贴纸、粘花　　　　　　　　水晶吊坠

B. 全透的植物水晶法:摆放花材——滴加无影胶——盖玻璃片——照光。

  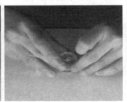 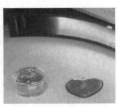

摆放花材　　　　　滴加无影胶　　　　　盖玻璃片　　　　　照紫外灯

【精品展示——全透植物水晶】

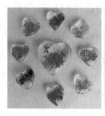

5.2 滴胶法——平面作品

5.2.1 基本工具：滴胶（A胶与B胶）、电子天平、模具、一次性杯子、竹签、水槽、砂纸、平面彩虹植物标本、透明胶带等。

5.2.2 平面作品制作过程：构图——过塑——清模——调胶——滴胶——脱模

A. 构图：将过塑膜放在印有跟模具同样大小方框的白纸上，用镊子将植物标本放在过塑膜上构图，轻轻盖上过塑膜以防标本移位，构图要讲究黄金比例。

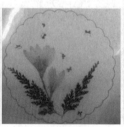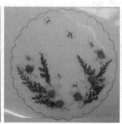

B. 过塑：将构图后的过塑膜进行过塑，并根据模具大小裁剪。

| 构图 | 轻盖 | 过塑 | 剪裁 |

C. 清模：透明胶带轻轻粘掉模具中的灰尘，提高成品的干净度。注意不要水洗模具后用纸巾擦拭，会残留很多纸巾纤维，影响成品的美观。

D. 调胶：滴胶以重量比 A 胶：B 胶 =3:1；或体积比 A 胶：B 胶 =2.5:1 的比例量取。使用前把两种胶体倒到一个容器，用竹签朝一个方向搅拌均匀，直至胶水变清澈，没有明显的一丝丝现象。我们要控制时间与温度。先用 40 摄氏度温水浸泡装有 A 胶一次性杯，然后再与 B 胶混合搅拌均匀，可减少气泡。滴胶量越多凝固速度越快，常温（30 摄氏度）下建议调好胶后 2 分钟使用。温度越高凝固越快，超过 10 分钟以上，滴胶会产生高温，快速凝固无法使用。

電子天平调零　　　　　　　　　　称量 A 胶　　　　　　　　　　　　称量 B 胶

E. 滴胶：调好的滴胶慢慢倒入模具，然后把过塑图案反面放入滴胶。先把过塑图案一边先按进滴胶中，让后慢慢放下，然后用棉签将顺方向压入滴胶中，排除气泡。

轻放　　　　　　　　　　　　　　　轻压　　　　　　　　　　　　　　排除气泡

F. 脱模：将做好的水晶从模具中取出。

G. 打磨：滴胶凝固后起模，滴胶边缘不够光滑，需要砂纸打磨。砂纸先在水中浸泡湿润，再经过 400 号、800 号、1200 号、2000 号砂纸打磨至光滑。

【精品展示】

全透水晶系列　　　　　梦幻水晶　　　　　单面水晶系列

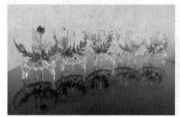

凤雨兰水晶画系列　　　指甲花首饰系列　　　彩色指甲花手镯

摆件系列　　　　　吊坠系列　　　　　纸震系列

九、科普宣传与推广

新会葵城中学通过综合实践课在校内开展课程激发学生自主总结所学知识的热情，实现"乐中学、记忆深"；通过多种方式宣传学生课植物科普作品，提高学生的积极性和参与度；还通过校外公益科普活动。新会葵城中学科技团已成为本地区环境教育志愿科普活动骨干力量。在"争当科普小能手"公益项目中，学生用幽默的语言，生动的讲解，专业的术语使得参与活动的青少年认识生物的各种特性与价值，学会将没用植物残枝创造出有价值的艺术品，更加深入的了解生态环境的重要性，养成保护生物多样性的良好生活习惯。活动得到了广大青少年、家长、志愿者和民众的一致好评。

（一）微信公众发布"植物科普原创作品"

（二）哔哩哔哩发布"植物科普原创视频"

（三）汇编校本课程，便于大家学习、实践和推广

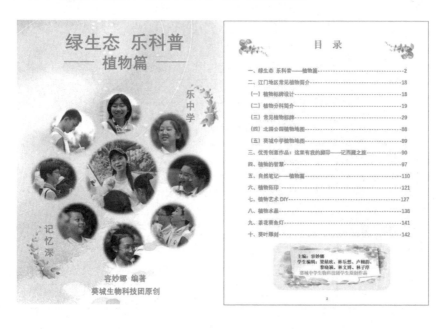

（四）"争当科普小能手"志愿讲解员

十、科技创意成绩

比赛名称	等级	作者	作品名称
第37届广东省青少年科技创新大赛	"科技实践"活动二等奖	生物科技团	绿生态 乐科普
广东省青少年环保创意大赛	一等奖	生物科技团	保护北园公园植物多样性
第四届粤港澳自然观察大赛	自然笔记三等奖	陈咏霖	茶枝柑
	自然短视频最具创造奖	梁浩阳	黄花风铃木
	自然短视频最具创造奖	张淑珺	揭秘含羞草
江门市青少年科普视频制作大赛	一等奖第1名	梁婧欣、林乐然、卢栩韵	绿生态 乐科普
2022年江门中小学"劳动小能手"短视频大赛	二等奖	林乐然	《柑普茶制作》
	二等奖、最受欢迎小能手	魏瑞兰	《葵雕花艺》
2023年新会区"百旺杯"中小学生手抄报大赛	一等奖	陈咏霖	人与自然 和谐共生
	一等奖	张琳浠	生物如此多彩
	三等奖	曾悦恒	保护生物多样性
	三等奖	林睿珊	保护生物多样性
	三等奖	赖静雯	和谐共生

第37届广东省青少年科技创新大赛"科技实践"活动的二等奖。

江门市青少年科学影像节科普视频大赛一等奖第1名

十一、活动总结

新会葵城中学成功运用"五育融合"理论作指导，开展《"植物"点亮精彩生活》实践活动，运用"基于STEAM理念的科技活动实践模式"，构建以实践为主线的课程结构，倡导丰富多样的实践方式，引导学生运用跨学科的知识创作自己的实践成果。在活动中，学生联系生活实际开发具有科学性、趣味性、五育融合的教学内容，倡导丰富多彩的实践形式，形成多元的学习成果，并注重"综合评价"。本活动的亮点有：

（一）环境教育活动中体现"五育融合"

《中国教育现代化2035》提出"更加注重学生全面发展，大力发展素质教育，促进德育、智育、体育、美育和劳动教育的有机融合"。《"植物"点亮精彩生活》实践活动是项目式学习、系统性学习法与深度学习融合，培养学生运用跨学科的知识解决问题的能力；是德智体美劳之间的"五育融合"，帮助学生进行"自然探究"，有助于促进学生的"实践创新"能力，丰富"家乡特产的情意体验"，有利于学生的"社会适应"，在"学会共处""责任担当""问题解决""家国情怀"等方面展现育人价值。

（二）项目式学习与系统性学习法融合

环境教育活动的项目式学习内容是《"植物"点亮精彩生活》。项目式学习分4个阶段：1. 在"创设主题任务"阶段让学生明确自己的研究目标，激发其学习的自主性。2. 在"知识科普"阶段培养学生有理想。学生通过学习各个专题的知识，让学生了解国家绿色发展政策和陈皮产业的科学技术、理解保护生物多样性、实现"人与自然和谐共生"的重要性，将个人追求融入建设"绿水青山就是金山银山"美丽中国的伟大梦想之中。3. 在"调研与实践"阶段培养学生有本领。在"调研"中，教师为学生创设真实的情境，让其发现身边的问题，鼓励其乐学善学，勤于思考，通过各种方式的调查或调研寻找解决问题的方法，养成探究能力和创新精神。在实践中，教师带领学生进行实地调研、采访专业人士、劳动体验等活动，使学生掌握基本的科学探究技能，形成积极的心理品质，具有抗挫折能力。学生在小组合作中，学会交往，善于沟通，养成基本的合作能力、团队精神。4. 在"成果展示"阶段培养学生有担当。教师鼓励学生充分发挥个性特长和小组团结合作精神，共同创作科普拍摄与制作科普视频等用于校内、外的科普宣传，培养学生向善尚美，富有想象力，具有健康的审美情趣和初步的艺术鉴赏、表现能力。通过展示活动，给学生创造展示自我的平台，保持积极进取的精神状态，树立正确劳动观念和热心科普的社会责任感。

"系统性学习"体现在学生带着教师布置的任务、有既定目标地进行课前自学、课中修改、课后完善的深度学习。学生的课前任务是以小组为单位选择1种喜欢的有趣的植物进行"有趣知识"调查，形成初步的科普讲稿；在活动中小组通过头脑风暴改善科普资料，然后开展进行可视化的科普PPT或视频的拍摄与编辑；各组在成果分享会中展示出丰富多彩的可视化作品。学生通过系统性学习更好地掌握项目式学习的方法与多种实践技能。

新会葵城中学将优秀作品通过多种形式进行推广，大大激发了学生们的自信和进行科普视频创作的热情。

（三）科普宣传

本活动即培养学生的德智体美劳方面的能力，又强化了学生保护生物多样性的责任担当，并带动身边亲朋好友一起认识生物多样性，起到良好的环保宣传效果。新会葵城中学师生是"争当科普小能手"项目的骨干成员，此项目已被评为江门市志愿服务的"优秀培育项目"项目，将进一步向江门各个地区推广。

以多元智能理论实践固源提质的行动研究

——教研基地学校新会陈瑞祺中学典型成果展示

广东省江门市新会陈瑞祺中学　叶宪来　翟宏凯

　　自从新会陈瑞祺中学2021年4月被选为广东省基础教育新会区教研基地项目基地学校后，学校积极探索"基于多元智能理论提升教学质量的行动研究实践"取得了明显成效。

一、项目研究意义

　　2016年9月9日，国家主席习近平说："教育公平是社会公平的重要基础，要不断促进教育发展成果更多更公平惠及全体人民，以教育公平促进社会公开正义。"十三届全国人大四次会议闭幕后，国务院总理李克强表示决不能因为家境、区域不同让孩子输在起跑线上。机会公平中，教育公平是最大的公平。2017年党的十九大明确指出："要全面贯彻党的教育方针，落实立德树人根本任务，发展素质教育，推进教育公平，培养德智体美全面发展的社会主义建设者和接班人。"2018年习近平总书记在全国教育大会上指出，要努力构建德智体美劳全面培养的教育体系，形成更高水平的人才培养体系；要深化教育体制改革，健全立德树人落实机制，扭转不科学的教育评价导向，坚决克服唯分数、唯升学、唯文凭、唯论文、唯帽子的顽瘴痼疾，从根本上解决教育评价指挥棒问题。2021年7月，广东省人民政府审议通过了《广东省推动基础教育高质量发展行动方案》，江门市人民政府分布了《江门市推动基础教育高质量发展实施方案》，新会区人民政府印发了《新会区基础教育高质量发展行动实施方案（2021—2025）》，可以看出从国家到省市区人民政府都把基础教育高质量发展当成促进教育公正的重要组成部分。基础教育高质量发展反映了人民群众对教育公平和教育质量的迫切需求，学校发展要把这个任务放在首要地位，办让人民满意的教育。

　　新会陈瑞祺中学是一所位于罗坑镇的完全中学。罗坑镇地处农村又邻近城区，条件比较好的家庭在会城区买了房，孩子自然也会在城区优质学校上学，所以学校生源比较差。学校自2007年以来就没有再引进年轻新教师，所以导致教师年龄偏大，平均年龄为49.7岁，教学热情以及教学改革的动力都有所欠缺。在生源和教师教学热情这两个主要因素的影响下，导致学校教学质量比较落后。如何快速提升学校的教学质量，留住生源，办让罗坑人民满意，让上级教育主管和社会放心的教育，是一个非常迫切的命题。

对于农村中学，在学生基础较弱和教师年龄偏大教学激情不足的现状下，如何尽可能地提升教学质量，使其与城市重点中学的平均分、合格率和优秀率的差距缩小，从而让更多的农村中学的学生和城市重点中学的学生一样有机会被优质的高中或大学录取，这是实现教育公平的迫切命题。在多种条件不如城区重点中学的情况下，要想提升教学质量，必须要根据学生实际情况，充分尊重教育规律。

二、项目研究理论基础

自从学校被选为广东省基础教育新会区教研基地项目基地学校后，学校领导高度重视，迅速成立了以叶宪来校长为组长的基地学校项目研究小组。项目组多次召开会议研究项目实验所面临的问题以及该如何开展实验。

项目研究小组学习了大量的现代教育理论，如苏霍姆林斯基著的《给教师的建议》、约翰·D·布兰思福特著的《人是如何学习的》、池谷裕二著的《考试脑

科学》、斯科特·扬《如何高效学习》、格兰特·威金斯，杰伊·麦克泰格著的《追求理解的教学设计》、崔允漷著的《有效教学》、爱德华·E.史密斯（Edward E.Smith）著的《认知心理学：心智与脑》、布鲁克·诺埃尔·摩尔，理查德·帕克著的《批判性思维》、坎贝尔的《多元智能教与学的策略》、霍华德·加德纳的《从多元智能到综合思维》等。通过研究相关教育理论，找到了符合学校实际情况的研究方向——多元智能理论体系。多元智能理论对智力的定义和认识与传统的智力观是不同的，是由美国著名心理学家和教育家加德纳1983年提出的。他认为智力是在某种社会和文化环境的价值标准下，个体用以解决自己遇到的真正难题或生产及创造出某种产品所需要的能力。智力不是一种能力而是一组能力，智力不是以整合的方式存在而是以相互独立的方式存在的。加德纳认为，实践证明每一种智能在人类认识和改造世界的过程中都发挥着巨大的作用，具有同等的重要性。他认为人至少包括8种智能：语言、逻辑、音乐、空间、运动、人际、内省、自然。学生成绩的高低主要取决于语言智能和数理逻辑智能，这两种智能可以预测一个学生在校成绩情况，以及将来能考上一个什么的大学，但对预测学生毕业以后的情况，乃至今后的潜力和表现则无能为力。我国自20世纪90年代以来对多元智能理论予以较多介绍，并且越来越认识到多元智能理论的重要价值，认为"多元智能理论是对素质教育的最好诠释"。学校决定依托多元智能理论，坚持五育并举，全面育人，争取用其他六个智能的发展带动学生语文和逻辑智能的发展。

总之，多元智能理论用于教学上可以归纳为"为多元智能而教"、"用多元智能来教"和"围绕多元智能来教"。基于这三方面的理解，新会陈瑞祺中学将项目研究主要分为课堂教学改革、课外活动方面。

三、项目研究的创新点

1. 打造基于现代脑科学的"五环一体"教学模型，实现学校教学质量提升。

2. 基于多元智能理论指导的社团活动、劳动教育、大课间体育活动等对学生心理测试指标的影响。

四、关键概念的界定

1. 固源提质：提高学校教学质量，保证学校有稳定的生源且在学校不流失。

2. "五环一体"教学模型：复习巩固→任务驱动→问题导学→合作探究→练习反馈。

五、项目的行动研究

根据全国教育大会提到的要努力构建德智体美劳全面培养的教育体系，基于多元智能理论基础，学校在课堂内外同时改革两手共抓，3年来取得了很大进步。下面把研究情况汇报如下。

（一）教学方面

1. 课堂教学方面

构建一模二式，提升课堂教学质量。结合现代教学理论和脑科学，构建"五环一体"教学模型，在全校以"小组合作学习"教学模式开展课堂教学。"五环一体"是指复习巩固、任务驱动、问题导学、合作交流、练习反馈等五个环节构成的一堂课。

（1）复习巩固，强化记忆

打造高效优质课堂，必须首先从复习开始。孔子曰：温故而知新。苏联教育家苏霍姆林斯基说：复习是学习之母。日本著名脑科学博士池谷裕二所著《考试脑科学》中谈到：学习就是要反复地训练。艾宾浩斯的遗忘曲线揭示：人脑不是匀速忘记信息的。

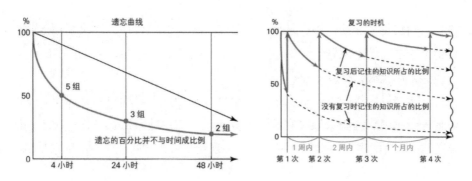

遗忘也不会因人而异。无论是好的方法还是坏的方法，遗忘都是必然的。所以没有复习，就很难形成长期记忆。遗忘曲线告诉我们，最容易忘记的时间，恰好是刚刚记住的时候。根据遗忘理论，复习应该在学习后的第2天、第7天、第21天、第50天共进行4次复习才能形成长期记忆。根据大脑的首因效应，学生在一节课中前10分钟的内容印象更加深刻。因此，学校要求课堂教学前5分钟要进行旧知小测，以求能对重要知识形成长期记忆。

（2）任务驱动，评价先行

打造高效优质课堂，必须要有非常明确的教学目标。应该明确本节课在构建学科大概念的过程中起到什么样的作用，本节课和相关学科大概念相关的具体知识、技能、方法等。通过什么样的教学设计达到这些教学目标？如何知道是否完成了教学任务？根据格兰特威金斯在《追求理解的教学设计》一书所说：认为教师在考试如何开展教与学活动之前，先要努力思考学习要达到的目的到底是什么，以及哪些证据表明学习达到了目的；必须首先关注学习期望，然后才有可能产生适合的教学行为；认为最好的设计应该是"以终为始"，从学习结果开始的逆向思考。因此，学校要求教学在备课时，第一步要考虑本节课相关的大概念及本节课具体的教学目标，第二步要先设计好检测学生理解程度的相关评价练习。

（3）问题导学，学用合一

基于核心素养的评价体系已经从考查学生知识和能力为主转变为考查学生的学核素养，重在考查学生解决复杂情境下的问题，课堂教学中已经不能简单地以传授知识为主，而是应该让学生基于知识解决问题。因此当教师确定了本节课的教学任务以及学生要完成的练习后，要把以知识为主线的教学模式，设计成以问题为主线。培育学科核心素养需要让学生在解决问题中练习，要学生如何引导学生在问题解决中掌握知识和学会如何解决问题。学校要求教师在设计上课流程时，需要考虑以下三方面：一是学生已有知识结构和会发生的困惑点；二是教材的知识结构和重难点；三是理论联系实际的角度。将核心知识转为核心问题，再将核心问题转化为子问题串，从而实现教学一体，学用合一，解决了用老师的教代替学生的学的传统问题。

（4）合作交流，提升效率

自己学会以后教别人，这个过程就会变成一种生活经验更容易保留。学习金字塔是美国缅因州的国家训练实验室研究成果，它用数字形式呈现采用不同的学习方式记住内容的多少。学习金字塔是一种现代学习方式的理论。最早它是由美国学者、著名的学习专家爱德加·戴尔1946年首先发现并提出的。

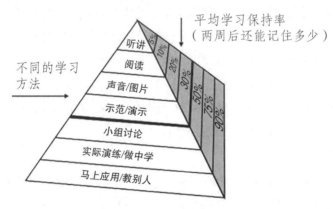

学习金字塔理论

听讲、阅读、视听、演示等被动学习方式属于被动学习，两周以后记忆保存率不超过30%，效果不佳；讨论、实践、教授属于主动学习，学习效果最好。助人为乐、学会后教别人是最好的学习方法。基于这项理论，学校要求要全面启动

"小组合作学习"模式，课堂教学过程中要留有充足的时间给学生进行讨论，让学生有机会成为别人的老师。

（5）练习反馈，查漏补缺

根据大脑认知的末轮效应，在一节课最后的5分钟到10分钟时间通过课前设计好的各类练习进行反馈，不仅可以加强学生掌握一节课的重点内容，而且老师还能知道学生本节课对知识的掌握程度到了什么地步，才能知道学生是否已经将本节课的知识与先前的知识结构有没有发生联系，联系到什么程度，需要采取什么样的补救措施，下节课还要补讲些什么内容。

基于这五个环节为一体的模型，在初中开展"小组合作学习"实验，由初中语文教师林卫和在所教班级进行实验。林卫和老师在小组合作学习过程中，他结合学校和本班实际学习情况，独创了"独领风骚""各有千秋""锦上添花""相克相生"等4种分组方式。"独领风骚"是用一个文理科目优秀的学生带其他薄弱学生，"各有千秋"组是由一个文科优秀的学生和一个理科优秀的学生做组长带其他薄弱学生，"锦上添花"组是一个全优学生和两个文理各优的学生做组长带其他学生，"相克相生"组是由一个偏文的学生和一个偏理的学生组成。他结合学校实际情况，在七年级：自学——宣传——试验——小结；八年级：实施——小结——调整——改良；九年级：自我反思——优化组合——竞争促效——成绩验证。经过3年时间的不断调整优化实验，他所在年级语文成绩由全区第36名进步到24名，而他所在班的语文进步到全区第9名。现在初中年级全部以"小组合作教学"模式上课。

2. 抓好教师队伍建设

提高教学质量的核心是要做好教师队伍建设。我校教师平均年龄接近48岁，调到老师的积极性要一个非常大的问题，除了靠绩效制度激励外，学校要多帮助他们提高业务水平。学校做了如下一些工作。

（1）培训引领，提升业务

学校一直重视请一些高水平的专家和教授到我校对教师进行指导。如为了在"双减"政策的引领下，落实减量提质，有效促进教师专业化教研水平的不断提高，积极探索"轻负高质"的高效途径，陈瑞祺中学邀请广东省中学特级教师、广东省基础教育名教师、江门市优秀中青年专家和拔尖人才、江门市首批十大杰出教师、首批江门教育专家、新会一中原副校长、新会区专职督学周社操同志于2022年3月11日到校开展"教学教研专题讲座"活动。周社操校长真诚分享几十年来摸索总结出来的教学教研工作经验，让瑞中的教职工在教学教研上增强信心，认清努力方向，受益匪浅。他指出教学水平要提高的落点在个人的基本功要加强。基本功是什么？他觉得老师的教学基本功就三个方面——说、写、解题。平时要提高自己的能力：说的能力、写的能力、解题的能力。

学校邀请各类名师工作室和我校教师开展同课异构活动，如广东省杨唐靖名教师工作室一行共计22人到学校开展送教交流，分别由许青在高三级上了一节《电化学》二轮复习课，李晓在高二年级上了一节《卤代烃第一课时》新授课。

江门市基础教育第五批名教师培养对象到我校上了6节示范课，还有专家讲座。除了请进来之外，学校鼓励教师走出去参加培训，每一学年教师外出培训和参加网上培训都超过400人次。通过这些培训，教师的视野更开阔了，对核心素养的理解，对现代教学理论和信息技术2.0等理解得更加深入，驾驭课堂的能力更强。

江门市新会第一中学于2023年12月4日，在廖晓英副校长带领下到我校进行结对帮扶校本研讨活动。

（2）科研促教，立足课堂

只搞教学不搞科研，除了进步慢之外，也不能充分挖掘教学内容的深度。教学质量的进步，必须依赖大部分教师开展校本研修，进行小课题研究。学校近年来重视校本教研，提倡以研促教，每学期每个科组都必须有一个校本小课题，时机成熟后向上级部门推荐。如《微课应用在高中物理中的研究》《高中化学概念的实验教学》《核心素养视野下高中语文课程资源整合实践研究》《通过循环复习提高英语教学质量的研究》等校本小课题，当教师的研究达到一定程度比较成熟后，学校向区教研中心推荐后被立项为区级课题，《核心素养视野下班主任队伍建设的实践研究》被立项为市级课题。教师通过校本课题研究，对本学科的教材理解更深，对学科核心素养也有了自己的理解和见识，驾驭课堂的能力更加突出。

（3）狠抓常规，重视反馈

狠抓教学常规，提高教学质量。在教学常规管理工作方面，学校一直严格按照精细化管理要求，要求全体任课教师要有计划、有布置、有落实、有检查、有总结、有反馈、有记载而形成各项材料，要在"精"字上提要求，在"细"字上下功夫，在"实"字上做文章。学校每学期组织两次教学常规检查，教导处检查各个行政、科组长，科组长检查全体科任教师，内容包括备课教案、教学进度、作业批改、听课记录等，发现问题及时改正。学校在学期末表扬常规检查结果优秀的教师，并且教师的期末绩效和教师的教学常规相联系，提升教师对教学常规的重视程度。

（4）积极参赛，提升内功

教师教学基本功直接影响课堂教学效率。学校每学年举行一个教学比赛，获得一等奖两名教师为全校教师上一节范课。每学期举行一个微课评比、论文评比、作业设计比赛，并择优向上级部门推荐。如在江门市2021年度基础教育优秀教学论文评选中，刘威德的论文《核心素养视野下苏轼课程资源整合设计分析》荣获一等奖，林卫和的论文《引导学生深度阅读部编教材，培养学生的人文素养》荣获二等奖。在2022年新会区中小教师作业设计比赛中学校共获得3个二等奖，四个三等奖。每学年组织教师积极参加江门市组织的教师基本功比赛，在2022-2023学年第二学期江门市教育局组织的教师基本功比赛中，林卫和、林丽爱获一等奖，廖菊华、钟剑桃获二等奖；赵泽良、郑月玲、陈春华、林锦泉、彭展丽、胡东晓等三等奖。2021-2022学年第二学期学校还荣获"优秀组织奖"。教师通过参加这些比赛，业务能力得到提高。

3. 激励教育，激发内驱

学校的中心工作是教书育人，学生是学校育人工作的中心。内驱力源于一个人的内在需求和唤醒状态，培养学生的内驱力需要有效地培养和激发。为此学校决定对学生主要以激励为主，在全校开展励志教育。

（1）学校要求每个班早读晚读前先起立喊励志口号，每班口号由本班师生确定，由年级统一把关，检查并落实。

（2）大课间时学生以跑步为主，要求每班要有一个护旗手带跑，等跑到主席台时开始喊励志口号，体育科组每天进行总结，表扬先进批评落后。

（3）每月评选校园之星，被评上的学生事迹和照片在教室张贴。

（4）每学期评选学校的校园标兵，被评上的学生和事迹和照片在学校校道张贴。

（二）课外活动方面

多元智能理论的教学理念是多元的，教学要基于学生的特性和特点来教，要围绕学生的需求来都组织教学活动，这个活动包括了课堂教学活动，更包括课堂外的学习活动，一切以提升学生认知能力的活动都可以称为学习活动。教学活动需要为学生提供更多的选择机会，创造丰富的学习环境，让每天学生都可以在活动中变得更为聪明。课堂教学活动时间一般为40分钟，都难创造出多种多样的活动让每个学生参加。所以，学校必须重视课外活动。为了全面提升学生多个方面智能，我校的课外活动包括社团、劳动教育大课间三大块，为五育并举创造良好的环境。

1. 社团活动

陈瑞祺中学共创设21个社团，每个社团都有自己的团徽，包括滑板社团、羽毛球社团、创客社团、吉他社团、书法社团、棋艺社团、音乐社团、足球社团等等。各年级根据个人兴趣自由报名，可适当选报2项。

为了规范管理21个社团的活动，学校成立了社团机构领导小组，组长由叶宪来校长担任，副组长由3位学校团委的领导负责，成员由6位年级组长和相关活动的负责人组成。下表是学校2022—2023学年度社团活动的基本情况。

高一年级人员组成

序号	社团名称	活动场所	指导老师	姓名
1	文学社	新教学楼4楼	刘威德等	梁锈汶、谭嘉进、陆萍、周富豪、刘晓君、蔡雅欣、林江鑫、曾伟彭、曾清梅、梁绍熙、林雅芝、李蔡花
2	物理创客社	物理实验室	范桦	钱春燕、刘雯敏、区慧雯、陈子童、许钰婷、张鸿彬、黄亮、王豪、覃富腾

续表

序号	社团名称	活动场所	指导老师	姓名
3	声乐社	实验楼（科学教室）	黎祥莺（有外教）	胡若然、李逸朗、刘芯怡、陈秋萍、陈露露、陆彩歆、韦冬媛，陈炜琪
4	学校合唱队	新教学楼音乐室	利五湖	莫咏恩、杜家瑶、莫显萍、梁转岚、何海琳、梁嘉韵、吕嘉怡、吴慧林、翁月金、马锦钰、林慧霖、杨贤庆、巫惜凡、蔡署芳、黄诗慧、李雅曦、何洁铃、尹如意、林淑桦、巢秀婷、曾晓欣、刘芯怡、胡若然、莫锦华、梁锈汶、容绮琳、宋雯怡、廖梦怡、周心颜、何琳佩、陈秋萍、赵靖雯、李彩靖、吴绮雯、吕嘉渝、李颖欣、陈子童、梁海琪、周云、陆彩歆、黄晓蝶、谢佩茵、林敏婷、罗金莲、李家欣、许锦滢、韦冬媛、植咏诗、成文慧、陈炜琪、赵妙华、曾梓琳、李兰贵、陆晓妍
5	舞蹈社	音乐室	赵美金（有外教）	黄诗慧、李雅曦、巫惜凡、廖梦怡、赵佩莹、赵靖雯、张晓君、罗金莲、陈沛静、涂彩丹、曾光霞
6	书法协会	实验楼1楼	尹可德	黄芯怡、陈洁莹、梁换琴、吴秀雯、张金平、李红玲、李淑珍、陶彦婷、林海、李忠欣、陆晓妍
7	辩论社	新教学楼高一办公室旁	杨端茂、林晓岚	王小虎、王树辉、李彩靖、吴绮雯、骆华茵、肖嘉漩、李绮雯、王湘渝、林志锦、陈薇婷、成文慧、林城宇、丁伟、钟坚基
8	礼仪队	团队室	钟剑桃（有外教）	张春辉、陈芯如、陈泳琳、马锦钰（合）、陈景耀、周心颜（合）、谢晋、曹琳
9	广播站	第二栋宿舍二楼12室	林小俄	此社团不接受报名，由林小俄老师选人
10	美术协会	美术室	陈祖佳	阮幸澜、何洁玲、张佩莹、钟惠莹、苏嘉怡、廖湘仪、吕嘉渝、曾梓琳、黄运标
11	滑板社	操场上面	李春红（有外教）	肖春杰、李黔粤、陈启民、阮彩儿、梁泽峰、汤淇富、农会涛、段浩淇、孟文科、吴刚、叶健强、张嘉灵、赵妙华
12	篮球社	操场篮球场	彭露	陈志庆、陈斯睿、韦意豪、梁俊焜、李金鹏、陈金龙、周广洋、梁嘉豪、谢宗钦、王玮琪、刘鑫、梁海峰、刘家安、陈君烯、宁世博、周宇扬、周金城、李兰贵、曾庆安、冯乐丰

续表

序号	社团名称	活动场所	指导老师	姓名
13	羽毛球社	体育馆	黄良杰	董明昊、肖宇櫓、周芝伊、林月怡、吴之满、巢宇彰、李沛朗、徐志华、方艺杰、梁竣霖、卿丽琼，何纪莹，梁海琪，龙天瑞、廖雅婷、林宝婷、宁泽林、陈家杰、孔令智、夏蒙、邓枫睿、冼铭泽、余钊杰、周郭勇
14	乒乓球社	体育馆	马文喜	廖永俊、李世正、梁永标、莫键辉、林伟瑞、林盼贤、李健锋、李涛伟、黄炳扬、蒋荣超、余杰、赵良荣、罗朝飞、陈梓源、林淑儿、罗继坤、李发海、赖俊廷、周云、植咏诗、王秋伟、冉曼林
15	足球社	足球场	叶景祥	阮文辅、陈伟铖、梁国庆、凌耿、陈富婧、李英杰、梁梓涛、韩佳顺、周畅和、梁智斌、张祈邦、胡园召、林淑桦、陈炯文、曾令钊、阮承辉、李少伟、杨浩、温君豪、赖天来、吴坤伟、郑俊亮、吴泽钊、裴超宇、廖钰轩、郑家乐、林锦宏、陈龙翔
16	瑞心乐园	心理实验室	胡家晓、彩虹社工	李雨恒、林晓盈、莫锦华、刘健甫、梁幸怡；付坤、林敏婷
17	古琴社	舞蹈室		容绮琳、何琳佩、陈悦欢、梁嘉元、李颖欣、黄晓碟、成文慧、李家欣
18	日语社	办公室旁		林志锦、刘家安、钟坚基、郭勇

学校社团活动相片

声乐社团

书法社团

滑板社团　　　　　　　　　　　　　　　　　动漫社团

物理创客社团

剪纸艺术社团

2. 劳动教育

劳动是一切智慧的源泉，劳动创造世界等这些名人名言说明了劳动教育是五育并举中的一个重要组成部分。苏联教育家苏霍姆林斯基说："在学校工作的十几年经验使我相信，劳动在智育中起着极其重要的作用……手所掌握的和正在学习的技艺越高超，儿童、少年和青年就越聪明，他对事实、现象、因果关系、规律性进行深入思考和分析的能力就表现得越鲜明。学生在劳动教育的过程中，可以学会如何使用工具、解决问题等，可以锻炼手和脑协调能力，提升生活技能，塑造良好的价值观，培养社会责任感。"由此可见，劳动教育在提升学生语言和逻辑智能中具有重要作用。学校高度重视劳动教育，并开设了劳动教育课程，创建了专门的劳动教育基地，包括每个班集负责的土地、卫生区、学校烹饪基地。成立了以叶宪来校长为组长，罗云发副校长为副组长，各组长和班主任为组员的劳动教育工作领导小组。下面是学校各类劳动教育活动图。

教材中的劳动内容

学校义工服务

班级劳动区劳动

学校劳动基地

家庭劳动日

烹饪活动

3. 大课间

根据中小学生体育《国家学生体质健康标准》，学校积极全校学生在大课间活动时投入到各种各样的体育锻炼中。学校、教导处和全年级高度重视，利用一切可以利用的场所，尽可能地创造训练条件，每天都全程参与指导，学生身体素质有明显提升，在2次江门市组织的抽测中，优良率都达到70%以上。学生身体素质好，心情就好，明显缓解了学习中的紧张情绪，心理健康情况明显好转。旁边是学校大课间活动图。

六、项目研究成果及分析

经过2年多来的实践，学校在五育并举上取得了丰富的成果，教学质量得到了极大提高，学生对学校的认同感和归属感更加强烈。下面是学校近2年来取得的各项成绩。

（一）实验的主要成果

1. 学生参加上级组织的科创、书信、摄影、写作等比赛进步明显，2年以来学生荣获获区级以上奖项共229项。学校获得过2021年新会区18届中小学生文艺汇演综合专场中参赛节目《记得》一等奖、2022年江门市中小学生合唱比赛三等奖、2022年新会区中小学校大课间活动录像评比二等奖、新会区劳动特色学校、江门市中小学生劳动特色学校、新会区初中教学质量管理奖等、新会区教育工作先进单位、新会区高中教学质量管理固本强基一等奖、新会区高中教学质量管理特色育人二等奖等。

2. 体育中考成绩进步显著，2021年中考排名16名，2022年中考排名5名。

3. 中考成绩平均分排名从2020年的第28名到2021年的23名再到2022年的21名。

4. 在广东省江门市组织的《国家学生体质健康标准》抽测中，学生体质优良率达71.67%。

5. 林卫和老师所在九（4）班的语文平均分由七年级期末区统测的32名到九年级中考的区第9名。

6. 高考成绩稳中有升，本科上线人数创近10年以来的新高。2023届春季高考参加考试学生275人，总分170分以上264人，上线率96%，其中数学科满分（150分）的有4人，物理班数学平均分110分。夏季高考本科上线人数达20人，其中，物理类5人，历史类3人，体育类2人，美术类4人，音乐类3人，传媒类3人，远超学校生源的预定目标。

（二）结果分析

在生源比较差的农村中学，通过社团活动、劳动活动、体育锻炼等活动，加上基于"五位一体"教学模型下的小组合作学习教学模式可以达到"为多元智能而教"、"用多元智能来教"和"围绕多元智能来教"的效果，提升学生的多元智能，从而有效提高学校整体教学质量，实现薄弱农村学校"固源提质"的目的。

（三）实验结果及分析补充

在学校组织的心理健康测试中，学生心理健康指标明显向好。说明学校基于多元智能的教学活动，可以明显改善学生的心理问题。这是本次项目实验中的意外收获。

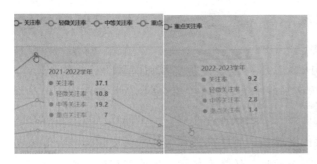
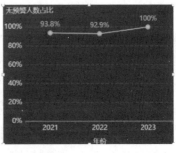

践行"授人以渔" 助推"融合育人"

——教研基地学校新会圭峰小学典型成果展示

广东省江门市新会圭峰小学　冯家传　周文斌　胡务娟

摘要：立德树人的就是要培养德智体美劳全面发展的社会主义建设者和接班人。新会圭峰小学创新性地打造了"融合育人"办学特色，通过"三通布局"着力推进"五育"模式，从而达到立德树人的教育目的。

关键词：五育并举　立德树人　实践探索

立育人标杆，方助国之栋梁。

追溯百年岁月，蔡元培先生在《中国人的修养》中便提出"五育并举"的教育理念；百载筚路蓝缕，中国教育步入了新时代，在全面发展素质教育的理念下，强化"五育并举"方针，提升育人质量，夯实"立德树人"根基，是我国当今教育改革亟需重点关注的问题。

为此，新会圭峰小学紧扣新时代教育发展主题实践和探索"五育融合"，立足"以德铸魂""以智固本""以体强健""以美浸润""以劳淬炼"的原则，以"三通"布局推进课程建设，把立德树人融进教育各环节，一手抓创新育人过程性的模式，一手抓完善综合素质评价的体系，有序推进育人体系深度建设。在专家团队指导和引领下，学校提炼"五育并举"的育人模式，形成新机制；立足"育人体系校本化"，落实新形式；拓宽"评价途径"，提升综合素质，为"五育并举"深入建设打下基础。

一、引擎：以新机制"打通"育人壁垒

（一）"五育并举"育人机制的基本内涵

结合育人模式的融合特征，新会圭峰小学提出"让全面发展成为教育的不懈追求"的理念，坚持为党育人、为国育才的初心使命，构建"以德铸魂、以智固本、以体强健、以美浸润、以劳淬炼"的育人新机制。

第一,"德"要"立"起来。围绕培育社会主义核心价值观,把育人工作贯穿教育教学全过程,引导学生增强品德修养、坚定理想信念,从而实现全方位育人。

第二,"智"要"慧"起来。在"双减"政策背景下,围绕学生核心素养的培养目标以课堂教学改革为切入点,聚焦深度学习,真正做到培养学生敢于思辨的能力,提高学生的智慧水平,全面推进教育质量提升工程。

第三,"体"要"壮"起来。学校开足开齐学生体育课程,以健体魄、强身心为目标,持续开展"阳光体育"活动,促进学生生理和心理的健康发展。

第四,"美"要"雅"起来。尤其是"双减"政策落地以来,学校构建起"五大节日""七大社团""九大课程"的生态课程体系,实现美育课程联动化,打造完善的美育体系。

第五,"劳"要"动"起来。制定小学劳动教育指导意见,让学生自小树立乐于劳动的观念,体会美好生活源于劳动创造的情感,分年段打造青少年劳动研学基地,培养热爱劳动、善于劳动的一代新人。

机器人班

STEAM课程

芭蕾舞课程

烹饪课程

(二)"五育并举"育人机制的价值意蕴

第一,是培养新时代人才体系的需要。德才兼备、人格健全的全面发展人才是当今学校培养机制的使命与标准，教育要建构更高水平的人才培养体系，首要就是"立德树人"，引导学生树立正确的价值观、具有鲜明的前瞻意识、体现整体的发展格局，为建设教育强国奠定坚实的基础。

第二，是推动教育高质发展的需要。围绕"文化课程""基础课程""生态课程"三个核心，三者形成的"高质课程"，是学生个性发展、全面发展的助推器，是将教育教学改革深入推进、教育减负提质全面实施、教师综合能力引领发展的重要因素。

第三，是实现学生全面发展的路径需要。"科学成才"这个观念要扎根青少年学生的心灵，基于此，教研学校提出以"家校社协同育人"的原则，全方位发挥学生的潜能，使其拥有更好的发展空间，培养创新型人才，实现均衡发展，争做德智体美劳全面发展的时代新人。

二、内驱：以新形式"联通"育人空间

（一）全面生发：坚持理念先导，陶冶育人情怀

1. 以"德育铸魂"引领成长。以习近平新时代中国特色社会主义思想为指导，通过筑牢"以德铸魂、以智固本、以体强健、以美浸润、以劳淬炼"的育人观，始终以远大理想激励学生，不忘肩负强国使命，自觉践行社会主义核心价值观。把思政教育队伍建设和教学研究落到实处，让"育人活动"扎根落地，扎实开展，讲好"中国故事"，打好青少年人生底色。

2. 以"思政课程"创新机制。我们通过设立思政科组，设立管理架构，设立教研机制，完善思政工作体制，推动形成内容完善、运行科学的校本思政课程，让思政课扎根落地，扎实开展，打好青少年中国底色。"护苗项目"是学校落实思政工作和意识形态工作的实招，"小青苗"要在精心栽培下才能苗壮成长，全体教师引领和帮助结对学生讲党史、忆先烈、解疑惑、树正气，做学生的思想导师、生活导师、心灵导师。"青苗工程"是学校深化五育并举实效的创新举措。行动中，要求教师达到三点要求，一是要充分发挥先锋模范作用，做"青苗们"思想的向导、品德的标杆、知识的源泉；二是要一以贯之将项目干到底，加深情谊、取得实效；三是要精益求精，不断总结经验，优化培养模式，把"护苗项目"打造成学校思政课程文化品牌，拓宽思政课的纵深，从而更好地落实社会主义核心价值观，培养新时代好儿童。

3. 以"主题教育"筑牢实效。 通过定期开展主题教育活动，夯实学生的成长感、成就感、归属感。如以"强国有我，做新时代的接班人"为主题开展了一系列迎新活动；隆重举办一年级新生入学"开笔礼"接受传统文化的洗礼，开启人生智慧，夯实文化底色；结合中国传统节日和国庆节、宪法日、劳动节、烈士纪念日等重大纪念活动日，开展系列主题班队活动，通过活动唤起学生对传统节日文化的关注与向往，深入开展集体主义教育、爱国主义教育、理想信念教育等，激扬奋进力量助学生"扣好人生第一粒扣子"，增强学生做中国人的骨气和底气。

4. 以"养成教育"落实常规。 "养成计划"就是要从学生的习惯入手。用"链条带动齿轮硬实力"的方法，塑造14项习惯（认真学习、举止文明、诚实守信、尊重他人、守时惜时、懂得感恩、勤俭节约、文明就餐、文明午休、遵守秩序、勤于动手、锻炼身体、讲究卫生、自我保护）的养成生态，夯实养成计划的根基；以"激活发展细胞的软实力"的方法，赋能个体发展，做到"养成有通道、养成有氛围、养成有指导"的配置模式，助力勾勒"养成"蓝图。

5. 以"常规教育"三管齐下。 抓常规就是抓德育，一是大力推进科室文化工程，各科室围绕"四jing工程"（敬、竞、静、净）打造营地文化。形成"尊师明德的学习品行，你追我赶的竞争意识，安静专注的学习习惯，干净整洁的学习环境"的美丽风景线。二是落实常规检查评比，继续以各项评比为抓手，在常规管理中不断强化学生的读书学习、集队集会、文明礼仪、个人卫生等方面的良好习惯和文明行为，学生争做"文明少年"。三是优化积分奖励制度，落实积分层级奖励方案，隆重举行"积分奖励"颁奖大会，对优秀学生颁发12生肖金银铜积分奖牌，有效促进养成教育实效。

6. 以"心理教育"强化意识。心理健康教育重点做好各班特殊学生的资料归档和跟踪辅导，建立"帮扶学生"联动机制。深入开展帮扶特殊学生的"绿芽行动"，做好对"帮扶学生"个别心理辅导，努力做到家校同步联动，落实"帮扶学生"转化工作。开设每周1次心理健康教育课，遵行"学生在校每天1小时以上锻炼时间"的原则，积极开展"大课间活动"。学校发挥学生社团的育人作用，结合"双减"工作要求开设校园足球等30项课外兴趣小组活动，引导学生拥有积极、健康、阳光的心态。开放心语室，由专职心理教师开展个体心理辅导，做好学生的思想转化和心理情绪疏导。加强心理教育队伍建设。加大培训经费的投入，全体教师全员参加各级线上线下心理健康教育培训，要求全体教师心理C证全覆盖，心理B证率70%以上，心理A证率50%以上。

7. 以"家校协作"增强合力。其一，以完善职能和机制创新，焕发家委活力。如组织协助学校管理的家委会队伍加强培训，以"家长工作访""家长沙龙""家长督学""家长讲学"等形式落实协作精神，互相沟通，各司其职，提升共育的合力，努力创建全国规范化家长学校。其二，以开创新的空间新的职能，发挥协同育人的职能。例如开展校本课程——"外延拓展课程"，根据家长的职业特点或专业特长，邀请其为学生上课。采用线上线下的授课形式，传授、传承关于红色经典、乡土人文、优秀传统文化、世遗（非遗）项目、生命成长、生存技能、发明创造、理想教育、诚信教育、安全生产、法治法制、情绪管理、天文地理等丰富内容，从而全面提升学生的实践能力、见识眼界和思想品质和道德情操。

外延拓展课程

人际交往课程

陈皮文化课程

饮食文化课程

健康养生课程

传统节日课程

地方非遗课程

8. **以"五项管理"有序运作。** 对于学生的管理，学校坚持把手机管理、睡眠管理、作业管理、读物管理、体质管理纳入集团行事历，特制定出台了加强"五项管理"20条措施：严格作业设计；严把作业难度；严控作业总量；规范班级交流；严肃作业批改；减轻课外负担；保证睡眠质量；严格手机管理；不带手机入校；细化需求细则；规范课余活动；加强教育引导；做好家校沟通；激发阅读兴趣；推荐优秀读物；加强图书建设；严格读物管理；开展体育运动；综合防控近视；加强健康教育。家校共育，标本兼治，营造有利于学生健康成长的社会环境。

（二）全力共建：坚持课程引导，落实全面发展

坚持课程引导，就是坚持"文化课程、基础课程、生态课程"的三位一体，全面落实素质教育。

1. **以文化课程熏陶学生的文化情怀。** 其一，学校以"建设书香文化"为育人体系的切入点，从"营造书香学校、倡导诚信阅读、重拾文化自信"三方面，依托丰厚的人文气息和优质的教育教学资源，引领学生感受书香文化的熏陶，增强学生的归属感、自豪感和幸福感，并涵化到良好的行为习惯养成之中。为此，我们成立读书基地，先后在"博学楼""笃学楼"的各楼层设置了心灵读书角，共15个，还提出了"校园处处是心灵小书屋"的概念，在芒果林、古诗长廊、红色基地等地方安装，共20多个，先后建成古诗长廊、《弟子规》长廊、中华英雄壁画、"少年中国说"艺术浮雕，让学生时时处处都接受书香文化的熏陶，体味经典的无穷魅力。"读书基地"的成立是对习近平总书记"爱读书、读好书、善读书"的积极响应，它的出现，不仅有利于全体学生的知识储备和品德素养，也标志着我校五育并举工作新阵地的建立。每天这里的读者络绎不绝，每天这里都在上演圭小的"读书沙龙"，更是少先队活动阵地和班级交流的平台，营造"入眼即风景，随处可读书"的书香文化氛围，让一群从小就热爱阅读、内心充盈的孩子，无论是童年时代还是长大后，能成为获取幸福和自我创造幸福的人。

其二，营造"诚信是根本"的学校文化建设特色，既创建了诚信同行的育人环境，又能以德育德，以行育行，树立诚信榜样。而文化上的自信，就是充分肯定自身的文化价值和信念。"诚信是根本"，这是圭峰小学以精神文化建设为载体的校园文化建设特色。一是以境育诚。设立班级诚信荣誉栏，每月开展一次"诚信之星"评选活动，营造公平竞争的校园气氛，创建了诚信同行的育人环境。二是以师范诚。每年9月10日进行年度"十大幸福教师"评比，教师以德育德，以行育行，树立诚信榜样；三是以行践诚。将学生内在的信念变成实际的行动，细化方案，多管齐下，启动"诚信阅读""诚信文具超市""诚信自助机"十几项计划，全面开放，使之行之有效。

其三，学校以红色文化为契入点，以"五开结合"（开创"红色打卡基地"、开启"红色三亮工程"、开设"红色先锋讲堂"、开展"红色护苗行动"、开拓"红色义心之路"）为特色，有机融入中华传统文化元素，突出新会地方文化特色，让红色基调植根学生心灵，铸就奋进烙印。我们开设"红心驿站"，并遍及全校的各个角落。"幸福教育墙"以培养德智体美劳全面发展的社会主义建设者和接班人为主线，以推进校园"以德立人"文化建设，让学生牢固树立习近平总书记提出的"幸福是奋斗出来的"的观念；"爱的教育角"是我们提出"爱家爱校"的理念体现，目的是培养孩子们的家国情怀，养正人格品行；"兴国文化廊"里面的历史故事和名人名言诠释了学校"爱国教育"的内涵，更与新会当地的"德"文化相契合；"初心广场"是社会主义核心价值观的传承之地，我们把核心价值观教育入眼、入耳、入脑、入心，生动具体地融入孩子成长的全过程，再次体现历史传承和时代特征相整合的校园文化，更是有效地将党建活动融入到校园生活中去。突出新会区的地方文化特色，以"让墙壁说话"的形式，先后建设了古诗长廊、"爱我中华"壁画、新会名人浮雕、廉政文化墙、"读书报国"文化走廊，以"墙壁文化"来营造传统文化氛围。我们为"至圣先师"孔子立像，以"弘传统文化，塑君子人格"为主题，坚持每学年开展新生开笔礼、孔子诞辰开蒙礼等系列特色儒雅文化活动。文化上的自信，就是充分肯定自身的文化价值及信念。在文化课程建设中，融入红色文化来推进校园文化的发展，符合校园文化建设的需求，能输送氧气和土壤，能更好地营造自信的文化氛围，完善文化建设，提升内涵。

2. 以基础课程启迪学生的智慧。基础课程的主旨是实现丰盈学生的文化知识，如"地桩般"铺垫生命成长的厚实基底，是人人必修的课程。因此，学校以基础课程为着力点，提出并落实三特点("开放·活力·高效")和五模块（"初学感知、自学展示、合作探究、共学解疑、达标测评"）的"三五"式课堂教学模式。

三个特点：开放·活力·高效

开放——开放课堂活动多元，全体参与体验，重视各学科间的相通相融，关注课内课外学习活动的整合，建立由单一的知识灌输到立体多向互动。

活力——活力课堂倡导尊重个性，课堂上，学生有充分的、有思维的碰撞、课堂有智慧的生成，让学生在原先基础上得到提升并且感受到幸福。

高效——高效的课堂，强调教学效率，重视"教"与"学"的效益，达成教与学过程的最佳效果，实现学生的持续发展。

五个模块：初学感知、自学展示、合作探究、共学解疑、达标测评

初学感知——设计"预习小清单"，实现教学过程中的先学后教，优化教学效率。

自学展示——确立"探究小主题"，自主学习是提高学习效率的前提，在课堂教学中，我们强调三个"展示自我学习成果"。

合作探究——加强"小组化学习"，进一步凸显学生的学习主体意识，更好地发挥小组学习的作用，学习面、知识量更大。

共学解疑——发挥"小老师"作用，共同解答疑难，并开展自觉共学模范组评选，进行知识的掌握运用和对感悟进行提炼提升。

达标测评——必须要有"小练习"。精讲，精练，找准训练点，有培养学生知识运用能力上下功夫，提升学习的质量与效率。

各学科深入教研，解读"三五式"课堂教学目标，形成高效化的课堂效应，促进"幸福课程"的发展。比如语文课程中，在"三五式"的概念上细化整理，实施"整体感知——提出质疑——小组探讨——团体解答——读写结合"的阅读课教学模式。在这个基础上，全面在校园推广，做到"心中有法""有例可循"，打造新会圭峰小学的教学特色。对于小学三年级的孩子，我们用"随文识字"逐步取代"整体识字"，通过架设各种学习途径，带领学生走出原先的方框，通过有趣易记的方法，既牢牢记住，又能节省时间，学得扎实高效。在数学课程上，我们同样在"三五式"的概念上细化整理，提出数学教学模式"练学置疑——引学指路——合学探索——展学汇报——评学延伸"的基本模式，引导学生思考，强化应用意识，养成自主探究的习惯。同时，接受不同的反馈意见，掌握不同的课型，无论是群文阅读式、分组讨论式、欣赏鉴别式……都注重学生的"自主性"与"合作性"，全方位迸发思维的火花。

在课堂教学模式的建设上，新会圭峰小学革新了课程目标、课程布局、课程内容等，重整了学校的课程结构。拟定本校学生发展的幸福指标，形成了三维目标：文化基础、自主发展、课堂参与。提出观点：幸福的课堂应该是"开放·活力·高效"的，以生为本，尊重学生的个性体验，释放学生的学习激情，突出课堂的教学实效，实现教与学的最优化。

由此可见，打造幸福课堂，让学生在良好的课堂学习体验，才能提高学生创新意识，增强创新思维能力。第一，要引导学生学好专业知识，主动参与体验，重视各学科间及课内课外学习活动的整合。第二，要倡导个性发展，学生有充分的、有思维的碰撞、课堂有智慧的生成，让学生在原先基础上得到提升并且感受

到幸福。第三，要强化创新教育，全方位迸发思维的火花，引发学生的思考，强化应用意识，养成自主探究的习惯。

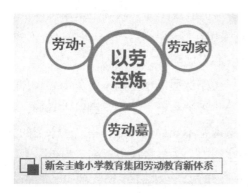

"三研一体"模式　　　　　　　　"三五"式课堂教学模式

3. **以生态课程拓展学生的视野**。经过长时间的探究，新会圭峰小学构建起"五大节日""七大社团""九大课程"的生态课程体系。第一，推行学生"自主点餐"制度，让学生在九大课程中选择其一，培养学生的个性特长。（包括：经典课程——做堂堂正正的中国人；书法课程——写方方正正的中国字；科技课程——让探索成为一种思维方式；艺术课程——让孩子欣赏世界之美；生活课程——学会生存、生活、感恩、劳动；雏鹰课程——让爱国成为一种习惯，让基因烙上红色；健心课程——让阳光照进心灵之窗；体育特长课程——让运动成为一种生活方式；拓展外延课程——让家长走进课堂。）第二，强化团队建设，让人人都有"参与的机会、展示的舞台、自信的感觉、成功的喜悦"。新会圭峰小学的"七大社团"包括：向日葵文学社、茅龙书法社、彩虹陶艺社、棋艺社、红领巾艺术团、百灵鸟合唱团、阳光管乐团。"五大节日"包括：9月感恩雏鹰节、10月创新科技节、12月阳光健体节、4月快乐读书节、5月红五月文化艺术节。第三，丰富节日文化建设，无论是"学中动"的课程，还是"动中学"的课程，都以培养学生核心素养为目标，展现了"五育并举"的独特魅力。校本化的生态课程学习成果都会在新会圭峰小学每年的"雏鹰节""书香节""艺术节""科技节""健体节"等五大节日活动当中展示。由此可见，生态课程联动化意义重大：

一是实现学科深度融合。如"九大课程"中提及的"科技课程"，它就是跨学科能力素养的培养典范，它以数学课程为基础，以"信息技术课程"为研究，以"天文学""力学""社会学"等课程为拓展，打破学科界限，共同发挥育人合力。真正落实基于校情的学生幸福感培养的重要途径。在这其中，一是做好学科课程整体设计；二是研究基于校情的学科教学标准；三是实施学科分层教学。

　　二是促使课堂教学重构。新课标颁布之后，各个学科在教学过程中用"大课程观"代替"学科本位观"，"学科本位观"强调传授知识和技能、过程与方法，"大课程观"还同时强调培养情感、态度以及价值观。如：教学中采用"以学定教""少教多学""合作探究"；教学过程可采用在线学习平台等。通过这些形式，重设"生态课程"的三维目标，适合学生身心发展需求。

　　三是促进教学形式改变。新会圭峰小学生态课程以学生为本，分为必修和选修，如"科技课程"中提及的所有项目，分年级分类型，学生得到基本掌握，在此基础上，根据各自的兴趣及探究方向，选取了不同的选修点，提高了学习的参与度，还凝聚了团队精神，组织能力、表达能力、竞争意识也得到了强化。

　　同时，新会圭峰小学对校本课程特色化实施。一是注重课程的本校特色开发，如：积极开展信息技术特色教育，由科组长牵头，自编校本教材，纳入学校正常的课程体系。二是注重课程的拓展形式开发，如：学校开展"书香节"主题读书活动，按照"分享会"的形式，全校各班每周一节分享指导课，设立分享角，开发了"分享链接"，形成年级分享沙龙。三是注重课程的文化节日渲染。如：设立一系列的圭小文化节日，每年开展"经典咏流传""百灵鸟的春天""STEM科技节（机械工程、Wondershop机器人、智能积木、结构与工程、刷卡机器人、FEG智能车、人工智能编程）""秋季健体节"等活动。四是注重课程的训练营地管理。学校不仅开齐了所有课程，还为所有课程配备了不同的场室，如烹饪班、音乐台、身体加油站等20多个兴趣班，让学生在动中学，在学中得。

经典课程

书法课程

（三）全维突破：坚持平台共建，助力灵动成长

1. 创立**"健体平台"**。新会圭峰小学立足体育课"掌握健康知识、基本运动技能、专项运动技能并养成运动习惯"的教学目标，以"阳光体育"系列活动为契机，建立了21个学生自主管理的专项技能平台，让学生通过体育锻炼增强体质锤炼意志，形成体系健全、充满活力的体育发展格局。其中，21个专项技能的训练，主要抓好每周的"两操"和大课间活动、课外活动、特色体育活动，通过选修终身受益的体育活动项目，磨炼意志，提高身体素质，树立健康第一的教育理念。其次，要办好各类体育赛事。每年的11月，开展学校的"健体节"，要引导青年学生养成终身运动的习惯，树立正确的运动观念，努力成为运动爱好者。

2. 创立"审美平台"。依托学校"生态课程"搭建起以美育教学、文化传播、艺术创作、科技普及的美育平台，新会圭峰小学从观念上认清美育的地位和价值，规划和设计好教学过程，引导学生发现美并能鉴别美。一是兜底行动，即是必须要开齐开足艺术类课程，通过资源开发，提高学生的绘画技巧、声乐能力、审美意识。二是提升行动，把美育教学与各学科教学有机组合，多方位、多层次的实施美育，立足于教会、常练、勤展，实现美育育人的效果。三是争先行动，把美育渗透到其他四育中，丰富审美教育形式的同时，办好每年"艺术节"和对外师生艺术作品展，践行知行合一的理念，活跃学生的校园文化活动，提高审美能力和综合素质，从人文素质到心灵涵养都得到精修淬炼。

3. 创立"劳动平台"。劳动教育在育人体系中具有基础性、先导性、全局性的地位，新会圭峰小学做好引导工作：一是设立"劳动+"必修课程，科学规划课程体系，树立正确观念，增强价值认同。二是开设"劳动家"评选活动，过组织创文活动、志愿服务活动等形式，让学生在实践中提升劳动技能、磨炼意志，强化责任担当。三是设置"劳动嘉"实践模式，充分挖掘劳动教育的场域，让劳动随时发生。如设置"盆栽园""百果园""养殖区"等，鼓励学生每年有针对性地学会至少1项生活技能，把劳动教育纳入"家长学校"指导内容。弄清楚劳动教育"是什么、为什么、怎么做"等问题，尊重劳动、懂得劳动。

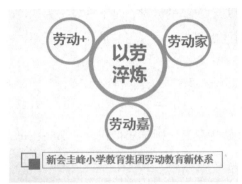

三、笃行：以新评价"畅通"育人场域

科学、全面的评价模式，能够促使"五育并举"教育实效得到进一步提升。基于此，学校从以下两方面建构"评价激励机制"。

(一) 建立"融合评价"模式

多元主体的交流、协商、构建、合作是新时代"五育并举"全面评价所遵循的理念，首先是注重质性评价和量化评价的结合，使教育评价更加清晰、准确地描述学生的综合素养，其次是过程性评价与结果性评价相结合，不断改善教育的学习行为和效果，形成多模态评价观。学校通过健全学生的综合评价监测体系，从多角度、全方位对学生开展更科学、系统的评价工作，突出考察学生"以德铸魂""以智固本""以体强健""以美浸润""以劳淬炼"的发展实践等。

1. 变"重结果轻过程"为"结果与过程并重"。综合积分激励机制，让评比激励的"结果与过程并重"。既重视五育评比激励的结果，更重视五育评比激励的过程。机制让评比变得有章可循，有"分"可依，减轻了评比的随意性，让评比变得更加科学和透明，让五育评比能成为一种教育。评得上先进、优秀、进步的学生感到是自己一段时间努力的结果，是对自己的激励，是下一轮努力的动力源；暂时评不上的学生会反省过去一段时间的努力，反观与先进同学的距离，哪怕评不上也心服口服。

2. 变"重形式轻实效"为"形式与实效并重"。综合积分激励机制，让评比激励的"形式与实效并重"。积分的奖励涵盖了学生五育各个方面。比如对学生进行"环境保护"教育，不光在区演讲比赛中获奖的同学获得积分，那些在每天的扫地、值日、保洁工作中认真的学生也会获得积分。积分奖励的对象，不光是在一些"标志式"的运动、活动中有突出表现的学生，还包括所有已经接受了教育的学生。积分奖励的不是活动的形式，而是凸显教育的效果。

3. 变"重说教轻体验"为"教导与体验并重"。综合积分激励机制，让五育的"教导与体验并重"。奖励机制，高度重视学生的心理发展，充分考虑学生的内心需要，让教育中教师的教导与学生的体验并重。奖励机制既采用说服法来教育学生，又运用"角色扮演法""情境体验法""合作学习法""实际锻炼法"等进行教育，并用积分券对学生在活动过程中的表现和收获进行奖励和肯定。

4. 变"重强制轻自主"为"强制与自主并重"。综合积分激励机制，让五育的"强制与自主并重"。积分券激励机制，充分考虑的内心需要，让服从要求、力争上游成为学生内心的需要。对于五育目标中的基本目标，要求学生统一做到的，就要求全部学生做到，对于发展目标，不统一要求，但对于做得好的同学给予积分奖励，树立学习的榜样，激发学生的内在需要，尊重学生的自主选择。让学生能学有榜样，追有目标。这样的要求不是一刀切，而是让教育目标变得有层次、有差异。

（二）明确"科学评价"导向

学校紧密围绕"育人体系"的五大指标，突出考查教师坚持"五育融合"培养、提高学生"核心素养"的原则，推出了"激励券""激励章"与"激励证"三大载体，既引导学生的全面成长，又鼓励学生的个性发展。

1. 设"激励券"，助积极情绪。激励券以1分、2分、3分……100分，一共10种不同面值的代金券形式在学校流通。每学期初学校下发一定数量的激励券到各个班级，班主任设计各班相应的激励券获取办法，学科老师根据该班学生的各方面表现和成长情况进行代金券的奖励。

2. 争"激励章"，促全面发展。"章"是学校印制的十二生肖徽章，"争章"重在促进学生全面素养的提高，它综合体现了对学生素养发展的导向性。

3. 颁"**激励证**",成个性张扬。"证"是由学生自主申领的,每学期可申请一次,先是自行对照自己所取得的成绩,在"以德铸魂""以智固本""以体强健""以美浸润""以劳淬炼"哪方面较为突出,在五大项属下的分项选择相应的激励特长证。

乾元资始,五育共生。在评价建构中,师者要注重顶层设计,构建融合的评价体系,营造一种人人积极参与的良好氛围,才能让育人机制"无言成蹊""水到渠成"。

如果"立德树人"是一个圆心点,那"五育并举"就是围绕着圆心点的一个圆,我们携手终能圆梦。惟此,以"育人机制"插上"成长"的翅膀,借助"践行"的力量,就可以一路寻找成功的彼岸——那就是教育的真谛。

"三位一体"提质兴教模式的探索与实践

——教研基地学校新会古井小学典型成果展示

广东省江门市新会区古井镇古井小学　薛文耀　林晓燕

以学校为中心进行教学研究，形成与新课程相适应的"以校为本基地实验校教研模式"是适应当前学校发展和教师成长需要的紧迫任务，也是深化教学改革的方向和重点。古井小学是新会区"省教研基地实验学校"之一，为学校的教学教研发展带来更多的机遇。学校坚持"人文融入、科研引领、发挥特色、质量强校"的办学策略，传承和弘扬学校教研特色的同时，以校为本，大胆尝试，既重视传承，又力求创新，以构建三级教研网络体系、夯实三维培训措施体系、整合三项教研举措体系，在创建基地实验校"三位一体"强师兴教教研模式建设上不断探索与实践，提升教学效益，彰显省教研基地实验校的实验性、示范性作用。

一、构建三级教研网络体系，加强领导，有效开展

学校教研网络体系的构建是推进基地学校校本教研建设有效保障，学校构建了以校长室——教导处——学科教研组为主体的三级教研网络体系。

（一）加强领导，发挥"领头雁"引领作用

古井小学建立基地学校教研领导小组，由校长担任组长，校长负责对全校的教研工作提供政策和资金支持，并明确校长是第一责任人、校长必须亲自主持和参与各项校本教研工作，身体力行，率先垂范，做校本教研的领头羊。学校组建和成立相关学科教研工作小组，各教研工作组长由具有较强教育教学能力的教学骨干担任，在学科领域中引领教师参与和开展教研工作。在校长教研领头羊的引领下，以各教研组为主要教研阵地，做到学科教研紧密融合，教师全程参与、全情参与。

（二）制度保障，落实"中枢区"执行职责

学校校本教研工作的组织和实施、制定管理制度、检查督导和研究总结是教导处主要职责和任务。教导处相当于身体的"中枢区"，肩负着传达、落实、执行和反馈的职责。为保证将基地校校本教研工作真正落实执行，学校教导处制定一系列工作保障制度：《古井小学校本教研管理制度》《古井小学校本教研培训制度》《古井小学学科集体备课制度》《古井小学教科研奖励管理条例》等，做到过程性评价与终结性评价有机结合，有效地调动了教师参与的积极性。

古井小学将年级组、教研组、备课组、课题组作为各项教学教研工作的落脚点。教科研工作组组织规划，各学科教研组具体组织实施开展，实行年级组长和驻级行政对各年级的教学教研工作进行蹲点监督。学校全体行政干部深入年级组，同学习、同活动、同教研、同发展，从薄弱工作环节和薄弱学科入手，加强研究指导。在教研工作开展过程中，全体行政干部以全面提高全体教师专业水平和综合素质为己任，坚持"求真、务实"的精神，真正解决教育教学中的实际问题。同时，学校建立教科研活动保障机制，积极整合学习资源，每年投入充足的教科研活动经费，大力支持教师进行教科研活动。

（三）骨干带动，凸显"先锋队"示范作用

教师是学校发展的主力军，教育科研高质量建设与高素质教师队伍打造相辅相成，教师的教育理论素养决定课改的深度和广度。

古井小学选用骨干教师担任教研组长、学科备课组长，他们当中不少为"新会区学科骨干教师"、"江门市名师工作室"成员和"校级名师"等，"思想觉悟高、组织能力强、业务水平高"是这些骨干教师的共同特点，由他们组成的校本教研活动的先锋队和示范队，组织各项常规系列活动：理论学习、钻研教材、集体备课、评价交流、专题研讨等。在校本教研活动中，"先锋队"带头学习、发言、上示范课，使教研活动能够规范有序地进行，使学校教研组、备课组成为学习型的基层团体。正因这些"先锋队"的榜样示范作用，牵引着学校整个教研氛围朝着积极向上、追求卓越的方向发展，构建了良好的教研体系。

二、夯实三维培训措施体系，重视学习，提升水平

古井小学构建"三维培训"措施体系，分别从"校本培训、自我修为、交流提升"三个维度方面注重对教师进行教育教学研究上的理论指导，引导教师学会理性地思考教学问题，努力让每位教师在思想观念不断更新。

（一）研读教育理论，更新教师观念

以校本理论培训为主，根据学校实际及教师专业化发展的需要，学校先后组织教师进行了师德教育、新教材培训、教科研培训、现代教育技术培训及新课程理念下的课堂教学研究培训等，让教师在观念上能够做到与时俱进。学校设立专项教研经费为教师订购教育理论书籍，定期推荐

给教师进行研读，每个级组有专门的教育教研书架。通过"导学、自学、互学"等形式，全面深化新课程理念指导下的课堂教学改革学习新课程标准及相关教育理论。

（二）坚持自我修为，提升教师能力

教师只有自身不断地汲取信息，才能有效提高自身的理论修养和业务水平。学校对优秀、行之有效的传统做法加强落实，认真贯彻落实"三个一"制度：每学期发表一次听课点评，每学期（至少）阅读一本教学专著，每学期（至少）撰写一篇教学论文。教师们教育科研理念知识积少成多，厚积薄发，在实践中加以运用，形成良好的发展趋势。

（三）重视交流互补，开阔教师思路

学习的个体是独立的，但集体的智慧常常能碰撞出理性的火花。古井小学在加强自我学习、个体教学研究的基础上，坚持集体备课，集结群体智慧。各备课组教师在备课组长的带领下，合理、充分地利用时间，学习新的教育教学理论，共同研究教材、集思广益、讨论教法，着力提高课堂教学质量。

三、整合三项教研举措体系，助力成长，展示成果

古井小学立足课堂教学主阵地、聚焦教研实践重难点和同步课题研究相贯通三项教研举措，按学科成立语文、数学、英语、科学、体育、艺术综合六个教研组，在学期初拟定科组工作计划，有序地推进，助力教师成长，为教师搭建展示成果的大舞台。

（一）立足课堂教学主阵地，开展校内教研课研讨

古井小学教研组以"同课异构"、"教学问诊"、"优质展示"等形式开展研讨活动，做到人人开展"互听"、"互评"。教师对听课情况撰写点评，科组进行集体评议，聚焦教师的教、学生的学、教学内

容的选择、教学目标的确立、教学方法和手段的运用、教学成果诸方面进行评价。组内教师轮流将听课所思所得集中反馈汇报，让执教者受益，听、评课者共勉，让提高全体教师的课堂教学水平起到了积极作用。

（二）聚焦教研实践重难点，开展"小主题"讨论活动

教研组在活动前将平时教学中遇到的需解决的细节问题进行收集整理。例如作业的分层设计、某个知识难点如何讲解授课、教学评价如何有效利用等等，将各主科的一些教学难点或困惑细化、分拆，在活动时聚焦讨论、寻找破解难点的方法，让教师的个人经验与同行的感悟相碰撞，收获更多的教育智慧。

（三）同步课题研究相贯通，整合研训资源提升渠道

古井小学以课堂教学为基点，将日常教研与课题研究同步进行。现阶段，学校有三个课题研究正在进行，分别是《小学生新时代教育评价改革与创新的研究》《农村小学英语口语教与学的研究》《农村小学数学课堂教学实效性的探索与研究》，其中《农村小学数学课堂教学实效性的探索与研究》课题已进入结题阶段。在课题开展过程中，学校教导处规范课题研究的过程管理，各个课题组每学期围绕课题研讨课的承担任务，将课题研究与教学实践紧密结合，使之互相作用。

同时，课题组做好课题研究资料的收集和积累，及时进行课题阶段性总结，使教育科研源于教学，深于教学。学校充分整合研训各项工作，将校本研训活动与常规教学、课题研究紧密相结合，根据教学教研所需，拓宽教师教研能力提升的渠道，安排智慧课堂评价、课件制作、阅读指导等专题培训，实实在在地促进教师能力提升。

古井小学鼓励教师积极参与各项比赛及展示活动，教师们积极参加"命题"比赛、"精品课"展评、"作业设计"比赛、基本功比赛、指导学生参加主题比赛等等，各项比赛均获得较好的成绩。每次比赛结束后，学校鼓励教师撰写教学随笔、磨课纪要等，让活动开展一次，教师业务能力和教学素养提升一轮。

古语云：功崇惟志，业广惟勤。基地实验校教研实践为教师的专业发展创建了良好的学术研究氛围，教师在教学实践中学会了反思，在相互尊重中学会了交流，在虚心向学中学会了吸纳，在思考领悟中学会了调整，在互助合作中学会了成长。

学校和教师个体得到了长足的发展：2018年学校课题立项《"中国作文教学大系"课程背景下作文教学实践及研究》被评为（国家级）中国基础教育语文教学"十三五"规划课题优秀课题、2015年国家级课题《小学国学经典通读的研究

与实践》、省级《小学语文阅读与运用研究》子课题《阅读教学与习作教学如何有效结合的研究》和广东教育学会"十三五"教育科研规划小课题《小学生数学验证意识的培养研究》成功结题；2019年被广东省楹联学会授予"广东省优秀联教学校"称号；2015年周瑞兰校长被评为全国优秀教师、林晓燕主任和林文雅老师被评为广东省"小学生文学社优秀会员单位主持人"；至今学校获市级以上荣誉33项，市级以上立项课题结题达7个，教师个人获市级以上荣誉180人次，教学论文获省市级217项，竞赛获省市级奖项以上263项。

更让人欣喜的是不同主题的教研活动，解决了一些教学困惑，摸索出一些更为有效的教学模式，形成规范的制度体系，教科研氛围日益浓厚，学校教师骨干力量进一步发展壮大，更好发挥引领作用。

蔡李佛武术特色教育体系的研究实践

——教研基地学校新会黄冲小学典型成果展示

广东省江门市新会区崖门镇黄冲小学　黄社畅

摘要： 以新会区教师发展中心"一核四柱八维"教研理念为核心，结合蔡李佛武术特色教育开展教育体系的研究对学校的发展具有重要的意义。文中阐述了基于"一核四柱八维"教研理念，围绕蔡李佛武术特色教育的德育教育、教育教学、教育评价、教育内涵、办学成效等多个方面的教育体系的实践研究。

关键词： 一核四柱八维　蔡李佛　特色　教育体系

【前言】

近年来，新会区教师发展中心坚持立德树人这条主线，围绕"质量提升"这个核心目标，以"一核四柱八维"（质量核心，教科研训四大基柱，八个提质行动维度）为促进教育教学质量抓手，创新基础教育提质模式，引领下属学校提升教育管理品质，打造具备较高竞争力的特色教育品牌。

在这一背景下，崖门镇黄冲小学依靠新会区教师发展中心，以挂牌成立新会崖门蔡李佛武术学校为契机，开展蔡李佛武术特色教育办学模式的探索。经过多年的积淀，学校在构建蔡李佛武术特色办学教育体系的实践研究方面取得一定的经验和成效，成长为江门市的一所特色鲜明的优秀学校。

【实践研究】

根据《新会区教育系统提升基础教育教学质量行动方案》，新会区教研基地明确提出以"一核四柱八维"（质量核心，教科研训四大基柱，八个提质行动维度）为方案建设路径，实施"五育并举""特色办学"等八大工程，以发展学生核心素养为指向，助推教学质量提升。结合以上理念，崖门镇黄冲小学开展了构建蔡李佛武术特色教育体系的实践研究，并取得了一定成效。

一、构建蔡李佛武术特色德育教育体系

　　武术是中国优秀的传统文化，其中的武德思想蕴藏着仁、义、礼、智、信等传统文化精粹。通过在小学生武术教育中渗透武德教育，强化小学生武德修养，培养小学生武礼谦和、武德高尚的良好行为习惯，弘扬中华民族传统文化，进而促进德智体美劳和谐发展，使小学生具备健全的人格、健康的体魄、坚定的信念、坚强的毅力和为国争光的爱国主义精神，成为德才兼备、全面发展的优秀社会主义建设人才。

1. 明确各年级武德教育目标

　　"德才兼备乃终生所愿，文武双全非一日之功"。崖门镇黄冲小学明确了办学的宗旨是要培养出德才兼备、全面发展的新时代优秀接班人。德与才，德为先！

　　古时候，武艺和武德不分家。"学艺先学礼，习武先习德"已经成为习武者的首要任务，缺乏良好的武德基础肯定不可能练好武术。古时的武术门派皆通过制定门规、戒律、戒约等作为武德标准，用以明确"尊师重道、扶危济贫、戒骄戒淫"等武德行为。

　　新时代，武德与教学同一体。崖门镇黄冲小学开展武术教育用武德来约束学生的行为规范。学校摒弃了封建时代的"门户之见"、"忠君"、"唯我独尊"等封建狭隘糟粕思想，把爱国主义精神与武德教育有机结合，把爱国、民族精神和民族利益放在道德的首位。把陶冶情操、遵法守纪作为武德教育的基本要求。把明德修身、保护人民利益作为道德风尚的提高层次。同时，武术教师要明确、落实各年级武德教育的各项目标，对学生有计划、有目的、有针对性地进行武德教育，教育学生热爱党、热爱祖国、热爱人民的道德情操，树立崇高的理想追求和

良好的团队意识，培养遵纪守法、注重公德的行为习惯。同时，还要张扬学生个性，培养顽强勇敢、朝气蓬勃、自强自尊的进取精神，以及忍受挫折、吃苦耐劳的优异心理品质，逐步形成正确的世界观、人生观、价值观、审美观和道德观。因此，教师在备课时要有明确体现，并在实践中不断地进行武德熏陶，学生才能切实体会、感悟习武者特有的精、气、神和中华武术的传统礼仪，从而大大提高学生德育素质，形成新时代的武德精神。只有把武德是融于社会主义道德规范当中，才能使武德兼备新时代的特征，迸发出全新的生命力。

2. 在武术活动中渗透武德教育

武术活动其实蕴含了大量的武德教育内容，施教者如果能够充分挖掘，就能够十分方便地开展武德教育。

（1）充分利用武德先贤、武术明星的影响力传承武德教育。蔡李佛武术创始人陈享先生对蔡李佛拳术的命名，就是为了纪念曾经教育过他的几个师傅，因此而形成"饮水思源"的蔡李佛武术精神。崖门镇黄冲小学在每个年级开展武术教育之前，都会给学生播放以上的典故影片，并用复述、讲故事、画画等形式开展相关武德教育。

榜样的力量是无穷的。现代新技术的发展、影视信息的传播，使小学生中出现了所谓的追星族，不少学生都很崇拜成龙、李连杰、甄子丹等武术明星，被他们出神入化的功夫和他们塑造的英雄形象所折服。根据学生崇拜偶像的心理，我们要帮助学生对这些英雄人物形象进行分析，引导学生向这些人物形象的高尚武德、高尚情操学习，而不是学习他们无所不能的、并不存在于平时生活中的武术。进一步及时地向学生宣传实际生活中存在的人物的高尚品德。如陈享先生参加太平天国运动、协助林则徐进行虎门销烟、担任军队武术总教练等事迹。又如抗日英雄许世友，利用自身学到的一身功夫，出生入死参加解放战争、抗日战争等，把毕生精力奉献给无产阶级革命事业。再如岳飞精忠报国的故事等等。通过偶像、榜样的引领，磨炼学生的意志、培养学生良好的武德风范，做有内涵、有修养的习武人。

（2）充分利用武礼教育传授武德真谛。中国素有礼仪之邦之称，中国武术历来有重礼法、讲礼节的优秀传统，武礼历来被习武者所重视，更揭示了武术的真谛在于武德。所有武术套路中都包含有礼仪动作，表演开始与结束均需要做敬礼动作。拳术套路有抱拳礼、器械套路有持枪礼、抱刀礼等等礼仪动作。教学之中，崖门镇黄冲小学教师通过教会学生敬礼动作，从而进一步传授武礼之中内含的武术精神与武德规范，学会以武会友皆兄弟、宽容待人严律己、言而有信行必果等武德风范，引导学生变以武服人为以德服人，克服争勇斗狠、动不动就骂人打架的思想，形成从我做起、学会相处、团结互助、良性竞争等优秀品质，懂得尊重自己、尊重对手乃至学会民族自尊等民族精神，最终形成正确的人生观、价值观、道德观。

（3）充分利用参与武术活动感悟武德教育。崖门镇黄冲小学蔡李佛武术特色活动的开展，展示了无穷的魅力，收获了无数的掌声与荣誉。各种各样的活动接踵而来，交流、比赛、表演、巡游、拍电影……给予学生锻炼的平台与机会大大增加，学生在教师的指导下道德品质、素质能力不断提升。与外地和国外蔡李佛武术爱好者的交流，锻炼了学生的胆识，提升了待人接物的能力，学生逐渐表现得大方得体、谦虚有礼；参加多地的巡游表演，增加了学生的见识，学生逐渐表现得沉着稳重；参加各级比赛活动，使学生意志更坚定、坚韧、坚强，学会了胜不骄败不馁；参与拍摄电影，见识了传说中的电影明星，明白了偶像们付出的艰辛努力与人物形象的高尚品德。通过一系列的活动，启发、引导、培育了学生的武德修养，最终起到了立人、正人、树人的作用。

3. 在养成教育中渗透武德教育

武德的形成源于平时生活学习，只有把武德教育置于日常行为规范教育中才能使学生逐步形成良好的武德习惯。崖门镇黄冲小学武德教育无处不在。

（1）结合国家制定的小学生守则和小学生日常行为规范准则，制定了武仪、武礼、武纪、武勤、武风、武艺等各个方面的行为规范准则，通过红领巾小天使来督促检查学生的日常行为，使之形成行为习惯，知道怎么做是对的、怎么做是不对的。

（2）充分利用各种契机，适时对学生进行武德教育。充分利用每周的国旗下讲话制度和班队会课，持之以恒对学生进行日常行为习惯的养成教育和武德教育，反省学生的日常行为规范，从而明确哪些行为是对的、哪些行为是不对的。

（3）利用红领巾广播站，设置武德宣传广播专栏，及时播放有关武德方面的优秀学生事迹，宣扬良好武德精神。

（4）积极组织开展多种武德教育活动，定期举办蔡李佛武术比赛，组织手抄报比赛、绘画展览、武德故事演讲、作文比赛等形式多样的活动，不断丰富学生校园文化生活，陶冶学生良好武德情操。

（5）强化校园文化宣传阵地，设置蔡李佛武术文化长廊和武德文化长廊。充分利用校园的每一个角落，使校园内的一砖一瓦、一草一木都体现学校对学生武德教育的引导和熏陶。

二、构建蔡李佛武术特色课程教育体系

崖门镇黄冲小学的蔡李佛武术传统项目教育实施常规化管理措施，把蔡李佛武术传统项目教育作为学校的校本课程，当作学校一门正常的教学课程来对待，在教学、教研等方面与其他课程处于同等位置。

崖门镇黄冲小学开设了蔡李佛武术传统教育课程，一、二年级每周设两节武术课，三至六年级每周设一节武术课。各班必须按课程表开足课程开齐课时，严禁随意停、调上其他课程。师生须按正常课堂教学开展教学活动，避免特色课程开展的随意性和形式主义。

崖门镇黄冲小学在新会蔡李佛始祖拳会的帮助下，对校本教材《蔡李佛武术基础》进行了第一次重编，进一步完善了该校本教材。《蔡李佛武术基础》一书以蔡李佛武术基础常识与训练方法为重点，详细描述了学习蔡李佛武术需要掌握的蔡李佛武术基本功与基本套路，成为我校开展蔡李佛武术课程教育的指导性教材。

崖门镇黄冲小学以校本教材《蔡李佛武术基础》为核心，为蔡李佛武术特色教育项目设置了室外课（基础训练课、提高训练课）、室内课（武德教育课、武术常识教育课）、考核课（特色展示课、活动娱乐课）。逐步形成了一套科学的、完善的蔡李佛武术课程教育体系。

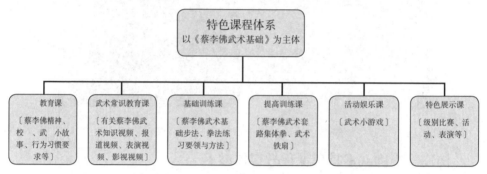

崖门镇黄冲小学还聘请了新会蔡李佛始祖拳会教练三名，其中龙狮教练一名、低年级武术教练一名、高年级武术教练一名，全权负责学校特色课程教学与武术队训练。

在学生的武术特色教育教学方面，我校主要采取点面结合的方式落实蔡李佛武术特色教育。面，是指面向全体学生，通过武术课、课间操、大课间活动、课后服务等时间开展蔡李佛武术特色教育，按照校本教材《蔡李佛武术基础》的教学目标，使全体学生掌握蔡李佛武术的基本功、蔡李佛集体拳、飞龙铁扇表演套路等有关蔡李佛武术基础知识。每个星期二、星期四两天早运，全校学生表演集体拳和扇。点，是指学校武术队与龙狮队，通过蔡李佛武术教练的精心传授，教会队员一些较高级别的蔡李佛武术套路和舞龙、狮技能，培养出具备较高蔡李佛武术专业能力的人才，并代表学校参加一些对外的表演、比赛、拍摄等活动，为学校争取荣誉和扩大影响力。

三、构建蔡李佛武术特色教育教学体系

1. 崖门镇黄冲小学结合蔡李佛武术特色文化和新会区教师发展中心"一标五环"（确定目标—自主构建—展示交流—重点探究—归纳评价）高效课堂教学模

式，全面展开121小组合作学习模式。121小组合作学习模式是指将全班学生分为4人小组，每个小组由1名优秀学生、2名中层生、1名后进生组成。每个小组成员均落实指定工作任务，职责分明。蔡李佛武术套路教学非常适合121小组合作学习，每个小组由一名武术队员带领，以将带兵的形式，教会小组内其他同学，这种方式能使非武术队员迅速掌握武术套路。延伸到其他学科，每个学习任务都可以采用121小组合作学习的形式，由正组长带动组员开展学习，从而收到最佳学习效果。同时，"唯有用心"、"奋发向上"的蔡李佛精神也能促使学生在课堂上积极思考，主动与同学进行合作，大胆进行交流、质疑，把自己的学习成果展示给同学与老师，从中感受了文化知识学习的乐趣，学会了自律、学会了自学、学会了交流、学会了表达，掌握了对新知识学习的方法。在特色文化引领下，新型课堂教学模式的探索促进教师不断更新教学理念，不断提高实践研究能力和专业素养。

　　2. 崖门镇黄冲小学结合蔡李佛武术特色文化，开展如班际武术比赛等大量群体性的评比争先活动。又如我校用争章评级的形式开启中华经典全员阅读模式，充分发挥"锲而不舍"、"水滴石穿"的蔡李佛精神，用坚持开展"阅读之星"评选的办法，培养学生形成良好的阅读习惯。根据《义务教育语文课程标准》2022年版关于阅读量的最新要求，1–2年级背诵优秀诗文不少于50篇（段），课外阅读总量不少于5万字；3–4年级背诵优秀诗文不少于50篇（段），课外阅读总量不少于40万字；5–6年级背诵优秀诗文不少于60篇（段），课外阅读总量不少于100万字。学生每背诵一首古诗词得1分，阅读课外读物，每读50页得1分，5分为一级。学生将阅读的内容、页数记在学校发下的阅读记录表上，家长对孩子的阅读内容进行评定，并签名。然后，小组长对阅读记录再进行审核，统计分数，上报给语文教师检查、审核。每月统计一次，评出班中的级数最高的前六名为本月的班级阅读之星,学期结束,再累计级数评选六名班级阅读之星。对获得阅读之星的学生发奖状表彰,并在学校宣传栏公示。在这个过程中,学生的阅读量大大增加,知识面不断扩大,文化素养不断提升。

文化素养提升并非一朝一夕的事,需要长期的努力和积累。正如蔡李佛前辈对崖门镇黄冲小学学生的勉励:"文武双全非一日之功,德才兼备乃终生所愿"。

四、构建蔡李佛武术特色教育评价体系

建立以人为本的小学生综合素质评价体系,有利于发挥小学生在学习活动过程中的积极性和主动性。在评价标准、评价主体、评价方法、评价反馈等方面都要凸显并发挥评价的诊断功能、激励功能和发展功能。崖门镇黄冲小学打破传统的评价立法,制定了一套以学生为主、学校家长为辅的综合素质评价体系,旨在鼓励学生强化信心,帮助学生认识自我,张扬个性、展示特长、激发兴趣、提高自我教育、自我评价的能力,建立开放、多元的自主评价体系,使学生养成良好的武德行为规范,促进学生全面和谐发展。

附:崖门镇黄冲小学学生综合素质评价表

评价标准 项目 \ 等级	A	B	C	自评	自我寄语	家长评	校评
武仪	服装齐整,仪表端正,干净整洁,走如风站如松坐如钟	整洁无异味、戴红领巾校卡、武术鞋服齐整、无其他饰物、无长指甲、头正胸挺	服装基本齐整干净,精神面貌较好				

续表

等级 评价标准 项目	A	B	C	自评	自我寄语	家长评	校评
武礼	尊敬师长，主动打招呼大声问好、讲礼貌	尊老爱幼、用语文明、不大声喧哗、课堂礼仪好	有礼貌，尊重老师、尊重同学。				
武纪	遵守学校纪律、遇到不良行为能制止并报告老师。	遵守学校纪律、听从师长教导、上放学遵守交通规则	基本遵守学校纪律，不做危险的事情。				
武勤	勤早上学，提前做好课前准备工作，完成作业后能主动学习训练	准时上放学、准时集会做到快静齐、课堂动作迅速、作业依时完成	不迟到、不早退、不旷课、基本能依时完成作业。				
武风	自己做得好，还能管理好别人，作风正派。	不骂人、不打架，讲文明讲道理，做事主动积极，作风端正	与同学和睦相处，不做损人害己的事情。				
武艺	勤学苦练，参加武术比赛取得较好成绩。	勤学苦练，完成学期训练要求，积极参加学校各项活动	基本学会本学期武术学习任务				
综合评价							

在学校教育教学常规管理中，以武德教育为抓手，合理地运用和渗透武德教育到学生日常生活中，是贯彻素质教育的有效手段。崖门镇黄冲小学充分利用优秀的中华优秀传统武德精粹，并结合现代教育教学思想，启迪小学生的心灵，形成健康优良的精神品质，提升德育工作的实效性和持续性，切实有效地开展学校其他工作。

五、构建蔡李佛武术特色教育内涵发展的实践行动

1. 挖掘提炼蔡李佛武术文化内涵

蔡李佛武术创始人陈享先生的人生历程，就是拜师习武、保家卫国、济世扶贫、行医传艺的一段经历，尤其是通过苦练武技成为武术家、给创立的武术体系命名为"蔡李佛"武术、协助林则徐禁烟、行医传艺等一系列行为，成为蔡李佛武术文化的源泉。崖门镇黄冲小学挖掘出"饮水思源乃蔡李佛之本、锲而不舍乃蔡李佛精神"的蔡李佛武术文化精粹。"饮水思源"与"锲而不舍"也成为了我们特色学校建设最根本、最核心的文化内涵——蔡李佛精神。

在此基础上，为更好地传承与挖掘蔡李佛武术文化，更深一步开展蔡李佛武术文化教育活动，崖门镇黄冲小学将近年的蔡李佛武术特色活动进行了一次系统性总结，将每次活动所蕴藏和展示的蔡李佛武术文化精粹进行了精准提炼。

项目名称	节目名称	文化精粹
2013年腾讯公司微电影	《功夫老师》	唯有用心，方有所成
2021年武舞结合创新节目	《传承少年》	饮水思源，锲而不舍
2018年国庆节新会区中小学生文艺晚会	《龙耀中华》	以我青春，耀我中华
2019年粤港澳青年文化交流合作创意发展大会	《赤子之心》	爱国之心，报国之志
中央广播电视总台2020年春节戏曲晚会	《旗开得胜》	天道酬勤，旗开得胜
2021年广东省科技创新大赛闭幕式	《少年中国说》	少年强则中国强 吾辈少年当自强

随着蔡李佛武术特色文化精粹的挖掘、提炼、沉淀，强化了学校的蔡李佛武术文化底蕴，指引了学校隐性文化与显性文化的建设方向，提升了学校特色办学品位，彰显了学校特色办学强大的生命力。

央视2020春节戏曲晚会节目《旗开得胜》剧照

2. 特色引领校园文化内涵建设

在蔡李佛武术特色教育文化内涵的指引下，崖门镇黄冲小学的校园文化建设是围绕蔡李佛武术特色文化为中心主题来布置，通过建武术墙、筑文化廊、兴班级风、展风采堂等在校园处处展示蔡李佛武术特色文化，彰显蔡李佛武术特色文化底蕴，从而起到润物无声、春风化雨的作用。

武术墙：把学校长达120米的围墙打造成蔡李佛武术的宣传阵地，通过壁画形式宣传蔡李佛武术的历史沿革和人文精神、蔡李佛武术的知识、学校简介等。

文化廊：把学校所有走廊以吊画形式展示蔡李佛武术动作与技术要领、武术训练谚语短句、中华传统文化武德名言警句。

班级风：所有教室布置均以蔡李佛武术特色文化为主题，结合本班实际布置而成。教室前设班务栏和班级文化个性设计，凸显主题，个性鲜明。

风采堂：以"蔡李佛的风采、传承的力量"为主题，展示学校在蔡李佛武术方面取得的成绩、参加大型表演的剧照、表现突出的学生个人等内容，从而树立武术先进榜样、传播蔡李佛武术作为国家级非物质遗产项目的传承效应。

校园文化氛围是蔡李佛武术特色文化内涵的外在表现，蔡李佛武术特色文化内涵的充实带来了崖门镇黄冲小学校园文化建设的系统化，校园文化使蔡李佛武术特色文化融入到学生的骨子里、血肉里，蔡李佛武术特色文化成为了学校的标志性文化，蔡李佛精神成为了学校的标志性精神，蔡李佛武术成为了学校的标志性风格。

3. 特色引领学生内涵素质提升

3.1 首先，特色文化培育个人修养

个人修养主要体现在一个人的价值观、世界观、人生观。人生观、价值观、世界观决定了一个人的人生高度、宽度和深度。人生观决定了做一个什么样的人，世界观决定了一个人的思想高度,价值观决定了一个人的行为准则。

结合学校的培养目标和办学理念，利用以上提炼的蔡李佛武术文化精粹，我校有计划地对学生开展人生观、价值观、世界观的引导教育活动，逐步完善学校蔡李佛武术文化底蕴和基于蔡李佛武术特色教育的新德育教育体系，并把蔡李佛武术特色教育融于传统的小学生日常行为规范教育，培养出具备健全的人格、健康的体魄、坚强的毅力、坚定的信念和为国争光的爱国主义精神的优秀学生，并使他们成为全面发展、德才兼备的国家栋梁。

3.2 其次，特色文化养成良好行为习惯

"饮水思源乃蔡李佛之本、锲而不舍乃蔡李佛精神"高度概括了蔡李佛武术文化的精粹；"唯有用心、方有所成"体现了蔡李佛人应该具有的特质。学校围绕"饮水思源、锲而不舍"和"唯有用心、方有所成"这两个核心内容来培养学生特质、个性和精神风貌，从而形成积极向上的行为习惯。

3.2.1 充分利用各种有利契机，对学生进行爱国主义教育，传承蔡李佛武术创始人陈享的爱国爱乡思想。落实每周的国旗下讲话制度，做好节庆活动。

3.2.2 充分利用班队会，对学生进行日常行为习惯的养成教育，召开感恩教育主题队活动，讲述陈享先生"饮水思源"的事迹、传承蔡李佛精神文化，提升家长和学生对蔡李佛武术文化的认同度。

3.2.3 学习陈享先生"锲而不舍"的武术精神，观看学习影片《功夫老师》"唯有用心、方有所成"的蔡李佛武术精粹，刻苦训练、认真学习，锻炼学生自身素质。定期举办蔡李佛武术比赛等活动，陶冶师生道德情操，丰富校园文化生活。

3.2.4 实施蔡李佛武术特色大课间活动，使大课间活动成为每个小朋友学习掌握蔡李佛武术的欢乐时光，使大课间活动成为我校蔡李佛武术特色教育的亮点，努力构建"和谐校园"、"特色校园"。

3.2.5 开展"小手拉大手"活动，让小朋友与家长一起学习表演蔡李佛武术，共同阅读蔡李佛武术创始人陈享先生的故事，向家人讲述陈享先生拜师习武、保家卫国、行医传艺等故事，努力营造"人人会蔡李佛武术，个个了解蔡李佛武术文化"的氛围。

3.3 再次，特色文化促成体育锻炼习惯

伟人毛主席说过，"身体是革命的本钱"。拥有健康的体魄，才能更好地工作学习。在推进全员体育的过程中，我校通过武术课、课间操、大课间活动、课后服务等时间全方位开展蔡李佛武术特色教育。

落实措施主要是采取"点面结合"的方式落实蔡李佛武术特色教育。本年度还将引入蔡李佛武术考级机制，制定每学年的身体素质目标和武术能力目标，让学生明确每学年应该学会哪些武术知识，掌握哪些武术技能，达到什么样的身体素质目标，通过武术考级制度促进学生参与蔡李佛武术的广度与深度。

多年的蔡李佛武术学习，使我校学生的身体素质比一般学生更胜一筹，每一位学生的脸上洋溢着阳光、开朗、自信的表情，整个校园充满活力。

3.4 特色引领管理制度优化

特色引领学校精细化管理制度的建设，学校精细化管理制度是学校特色教育内涵发展的有力保障，是学校文化建设的核心力量。学校的精细化管理制度、执行力决定着学校发展方向和进程。

崖门镇黄冲小学结合本校实际情况，同时借鉴兄弟学校的成功经验，逐步建立完善了蔡李佛武术特色教育体系的各项规章制度，并汇编成《黄冲小学章程》。《黄冲小学章程》共分四大部分内容，第一大部分为"指导思想"，明确了教育方针、办学理念、办学目标、基本作风等内容；第二大部分为"管理目标"，含有蔡李佛武术特色教育项目学校中长期发展规划与保障措施；第三大部分是"岗位职责"，包括了教师管理、学生管理、教学常规管理和后勤账务管理等相关制度。相关章程中对蔡李佛武术特色教育项目做了专门的指引，特别是对武术器械的管理、安全监督、外出活动的规范行为、教师教练队伍的教学要求等等都作了详细的规定。

在蔡李佛武术特色文化教育的引领下，我校各项制度逐步完善，学生从校园文化氛围中得到熏陶、从管理制度中走向规范，学生素质稳步提升，言行举止规范文明，各项素质优良为成才奠定了坚实的基础。我校严格按照"面向实际，严格管理，贵在坚持，重在渗透"的原则，用规范化管理，不断提升学校办学品位。

六、蔡李佛武术特色教育体系对我校办学成效的影响研究

1. 蔡李佛武术特色教育体系对学生层面的影响

接受蔡李佛武术特色教育对学生来说影响深远，受益终生。每个受教育的学

生都深深打上了"饮水思源、锲而不舍"的蔡李佛精神烙印，学生变得阳光自信，体魄健康，富有生气。极目所见，练武者的"精、气、神"一览无遗，学生行为举止文明有礼，大方得体。

2. 蔡李佛武术特色教育体系对学校层面的影响

蔡李佛武术特色教育体系使学校管理有章可循，有抓手可依；学校管理有条不紊，有序开展。我校教师爱岗敬业，严谨治学、从严治教；学生纪律严明、学风优良。

3. 学校蔡李佛武术特色教育成效显著。

2016年12月，《承蔡李佛武魂，创省特色名校》荣获广东省中小学特色学校创建优秀方案三等奖。2017年2月，荣获新会区"广东省基础教育课题改革实验项目"项目六"加强学校特色建设，促进学生多元发展实验"优秀实验成果一等奖。2017年11月，《蔡李佛武术课程方案》荣获广东省中小学特色课程建设方案评选二等奖，《蔡李佛武术基础》荣获广东省中小学特色教材评选二等奖。2019年3月，我校蔡李佛武术特色教育项目荣获广东省中小学特色学校（幼儿园）建设成果一等奖。

崖门镇黄冲小学武术队参加省市各级武术比赛成绩优异，如荣获2019年广东省龙狮锦标赛男女子少年组一等奖、2019年广东省武术套路（传统项目）锦标赛集体项目一等奖、2020年江海区江中珠醒狮邀请大赛南狮学生组金奖、2020年江门市备战广东省第十六届运动会龙狮选拔赛铜奖、2021年江海区龙狮文化节暨庆"五一"江门市龙狮邀请赛武术集体项目和龙狮项目金奖、2021年第三届中华民族青少年龙狮争霸小学男子组金奖、2022年江门市传统武术公开赛集体项目一等奖和优秀组织奖、2023年新会区中华武术进校园PK大赛录像选拔赛武术操一等奖、2023年新会区中华武术进校园PK大赛录像选拔赛龙狮一等奖、2023年江门市中小学生武术操大赛小学组一等奖、2023年江门市传统武术公开赛集体项目一等奖和优秀组织奖等等。

我校蔡李佛武术代表队先后参与了江门、东莞、珠海等地大型民间艺术巡

演和文艺晚会表演，深受欢迎。中央电视台、《广东教育》杂志社、珠江电视台、澳门广播电视公司、江门日报、新会电视台、汕头电视台等媒体多次来学校进行采访报道。同时，还参加了央视2020戏曲春晚节目《旗开得胜》、央视节目《芝麻开门》、江门广播电视台《"少年中国说"2018粤港澳台暨海外华裔青少年武术群英汇》、江门市华侨华人文化交流合作暨粤港澳青年文化创意发展大会开幕式与主题晚会剧《赤子之心》、2022年广东广播电视台《飞跃江门》、2022年"少年中国说"之中国侨都国际武术交流大会等多个重大节目录制拍摄；参与了《一个人的武林》（甄子丹、王宝强主演）等多部影视作品拍摄。

学校在2019年被广东省教育厅命名为"广东省中小学中华优秀传统文化传

承学校"和"广东省中小学艺术教育特色学校"。2021年被教育部办公厅认定为"全国中小学中华优秀传统文化传承学校"。2023年1月被广东省非物质文化遗产保护中心、广东省学生体育艺术联合会评为"广东省非遗优秀乡村传承学校"。学校还被评定为"广东省体育特色学校"、"江门市侨乡武术特色学校"、"新会区武术特色学校"、"新会区非物质文化遗产传承基地"、"江门市乡村学校（少年宫）艺术人才培养基地"。

▶▶ **后 记**

  《"一核四柱八维"教研理念创新实践》的编辑完成标志着新会区教研工作一个重要里程碑的达成。作为项目的主持者，我有幸参与并见证了这一项目从构思到实现的整个过程，并为此感到欣慰和振奋。在此，我愿意借此机会反思整个项目的意义，并向所有贡献者表示最深的感谢。

  新会区省教研基地自立项之初，就致力于打造一个促进教师专业成长、推动教育研究与实践相结合的平台。通过这个平台，我们旨在探索更有效的教学教研方法，提升教育质量，并为师生创造更加丰富多彩的学习经历。经过多年的努力，我们取得了一系列的教研成果。这些成果不仅体现在教学质量的显著提升上，也体现在教师专业技能的整体增长以及教育理论的创新发展上。

  《"一核四柱八维"教研理念创新实践》是对过去几年教研成果的一次集中展示。文稿汇集了新会基地实验学校和教研员的智慧与心血，涵盖了教育理论探讨、教学方法创新、课程开发实践、教研活动展示、评价体系改进等多个方面。每一篇文章都是对新会区教研基地实验活动开展的深刻提炼和深入分析，体现了基地实验学校和教研员对教育改进和提质的热情。

  在开展项目活动和编纂本文稿的过程中，我深切地感受到团队合作的力量。无论是项目的申报、活动的开展、资料的搜集、文章的撰写还是在版式的设计与校对中，每一位成员都展现出了高度的责任感和专业性。在省、市教研院和市、区教育局的支持下，我们共同克服了时间紧迫、任务重、资源有限等种种困难，最终，使本文集成为可能。在这个过程中，领导、专家的指导关爱，团队成员之间的相互支持和无私分享，不仅加深了我们之间的友谊，也为我们今后的合作奠定了坚实的基础。

除此之外，我还要特别感谢：省教研院傅湘龙院长，为使本项目的有效开展，三次带领省教研院的专家团队到新会指导；江门市教育局梁凤琼局长、黄标副局长，江门市教育研究院陈育庭副院长对本项目的开展给予了很多专业的指导意见；新会区教育局陈伟端局长特别重视教师发展中心的建设，对本项目的开展给予了极大的政策支持和后勤保障；新会区基地实验学校的校长、骨干教师以及教研员，他们在百忙之中抽出时间参与本项目的活动开展，他们深厚的学术造诣和对教育事业的热忱，为本文集增添了极大的价值。同时，也要感谢广州三维文化发展有限公司黄钜标先生、黄海明先生，本书的责任编辑华进先生、责任技编刘上锦先生和那些在幕后默默付出的工作人员，正是他们的辛勤工作确保了本文集的顺利出版。

展望未来，新会区省教研基地将继续秉承开放、合作、创新的精神，不断探索教育教学教研的新领域，力争在教育改革和发展的道路上走得更远。我们相信，通过持续的努力和探索，我们能够为教师提供更多的成长机会，为学生创造更加多元和包容的学习环境，为社会培养出更多有才能、有担当的未来公民。

最后，我衷心希望《"一核四柱八维"教研理念创新实践》能够成为推动新会教育发展的一份宝贵财富，激发更多教育工作者的研究热情，共同为提升区域教育质量和促进学生全面发展而努力奋斗。

正如苏联教育家苏霍姆林斯基所说："教育是一种艺术，而这种艺术需要我们每个人的创造。"让我们携手同行，在这艺术的道路上不断前行，共同书写新会教育的新篇章。

谨此后记，并致衷心谢忱。

何勇涛

2024 年 6 月 1 日